高校日常思想政治教育工作质量评价研究

A STUDY ON THE QUALITY EVALUATION OF
DAILY IDEOLOGICAL AND POLITICAL EDUCATION
IN UNIVERSITIES

严帅 著

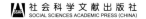

社会科学文献出版社
SOCIAL SCIENCES ACADEMIC PRESS (CHINA)

序

　　长期以来，我国高校思想政治教育工作在探索中形成了一系列规律性的认识，积累了一些成功的经验。进入新时代，中央明确提出，把思想政治工作作为治党治国的重要方式。面对思想政治教育守正创新的重要任务，作为高校思想政治教育的主阵地，日常思想政治教育工作质量评价需要进一步明确时代定位、价值意蕴、主要内容和类型方法，讲清楚"为什么""谁来评""评什么""如何评"等一系列问题，从而建构合理的评价指标体系并开展研究。

　　高校思想政治教育体系包括思想政治理论课与日常思想政治教育两部分。思想政治理论课是主渠道，日常思想政治教育是主阵地，后者以高校专职辅导员和兼职班主任为主，协同各类教育主体，主要利用课堂外时间开展日常性、生活化的思想教育和管理服务。在实践中，高校日常思想政治教育工作贴近学生，其质量直接影响育人效果。质量评价是日常思想政治教育过程的重要组成部分，是协调反馈的重要机制，也是了解日常思想政治教育工作完成度与实效性的重要手段。当前，学界对思想政治理论课建设质量的关注度较高，质量评价的成果也比较丰富；而日常思想政治教育研究整体相对薄弱，存在定位不清、内容零散、研究不深、效果模糊的情况。进入新时代，人民对美好生活的追求丰富了高校日常教育、管理和服务的内容，面对更加多样多变的环境，日常思想政治教育肩负着内涵式发展的时代重任。因而，日常思想政治教育工作的质量评价，不仅关乎其自身，更影响高校思想政治教育的整体效果，直接反映高校立德树人的落实情况。

　　严帅同志所著的《高校日常思想政治教育工作质量评价研究》一书，比较系统地探讨了高校日常思想政治教育工作的质量评价问题，从历史研究、理论研究、实践研究和比较研究几个方面，对高校日常思想政治教育工作的质量评价脉络、评价内容、实施案例进行了比较全面的梳理，系统性地构建了高校日常思想政治教育工作质量指标体系，为做好评价实践提供了思路和方法，是一项具有开拓性的科研成果。

本书分析了高校日常思想政治教育工作质量的观念基础，提出日常思想政治教育工作质量植根于人民对美好生活的追求；汲取了不同思想流派对日常生活的研究，强调思想政治教育工作应当融入并指导大学生的日常生活。同时，作者分析了当前日常思想政治教育内容的历史流变，揭示了不同时期对有效性和实效性的传承与侧重，说明在条块结合的实践工作背后是高校对日常思想政治教育工作的生动探索与规律总结。本书呈现了其内在的丰富关联与演进逻辑，解答了日常思想政治教育工作者的诸多困惑，有益于高校思想政治教育理论研究和实践工作的协同与融通。

高校日常思想政治教育工作的质量评价是一个需要不断深化的研究课题。中共中央、国务院印发的《关于加强和改进新形势下高校思想政治工作的意见》提出，要健全高校思想政治工作评价体系，研究制定内容全面、指标合理、方法科学的评价体系，推动高校思想政治工作制度化。质量评价是深化思想政治教育规律性认识的必然要求，要从系统性、科学性、制度性的角度，不断深化质量评价研究。

本书是作者在思想政治教育领域长期实践、思考与研究的成果，反映了作者在历史学、教育学、社会学等学科的广泛涉猎，作者的研究和写作态度认真而严谨，参阅了大量历史文献与政策文本，在行文中能够充分感受到作者对思想政治教育的热忱与其所肩负的使命。在本书即将出版之际，作者请我为之作序，我欣然接受。既为作者能够积极追求学术进步，完成这一研究成果感到由衷的高兴，也期待作者能够孜孜以求，继续精进，为新时代的思想政治教育作出更多的探索和贡献。

冯　刚

北京师范大学思想政治工作研究院院长

2023 年 1 月

目　录

绪　论

　　高校思想政治教育体系包括思想政治理论课与日常思想政治教育两部分，其中思想政治理论课是主渠道，日常思想政治教育是主阵地。日常思想政治教育是以高校辅导员、班主任等各类教师和高校职工为教育者，以大学生为教育对象，主要利用课堂外时间开展的思想教育与日常管理服务。日常思想政治教育工作是教育所需要的要素体系，包括教育管理、教育载体、教育队伍、教育环境等，在高校实践中通常用学生工作来指代。日常思想政治教育中，日常是表现形式，核心是思想政治教育。有别于思想政治理论课课堂教学的形式，日常思想政治教育工作面向大学生的日常生活世界，是对大学生进行思想教育和日常管理服务最重要的途径。由于中国高校对大学生集体生活的一般性安排，日常思想政治教育在其中发挥着更加突出的作用，也便于对高校日常思想政治教育进行整体而系统的观察和分析。

　　质量评价是检验高校日常思想政治教育工作的重要手段，本身也是高校日常思想政治教育工作过程的一部分。2004 年，中共中央、国务院颁布《关于进一步加强和改进大学生思想政治教育的意见》，文件提出"要把大学生思想政治教育工作作为对高等学校办学质量和水平评估考核的重要指标，纳入高等学校党的建设和教育教学评估体系"①，思想政治教育工作的成效直接影响高校的办学质量。进入新时代，我国对高校思想政治工作的要求提升到了新的高度。2016 年，中共中央、国务院颁布《关于加强和改进新形势下高校思想政治工作的意见》，强调健全高校思想政治工作评价体系。② 2018 年，全国教育大会上提出立德树人是教育工作的中心目标、根本任务和初心使命，也是检验学校一切工作的根本标准，要融入教育各个环

---

① 《十六大以来重要文献选编》（中），中央文献出版社，2006，第 191 页。
② 《十八大以来重要文献选编》（下），中央文献出版社，2018，第 490 页。

节，贯穿全部学段，进一步诠释和丰富了新时代质量评价的科学内涵。本书基于质量评价的视角，分析高校日常思想政治教育工作的科学定位与内涵意蕴，把握其运行逻辑与工作标准，提供检验和判断工作的评价方案。

第一节　研究缘起

2004 年，《关于进一步加强和改进大学生思想政治教育的意见》及配套文件颁布后，日常思想政治教育作为一个明确概念被提出来。随着思想政治教育理论研究的不断深化，以及高等教育实践的发展，日常思想政治教育工作的内涵、功能、形式逐渐丰富，高校也形成了完整的日常思想政治教育工作体系，对其质量效果开展评价不仅必要，而且迫切。进入新时代，围绕立德树人的根本任务，高校日常思想政治教育工作的指向、意蕴、标准面临重新诠释与构建的问题。质量评价的研究与实践也需要再次凝聚价值共识，明确重点任务，形成关键指标。

一　日常思想政治教育的质量指向

长期以来，社会大众对学校教育尤其是高等教育的权威性高度认可，对其教育质量也就自然接纳。具体表现为，教育对象接受并按照学校教育的计划安排来学习，教育对象所在家庭愿意为此付出精力和给予资金上的支持，政府机构按照学校提供的教育结果准予升学、发放文凭，用人单位以教育对象接受的教育经历来判断其工作能力和薪酬待遇，等等。

思想政治教育效果是高等教育质量的重要组成部分，是指"社会对教育所要造就的社会个体在思想政治品德方面的质量和规格的总的设想"[①] 的实现程度，日常思想政治教育工作的实效性是指日常性、生活化的思想政治教育工作体系对思想政治教育预期目标的实现程度，是对日常思想政治教育工作体系中各部分要素、工作效果、典型成果及其影响的衡量与判断。

当前，全社会对思想政治教育工作质量有着更高的期待，全国高校思想政治工作会议上提出了增强思想政治工作的"针对性""实效性""时代

---

① 《思想政治教育学原理》编写组编《思想政治教育学原理》（第二版），高等教育出版社，2018，第 154 页。

感"的具体问题,问题所指反映了矛盾焦点,即日常思想政治教育工作的质量如何生成、如何衡量、如何评判?这就要求对日常思想政治教育工作的经验、规律、动力、逻辑进行深入研究,把握日常思想政治教育工作的关键质量要素,从而以评促建、以评促改、以评促发展,不断提升日常思想政治教育工作的有效性和实效性。

二　日常思想政治教育的实践遵循

时代是思想之母,实践是理论之源。改革开放以来,关于教育的多个重要文件强调了质量的要求和质量评价的任务,在思想政治教育的实务工作中也不断总结质量内涵。质量认识的深化形成了不同的科学解释,指导着质量评价的实践。从更加全面的角度理解和构建日常思想政治教育工作质量评价体系,是新时代日常思想政治教育实践走向成熟的必然。

质量评价对日常思想政治教育工作有着举旗定航的意义,是对以往工作效果的评定,更是对未来工作方向的牵引。日常思想政治教育工作质量是动态发展的,而在动态发展中又有着前后一以贯之的价值,体现在人才培养的品德要求上。思想政治教育围绕立德树人来开展,质量评价也要围绕立德树人的落实和效果来回答。在立德树人的实践中,立什么德、如何立德,树什么人、如何树人,确定什么目标、建构哪些标准、如何开展评价,是摆在每一位思想政治教育工作者面前的"每日三省"。日常思想政治教育工作是思想政治教育的重要组成部分,包含丰富多样的日常性、生活化的形式,在现实中已经超越了行政指令的上传下达,对教育工作中的价值传递、法治体系、治理能力提出了更高要求。质量评价通过评价的方式,梳理新时代日常思想政治教育工作质量内容、方法、标准,确保实践工作沿着正确的方向开展。

第二节　研究意义

2018 年,习近平在北京大学师生座谈会上指出,"我国高等教育办学规模和年毕业人数已居世界首位,但规模扩张并不意味着质量和效益增长"①。从

① 《抓住培养社会主义建设者和接班人根本任务　努力建设中国特色世界一流大学》,《人民日报》2018 年 5 月 3 日。

质量评价的角度研究日常思想政治教育工作的实效性，有助于从学理上梳理日常思想政治教育的独特价值，完善日常思想政治教育供给体系，推动日常思想政治教育工作的创新发展。

一 理论意义

1. 重视高校日常思想政治教育工作的生活内涵

在高校思想政治教育体系发展的过程中，形成了思想政治理论课与日常思想政治教育两个完整体系。在日常思想政治教育中，日常是表现形式，核心是思想政治教育。日常思想政治教育工作是面向大学生日常生活的诸多场景构建的日常教育、管理和服务体系，包括日常学习、日常交往、日常实践、日常关系、日常情感、日常消费、日常诉求等。马克思强调人的全面发展，提出了人的社会关系本质，建立了实践的一般分析框架；列斐伏尔在马克思主义异化理论的基础上提出日常生活批判理论，推进了马克思关于人的全面发展的观点，提出了日常生活建构的必要性和途径；中国特色社会主义进入新时代，社会主要矛盾转化为人民日益增长的美好生活需要和不平衡不充分的发展之间的矛盾，如何实现美好生活的创造，是全民关心关切的问题。重视生活世界，指导日常生活是高校日常思想政治教育工作的重要方向，是价值实现的起点，也是质量评价的主要内容。

2. 完善高校日常思想政治教育工作的供给体系

21世纪初，高校大规模扩招，学生数量剧增引发了需求侧的重要变化，推动了日常思想政治教育工作的发展：出现了以专职辅导员为代表的日常思想政治教育专业工作群体，高校逐渐建立了日常思想政治教育工作体系，形成了相对完整的供给内容。日常思想政治教育工作从一般性的行政管理工作逐渐向专业化、职业化方向转型。社会主要矛盾的变化再次呈现了需求侧的调整，面对大学生越发丰富、多样、分散的成长发展需要，原有的日常思想政治教育工作体系在局部或个别场合出现了理论悬浮、管理"真空"、风险增加、效果不佳的情形，需要发挥质量评价的导向、鉴定、诊断、调控和改进作用，协调日常思想政治教育的制度要素、载体要素、队伍要素不断优化，推动日常思想政治教育的供给目标从追求规模到追求质量转变，供给角色从教育向教育、管理、服务的综合身份转变，供给形式从集中供给向分餐定制转变，供给机制从各管一摊向协同育人转变。

二 实践意义

1. 提供高校日常思想政治教育工作质量评价方案

高校日常思想政治教育工作质量评价既是社会、政府等外部主体对高校的要求，也是高校自身质量提升的主体性需要。质量评价要找准定位，将生命线蕴含的内容投射到日常教育和管理服务的具体情境中，找出问题、提供依据、提出建议。本书尝试提供高校日常思想政治教育工作质量评价方案，为专职工作人员提供实践范本，也为各类群体提供育人方向、内容、标准的参考。在此基础上，可以进一步构建具体工作领域的评价模型等，如高校学生党建工作指标体系、学生就业质量评价模型、学生心理健康量表等，建立健全高校和高等教育的数据平台，特别是以学生学习、生活为中心的基础观测点，开发更多的质量评价方案。

2. 系统化建立高校日常思想政治教育工作体系

当前，思想政治教育更加强调全员、全过程、全方位协同，这与治理现代化提出的共建共治共享的社会治理格局不谋而合。高校已经成为一个具有主体意识、承担主体责任的整体，要系统化构建日常思想政治教育工作体系，避免零碎地、分散地、随意地分析或指导日常思想政治教育工作。日常思想政治教育与思想政治理论课共同构成高校思想政治教育体系，与高校其他工作体系共同形成大学生日常教育和管理服务体系，与家庭和社会联合形成教育网络体系。质量评价将高校日常思想政治教育工作体系拆解为若干子体系，说明各要素体系之间的内在关联和互动逻辑有助于高校建立健全相对完整和标准的日常思想政治教育工作体系。

第三节 概念界定

高校日常思想政治教育工作和质量评价是本书的两个关键词，梳理两者的概念形成、发展变化、内涵深化的过程，便于准确界定研究的对象和边界，有助于研究资料的取舍和内容的选择。

一 高校日常思想政治教育工作

日常思想政治教育是思想政治教育的主阵地，日常是表现形式，核心是思想政治教育。日常思想政治教育工作是为实现思想政治教育功能与价值，采取课程教学以外的教育形式所需要的要素体系，包括教育管理、教育载体、教育队伍、教育环境等。在实践中指向日常思想政治教育的组织领导、治理体系、教育设计与条件保障等内容。通常以专职辅导员、班主任、党务工作者为教育主体，吸收高校教师、职工共同参与。在教育内容上，以思想教育和价值引领为重点。在教育渠道上，与以教学为形式、学分为标准、教室为场域的课程教育不同，日常思想政治教育主要依托学生工作、党务工作、宣传思想工作、群团工作等教育载体完成。

日常思想政治教育的概念起初来自企业职工的思想政治工作，1983 年，《国营企业职工思想政治工作纲要（试行）》颁布，明确提出了"企业职工的日常思想政治教育"概念，作为与系统化思想政治教育相对应的日常教育，企业职工的日常思想政治教育主要是形势教育、党和政府的方针政策教育、厂规厂纪教育、宣传动员教育、先进模范人物事迹教育以及职工的个别思想教育。[1] 这一提法后来也延伸到学校德育领域，有人提出"学校德育是个大概念，包括政治理论课教育、思想品德课教育及日常思想政治教育"[2]。

高校日常思想政治教育的概念，是以思想政治理论课作为"他者"界定的同时逐渐明确的。日常思想政治教育和思想政治理论课分别是高校思想政治教育的主阵地和主渠道。早在 1984 年，中宣部和教育部印发的《关于加强和改进高等院校马列主义理论教育的若干规定》中就指出，马列主义理论课教学与日常思想政治工作"是相辅相成、缺一不可的有机整体"，"两者应密切结合，但不能互相代替"，[3] 说明两者统一于高校思想政治教育，但在地位、功能、形式、方法等方面有所区别。20 世纪 90 年代，思想政治理论课被笼统地概括为高校思想政治教育的主渠道和主阵地。如1991 年《国家教委关于加强和改进高等学校马克思主义理论教育的若干意见》指出，"在高校的全部思想政治工作中，马克思主义理论课在对青年学生系统灌输马克思主义科学理论……它是高校思想政治教育的主要阵

---

① 《十二大以来重要文献选编》（上），人民出版社，1986，第 371 页。
② 杨德广：《高校德育应具有相对独立地位》，《人民日报》1989 年 7 月 1 日。
③ 教育部思想政治工作司组编《加强和改进大学生思想政治教育重要文献选编（1978—2008）》，中国人民大学出版社，2008，第 41 页。

地和主要渠道"①。有时它也仅仅作为主渠道被提出，如 1994 年中共中央出台的《关于进一步加强和改进学校德育工作的若干意见》指出"学校政治理论课和思想品德课是系统地对学生进行马克思主义理论教育和品德教育的主渠道和基本环节"②，这也显示出主阵地与主渠道在概念上逐渐分野，成为日后分别阐释的渊薮。2004 年，《关于进一步加强和改进大学生思想政治教育的意见》提出"高等学校思想政治理论课是大学生思想政治教育的主渠道"，同时"高等学校要充分发挥大学生思想政治教育主阵地、主课堂、主渠道作用"，③ 将主阵地和主渠道分开阐释，说明日常思想政治教育作为主阵地的地位、功能、形式、方法逐渐明确。2006 年，全国高校辅导员队伍建设工作会议上提出"大学生思想政治教育包括思想政治理论教育和日常思想政治教育两个重要的方面，一个是主渠道，一个是主阵地，二者是相互依存、互为补充的"④，阐释了两者的指向与关系。后来，教育部在《高等教育专题规划》中明确指出加强和改进大学生思想政治教育，要"发挥思想政治理论课主渠道作用和日常思想政治教育主阵地作用"⑤，思想政治理论课是主渠道，承担着对大学生进行系统的马克思主义理论教育的任务，主要通过教学活动训练学生的政治思维和道德思维；日常思想政治教育是主阵地，通过日常管理和教育活动对学生进行思想、政治、道德教育⑥。

　　高校日常思想政治教育工作，是思想政治教育的重要形态。在实际工作中，高校日常思想政治教育工作经常指学生工作或大学生日常思想政治教育工作，说明日常思想政治教育工作的主要对象是大学生。高校日常思想政治教育工作的概念，强调高校是教育和责任的双主体。高校日常思想政治教育工作与辅导员的职业紧密联系。作为 2004 年《关于进一步加强和改进大学生思想政治教育的意见》的配套文件，2006 年教育部发布的《普

① 教育部思想政治工作司组编《加强和改进大学生思想政治教育重要文献选编（1978—2008）》，中国人民大学出版社，2008，第 160 页。

② 教育部思想政治工作司组编《加强和改进大学生思想政治教育重要文献选编（1978—2008）》，中国人民大学出版社，2008，第 202 页。

③ 《十六大以来重要文献选编》（中），中央文献出版社，2006，第 181～190 页。

④ 《切实推进高校辅导员队伍建设为加强大学生思想政治教育提供坚强的组织保证》，教育部网站，http://www.moe.gov.cn/jyb_zzjg/moe_187/moe_410/moe_458/tnull_18978.html。

⑤ 教育部思想政治工作司组编《加强和改进大学生思想政治教育重要文献选编（1978—2014）》，知识产权出版社，2015，第 542 页。

⑥ 王炳林：《党的历史与党的建设研究》，人民出版社，2016，第 390～391 页。

通高等学校辅导员队伍建设规定》明确提出"辅导员是开展大学生思想政治教育的骨干力量，是高校学生日常思想政治教育和管理工作的组织者、实施者和指导者"①，明确了日常思想政治教育这一概念，强调专职辅导员和班主任是日常思想政治教育工作的责任主体。《普通高等学校辅导员队伍建设规定》同时提出了辅导员工作的五条要求与八项职责，也就框定了日常思想政治教育的内容范畴，此后对辅导员的职责要求不断调整，日常思想政治教育的提法则一直沿用至今。2016 年全国高校思想政治工作会议提出全员参与育人工作，教师要坚持"教书与育人相统一"，思想价值引领要贯穿教育教学全过程和各环节，日常思想政治教育工作作为构建立德树人长效体系、平台、机制的重要形式，不仅仅是辅导员队伍或思想政治工作专职人员的"分内之事"，更是高校各类教育主体参与立德树人工作的重要渠道。

二 质量评价

质量评价是在近代实验科学的推动下建立的，20 世纪前后，科学测量进入教育评价领域，在教育评价领域的应用形成了教育质量评价。有学者提出评估四阶段论：第一阶段应用于学生部分特征的测量，将测量结果直接作为评价结论；第二阶段以学生为评价客体，将测量作为评价方法，对某些规定目标的评价结果进行描述；第三阶段在测量和描述的基础上，形成价值或事实的判断；第四阶段提出了响应式建构主义评估模式。② 20 世纪 20 年代，受到国外教育测量和心理实验的影响，国内曾开展教育测量运动，推进了教育评估和教育改造实践的发展。中华人民共和国成立后，学校模仿苏联引进成绩考评法，教育行政部门则开展以行政督导为主要形式的"视导"工作，初步构建了教育质量评价体系。

改革开放以来，国内引进了全面质量管理的理念，党中央、国务院提出了高等教育整体质量评价的任务。从 1985 年开始，以高等工程教育评估为代表的评估实践不断推进，讨论了包括学校专业、课程、德育、体育等

---

① 教育部思想政治工作司组编《加强和改进大学生思想政治教育重要文献选编（1978—2008）》，中国人民大学出版社，2008，第 492 页。

② 埃贡·G. 古贝、伊冯娜·S. 林肯：《第四代评估》，秦霖、蒋燕玲等译，中国人民大学出版社，2008。

在内的不同方面的指标体系。① 高等教育领域最终形成了本科教学水平评估和学科评估两个常态化的质量评价体系。两个质量评价体系不同程度地考察了日常思想政治教育的领导架构、体制机制、工作队伍，并从学生发展成就的角度考察了教育效果。20 世纪 90 年代，中共中央、国务院进一步提出"中国高等教育要加强质量监督和评估制度……建立各级各类教育的质量标准和评估指标体系"②，建立思想政治教育工作质量评价体系势在必行。1994 年，中共中央明确提出"建立德育工作的评估制度……作为评价一个地区、一所学校教育教学工作的重要内容"③。1995 年国家教委出台的《中国普通高等学校德育大纲（试行）》提供了评价高校德育工作的方案。④ 2012 年，中宣部、教育部印发《全国大学生思想政治教育工作测评体系（试行）》，随后组织了首次全国性思想政治教育工作测评实践。当前，"高等教育经历了量的快速扩张，质的提升矛盾越来越突出"⑤，质量是高等教育"由大转强"与"内涵式发展"的重要指征。全国高校思想政治工作会议提出要健全高校思想政治工作评价体系，全国教育大会提出要健全立德树人落实机制，扭转不科学的评价导向。建立高校日常思想政治教育工作质量评价体系，是新时代加强思想政治工作的题中之义，也是保障高校日常思想政治教育工作政治方向和科学走向的必然要求。

教育工作的质量，是工作有效性和实效性的重要维度。"质"代表着品质保证，是日常思想政治教育工作专业性的表现；"量"是在品质基础上，教育工作的充足供应。"质量"体现了新时代对充分而均衡发展的追求。与质量评价近似的概念还包括质量评估、质量审核、质量认证等，并由此衍生出质量保证、质量管理、质量控制等不同评价模式，这些术语体现了评价方式的侧重，如评估强调对标准达成度的状况评述和结果估量，审核或审计侧重对高校内部质量保证体系运行状况的评判，认证则是通过授权的

① 孙崇文、伍伟民、赵慧：《中国教育评估史稿》，高等教育出版社，2010，第 137~139 页。
② 教育部思想政治工作司组编《加强和改进大学生思想政治教育重要文献选编（1978—2008）》，中国人民大学出版社，2008，第 178 页。
③ 教育部思想政治工作司组编《加强和改进大学生思想政治教育重要文献选编（1978—2008）》，中国人民大学出版社，2008，第 201 页。
④ 教育部思想政治工作司组编《加强和改进大学生思想政治教育重要文献选编（1978—2008）》，中国人民大学出版社，2008，第 216~224 页。
⑤ 《习近平谈治国理政》（第 3 卷），外文出版社，2020，第 347 页。

方式进行评估。① 本书使用质量评价的概念，更加强调价值导向功能，侧重日常思想政治教育工作之于思想政治教育价值实现度的评判，在本书研究中，尊重历史文本中对不同术语的使用情况，不做简单的统一调整。

三　高校日常思想政治教育工作质量评价

高校日常思想政治教育工作质量评价是依据一定的标准，运用评价的方法，分析和评判高校日常思想政治教育工作的过程与效果的活动。质量评价通过确定评价内容，梳理高校日常思想政治教育工作体系内各要素的内涵、意义和关系；选择评价方法，揭示高校日常思想政治教育工作的运行逻辑和价值实现情况；制定评价指标，明确高校日常思想政治教育工作的目标与趋势；实施评价与反馈，发挥导向、鉴定、诊断、调控和改进功能，协调高校满足评价主体的要求。

高校日常思想政治教育工作与质量评价的关系表现为以下方面。高校日常思想政治教育工作是质量评价的客体，是系统化的评价对象。质量评价是加强和改进高校日常思想政治教育工作的重要手段，也是高校日常思想政治教育工作的有机组成。质量评价是认识和评判高校日常思想政治教育工作价值实现状况的重要手段。质量评价针对教育内容、对象、过程和结果，开展形式多样的评价活动，收集评价信息得出评价结果，评价结果应用于总结、鉴定、检查、考核、评比、表彰等场景，用于提升教育工作的有效性和实效性。质量评价也是高校日常思想政治教育工作的重要过程。质量评价是高校日常思想政治教育工作闭环中不可或缺的环节，教育工作如果没有评价，就会出现被动的、盲目的接受现象，缺乏积极的、有益的、互动的反馈、反思、批判，教育就会陷入单向度的输出模式，这时教育者与受教育者的关系被忽视，背离教育的根本目的，也就无法培养出全面的人。新时代的质量评价还要更多发挥协调价值、形成共识、建构关系、优化过程的积极功能，推动高校教育的主客体、高校内外的多方利益主体、质量评价的主客体等构建更加良性的互动关系，以高质量的关系促进高质量的高等教育发展。

---

① 关于这些概念以及相应质量评价类型的更多介绍，可以参见约翰·布伦南、特拉·沙赫《高等教育质量管理——一个关于高等院校评估和改革的国际性观点》，陆爱华等译，华东师范大学出版社，2005，第6~7页；马健生等《高等教育质量保证体系的国际比较研究》，北京师范大学出版社，2014，第56~67页。

第四节　文献综述与评析

质量评价是思想政治教育理论体系的组成部分，也是日常思想政治教育实践的重要过程。从思想政治教育工作质量评价整体和高校日常思想政治教育工作质量评价分类两个方面，对以往研究进行综述与评析。整体研究侧重质量评价理论的构建和对实践的指导，要素研究侧重高校日常思想政治教育工作质量评价组成要素的进展。

一　思想政治教育工作质量评价整体研究述评

改革开放以来，学者在思想政治教育理论研究中不断推进质量评价的内涵分析和系统构建，提出了质量评价的基本内容、明确定位、评价模式和方法借鉴，理论的研究与评价的实施互为依存、相互推进。根据学界讨论的侧重点，整体研究大致分为四个时期。

1. 质量评价概念的提出

20世纪80年代到90年代初，思想政治教育研究者积极回应高等教育办学水平评估的要求，在思想政治教育理论研究中提出了评价的问题。

1986年陆庆壬在《思想政治教育学原理》中就专章论述思想政治教育的评估，介绍了思想政治教育评估的意义和要求、标准和原则、范围和特点以及途径和方法，提出思想政治教育评估是"思想政治教育的一个基本环节"，目的是要解决"做得怎样的问题"，同时也是"思想政治教育科学研究的需要",① 形成了思想政治教育评估的基本概念，将评估提升到理论的高度。1988年张耀灿在《思想政治教育学原理》中介绍了思想政治教育评估的意义、原则、标准、可行性、指标体系，阐释了评估常用的方法，提出了评估包括定性的"评述"和定量的"估价"，再次明确了评估是研究教育效果的重要方法，是教育全过程不可或缺的环节。② 学者还设计了针对学生、企业、学校、党政干部的不同评估模式。这一阶段，思想政治教育评估的研究从多角度切入。如张玉田等在《学校教育评价》中提出"思想

① 陆庆壬主编《思想政治教育学原理》，复旦大学出版社，1986，第233~236页。
② 张耀灿主编《思想政治教育学原理》，华中师范大学出版社，1988，第247页。

政治教育评价是根据我国思想政治教育的社会主义性质和要求，对思想政治教育活动自身及其效果做出的价值判断"①，明确了思想政治教育评价的价值属性。王礼湛在《思想政治教育学》中将思想政治教育评估作为思想政治教育过程的一个部分，另外在思想政治教育领导和管理中又介绍了思想政治教育信息传递与反馈系统，深化了思想政治教育评估的定位与指向。②戴钢书在《思想政治教育的调查与统计分析》中介绍了如何运用社会调查、数学统计的方法收集思想政治教育相关信息。③同时，教育领域的部分学者开始总结教育评价的历史文献、国外经验、基本模式等，④为思想政治教育评估拓展历史方位和国别比较提供了参考。

这一时期，学界对于思想政治教育评估的学理探讨是对高校思想政治教育效果的经验归纳。学界对思想政治教育评估的内涵、功能、地位逐渐形成共识，构建了思想政治教育评估体系的理论框架，并总结了高校思想政治教育评估的一般方法，借鉴了管理学、数学、统计学等学科的方法论。这一阶段学界的研究还处于个别专家的理论探讨和摸索阶段，对质量评价实践的指导和运用相对较少。

2. 质量评价理论的深化阶段

20世纪90年代，中共中央明确提出德育评估的要求。1995年，国家教委发布了《中国普通高等学校德育大纲（试行）》。思想政治教育评估反映了中国共产党对思想政治教育的战略指向，使其全面进入教材体系，形成了评估的共识，推动了评估实践，培养了一批评估专家。

这一时期，质量评价从学者个人的研究转化为教材的明确规定，思想政治教育的教材中集中论述思想政治教育评估，体现了评估的理论共识和行动共识，系统推进了评估体系、评估对象、评估内容、评估标准和评估实践等方面的研究。如教育部社会科学研究与思想政治工作司组编的《思想政治教育方法论》中设立了思想政治教育的调节评估方法篇，分两章介绍了思想政治教育的反馈调节和检测评估如何开展，更加突出了评估的地

① 张玉田等编著《学校教育评价》，中央民族学院出版社，1987，第358页。
② 王礼湛主编《思想政治教育学》，浙江大学出版社，1989。
③ 戴钢书：《思想政治教育的调查与统计分析》，东方出版社，1992。
④ 瞿葆奎主编《教育学文集：教育评价》，人民教育出版社，1989。

位和作用。① 教育部社会科学研究与思想政治工作司组编的《思想政治教育学原理》中详细论述了评估指标体系构建的原则、流程和方法，并将调节机制作为评估的重要环节。② 刘书林和陈立思在《青年思想政治教育学原理》中从思想政治教育管理的角度，对青年思想政治教育状况进行评价，体现了评价的管理思维。③ 陈秉公在《思想政治教育学原理》中提出"阶段性与科学性相统一，动机与效果相统一，定性与定量相统一，结构与功能相统一，静态与动态相统一"的评估基本原则，提出了评估的一般性要求。④ 祖嘉合在《思想政治教育方法教程》中分三章介绍了思想信息的获取方法、分析与决策方法和思想政治教育的绩效及评估方法，介绍了定性与定量分析的多种研究方法，丰富了思想政治教育评估的方法类型。⑤

　　理论的深化也表现在对实施和操作的指导研究方面。如罗洪铁在《思想政治教育学专题研究》中探讨了思想政治教育评估实施的程序。⑥ 黄蓉生在《当代思想政治教育方法论研究》中将评估方法与认识方法、决策方法、实施方法、研究方法并列，共同构成思想政治教育方法的操作体系。⑦ 沈壮海在《思想政治教育有效性研究》中提出"思想政治的有效结果"概念，推进了思想政治教育效果的认识，介绍了思想政治教育有效性评价的方式方法。⑧ 2003 年，北京市制定了《北京普通高等学校党建和思想政治工作基本标准》，在思想政治教育工作质量评价领域先行一步，较早地形成了阶段性开展质量评价实践的机制。

　　此时，教育学领域也开始从学科的角度系统思考教育评价的定位、功能和类型。如陈玉琨在《教育评价学》中整体构建了教育评价的理论架构和应用模式，强调了教育评价是对教育价值实现的评价，教育评价的结果反映社会和个体对教育需要的满足情况，提供了学生评价、教师评价、教

①　教育部社会科学研究与思想政治工作司组编《思想政治教育方法论》，高等教育出版社，1999。
②　教育部社会科学研究与思想政治工作司组编《思想政治教育学原理》，高等教育出版社，1999。
③　刘书林、陈立思：《青年思想政治教育学原理》，中国青年出版社，1999。
④　陈秉公：《思想政治教育学原理》，辽宁人民出版社，2001，第 360~363 页。
⑤　祖嘉合：《思想政治教育方法教程》，北京大学出版社，2004。
⑥　罗洪铁：《思想政治教育学专题研究》，西南师范大学出版社，1997。
⑦　黄蓉生：《当代思想政治教育方法论研究》，西南师范大学出版社，2000。
⑧　沈壮海：《思想政治教育有效性研究》，武汉大学出版社，2001。

学工作评价、教育质量保障体系和教育政策与教育项目评价等评价模式。①学科的视角和系统的方法为思想政治教育工作质量评价提供了理论与实践的支撑。

3. 质量评价理论与实践的系统建设

理论的持续积累能够推进实践的快速发展。2004 年，中共中央、国务院颁布《关于进一步加强和改进大学生思想政治教育的意见》，作为 21 世纪高校思想政治教育的纲领性文件，明确了在高校开展思想政治教育评估的任务，并要求纳入高校党的建设和教育教学评估体系。2006 年，李长春在听取贯彻落实《关于进一步加强和改进大学生思想政治教育的意见》督察情况汇报时指出，要"建立健全符合素质教育要求的学生综合素质和学校教育质量考核评价体系"②。2010 年，全国教育大会上强调要"建立以提高教育质量为导向的管理制度和工作机制，制定教育质量国家标准，建立健全教育质量保障体系"③。2012 年，中宣部、教育部印发《全国大学生思想政治教育工作测评体系（试行）》并在全国范围内开始测评，推动了各地区各高校建立本地区本校思想政治教育工作质量评价体系的步伐。

实践的探索也提供了丰富的研究素材，主要表现在思想政治教育工作质量评价的专著开始涌现。专门著作有王茂胜的《思想政治教育评价论》（中国社会科学出版社 2006 年版），秦尚海的《高校德育评估论》（中国社会科学出版社 2006 年版），鲁宇红、郭建生编著的《应用型本科院校大学生思想政治教育评价体系研究》（东南大学出版社 2008 年版），蔡晓良的《马克思主义理论教育评价》（社会科学文献出版社 2009 年版），张凤华等撰写的《高校思想政治理论课"05 方案"实施及测评的实证研究》（中国社会科学出版社 2011 年版），骆郁廷主编的《高校思想政治理论课程评价新探》（中国社会科学出版社 2011 年版），吴云志的《高校辅导员工作绩效评价体系研究》（辽宁师范大学出版社 2013 年版），张耀灿等撰写的《高校思想政治理论课教育教学质量监测体系研究》（经济科学出版社 2014 年版）。

专题研究提升了质量评价在思想政治教育理论体系中的地位，成为思

---

① 陈玉琨：《教育评价学》，人民教育出版社，1999。
② 冯刚主编《改革开放 40 年高校思想政治教育编年史（1978—2018）》，北京师范大学出版社，2019，第 348 页。
③ 《胡锦涛文选》（第 3 卷），人民出版社，2016，第 425 页。

想政治教育学中重要的组成部分。如张耀灿、郑永廷、吴潜涛、骆郁廷等在《现代思想政治教育学》中提出,思想政治教育学的完整学科理论体系包括基本理论、形成和发展、方法理论和管理理论四个部分,其中思想政治教育评估的研究是管理理论的重要表现。① 此后出版的《思想政治教育学原理》教材中,有的就把思想政治教育管理和评估放在一起。② 有的专家从学科发展的角度开展评价发展历程的研究。如罗洪铁、周琪、王斌等在《思想政治教育学学科理论体系演变研究》中专章回顾了思想政治教育评估理论形成与发展的过程。③ 2014 年,思想政治教育学科成立 30 周年之际,冯刚和郑永廷主编《思想政治教育学科 30 年发展研究报告》,其中专章对思想政治教育测评研究的发展阶段和主要成果进行了述评。④ 此外,2009 年以来,教育部还委托武汉大学每年或每两年发布《思想政治教育发展报告》,2015 年和 2016 年北京化工大学全国大学思想政治教育发展研究中心也发布了《中国大学生思想政治教育年度质量报告》等,这些都为思想政治教育工作质量评价提供了阶段性的研究成果。其他学科的相关研究也从更加宏观的视角总结中国的教育评估,如孙崇文、伍伟民、赵慧在《中国教育评估史稿》中梳理分析了中国古代、近现代和当代开展教育评估的特征,拓宽了评估的历史视角。⑤

这一阶段质量评价的基础理论和实践运用呈现快速发展的势头,整体性、系统性的研究更加成熟,针对性、局部性的研究更加聚焦,出现了针对思想政治理论课和大学生日常思想政治教育工作质量评价的研究成果。在广泛吸收各方面研究成果和实务经验的基础上,部分学者指导开展了全

① 张耀灿、郑永廷、吴潜涛、骆郁廷等:《现代思想政治教育学》,人民出版社,2006,第30 页。
② 《思想政治教育学原理》编写组编《思想政治教育学原理》,高等教育出版社,2016。
③ 罗洪铁、周琪、王斌等:《思想政治教育学学科理论体系演变研究》,中国社会科学出版社,2012。
④ 冯刚、郑永廷主编《思想政治教育学科 30 年发展研究报告》,光明日报出版社,2014。
⑤ 孙崇文、伍伟民、赵慧:《中国教育评估史稿》,高等教育出版社,2010。该书列入上海市教育评估院出版的《教育评估文库》中。在系列丛书中,还有多部研究著作涉高等教育质量问题。参见张远增《发现性教育评估质量控制研究》,高等教育出版社,2011;张伟江、李亚东等编著《大众化高等教育的质量保障与评价》,高等教育出版社,2011;王奇、冯晖等编著《高等教育绩效评估研究》,高等教育出版社,2012;等等。可见,评估成为教育全域的普遍性需要,也成为教育管理的重要手段。

国、地区和高校各层级的质量评价实践，出现了针对日常思想政治教育的评价探索。有学者提出这一阶段的研究还存在"指标困境""方法困境"的问题。① 究其原因，思想政治教育工作质量评价理论的研究，与工作实际和生活世界还存在应然与实然的距离，不能很好地贴合，没有完全形成"指标共识"和"方法共识"。②

4. 质量评价研究的创新发展

2016 年，中共中央先后召开哲学社会科学工作座谈会和全国高校思想政治工作会议，前者提出构建中国特色哲学社会科学理论体系，后者要求健全高校思想政治工作评价体系，在中国特色哲学社会科学理论体系建设中定位思想政治工作评价体系，在坚持高校社会主义办学方向中定位思想政治工作质量评价，是新时代质量评价研究的新方位。如张耀灿在《思想政治教育学科建设研究》中将高校学生工作中的量化管理作为学科建设的重要实践内容。③ 王学俭在《思想政治教育理论与实践问题的研究视角》中提出，思想政治教育评估轨制化是思想政治教育有效运转的重要保障之一。④ 吴满意、宁文英、王欣玥等在《网络思想政治教育生态系统研究》中研究制定了保障网络思想政治教育生态系统稳定运行的指标体系。⑤ 闵绪国在《思想政治教育价值研究》中构建了思想政治教育价值评价体系。⑥ 付安玲在《思想政治教育个体价值论》中介绍了如何评价个体价值的实现状况。⑦ 这些研究体现了新时代思想政治教育面对新形势与新任务的理论自觉，是在对中国特色社会主义高等教育发展认识深化基础上，对思想政治教育工作质量的探索。王潇总结了高校思想政治教育评价的历史衍化特征，主要为评价要素从单一向多维转变、评价过程从分散向聚合转化、评价成效从粗放向精准变化。⑧ 白显良、章瀚丹根据新时代推进思想政治教育改革创新的要

---

① 冯刚、郑永廷主编《思想政治教育学科 30 年发展研究报告》，光明日报出版社，2014，第 391~392 页。
② 檀传宝、班建武：《实然与应然：德育回归生活世界的两个向度》，《教育研究与实验》2007 年第 2 期。
③ 张耀灿：《思想政治教育学科建设研究》，中国人民大学出版社，2017。
④ 王学俭：《思想政治教育理论与实践问题的研究视角》，中国人民大学出版社，2017。
⑤ 吴满意、宁文英、王欣玥等：《网络思想政治教育生态系统研究》，人民出版社，2019。
⑥ 闵绪国：《思想政治教育价值研究》，人民出版社，2017。
⑦ 付安玲：《思想政治教育个体价值论》，人民出版社，2018。
⑧ 王潇：《高校思想政治教育评价：历史衍化与水平提升》，《思想理论教育》2021 年第 10 期。

求，提出开展好思想政治教育质量评价要把握十对关系，使思想政治教育质量评价科学化、规范化。①

　　质量评价研究的创新发展还体现在学术团队的形成和系统的研究取向上。如 2017 年国家社会科学基金设立教育学重大项目"高校思想政治教育工作质量评价体系研究"，课题组围绕新时代高校思想政治教育工作质量评价体系集中发表了一批研究成果。如冯刚围绕改革开放以来思想政治教育评价史（《教学与研究》2018 年第 3 期）和思想政治教育工作质量评价的时代特征（《思想教育研究》2018 年第 5 期）开展了研究；刘建军围绕高校思想政治教育工作质量评价的必要性、可行性及其限度进行了探讨（《学校党建与思想教育》2018 年第 11 期）；华敏、吴林龙、赵静、张迪等分析了高校思想政治教育工作质量评价的意义、概念、原则和理论基础（《思想教育研究》2018 年第 2、4 期）；严帅总结了 2017 年、2018 年思想政治教育工作质量评价的热点和趋势（载冯刚、王树荫主编《思想政治教育研究热点年度发布 2017》、《思想政治教育研究热点年度发布 2018》，团结出版社 2018 年版、2019 年版）；李洪波、李宏刚、覃红、许亨洪、刘俊峰、陈步云、陈丹、曹威威等分别针对大学生思想政治教育工作评价的困境与反思、大数据在思想政治教育工作方面的质量评价、思想政治理论课教学质量评价、高校实践育人评价机制构建、高校思想政治教育工作质量评价的人文关怀、高校思想政治教育工作质量评价的知识借鉴、思想政治教育工作质量评价模式的构建等具体领域进行深入研究（《学校党建与思想教育》2018 年第 11、13 期，《思想教育研究》2018 年第 4、5、9 期）。这些研究总结了改革开放以来高校思想政治教育工作质量评价的历史经验，深化了思想政治教育工作质量评价的基本内涵，初步形成了质量评价研究的学术共同体。

　　近年来，中共中央针对高校和思想政治工作召开了多次会议，提出思想政治工作质量评价的新要求，要求重新思考日常思想政治教育工作质量评价的科学内涵和时代意蕴，建立根植于中国国情、符合高校实际的质量评价体系。推动高校完善与深化思想政治教育工作质量评价体系，在反思中不断改进评价理念和评价实践方式。如石中英提出教育评价对教育实践

---

①　白显良、章瀚丹：《推进思想政治教育质量评价改革需把握十对关系》，《思想理论教育》2021 年第 3 期。

有显著的导向作用，分析了当前教育评价中存在的问题，提出要回归教育本体，构建更加科学有效的教育评价体系。[①] 王学俭、施泽东提出元评价的概念，主张从理论和实践两个维度，对思想政治教育评价活动本身开展评价，确保思想政治教育评价的改善与创新。[②]

二　高校日常思想政治教育工作质量评价分类研究述评

近年来，围绕高校日常思想政治教育工作质量评价的分类研究主要集中于质量评价的内涵与内容、方法与指标以及质量评价比较研究三方面，通过对研究热点的述评，有助于整体把握日常思想政治教育工作质量评价的时代特征、学界热点与业界焦点。

1. 质量评价内涵与内容研究述评

对质量评价内涵与内容的研究，反映了思想政治教育理论对质量评价的基本功能定位和适用范围，质量评价在价值判断的基础上，随着思想政治教育的内涵不断充实，指向更加丰富。

对质量评价内涵的研究主要包括以下三个方面。一是将质量评价作为思想政治教育价值实现程度的判断。沈壮海、段立国将改革开放以来质量评价的内涵研究归为六类，其中多数研究认为质量评价是对思想政治教育工作价值的判断[③]；项久雨提出，思想道德教育的评价是一种特殊的价值认识活动，思想道德教育价值评价的主体与客体逻辑清晰地蕴含了认识关系和实践关系[④]；徐曼提出思想政治教育价值实现的评价是思想政治教育价值实现过程的终点和下一轮价值实现活动的起点[⑤]；马迅、叶金福提出大学生思想政治教育评价要避免知识价值取向的单一化，重视评价的育人本位而非管理导向，加强学生本位价值观的评价[⑥]。二是将质量评价作为思想政治

① 石中英：《回归教育本体——当前我国教育评价体系改革刍议》，《教育研究》2020年第9期。
② 王学俭、施泽东：《元评价：思想政治教育评价发展的新进路》，《新疆师范大学学报》（哲学社会科学版）2022年第3期。
③ 沈壮海、段立国：《思想政治教育测评研究的回顾与展望》，《思想教育研究》2014年第9期。
④ 项久雨：《思想道德教育价值评价的主体与客体》，《南京师大学报》（社会科学版）2002年第5期。
⑤ 徐曼：《思想政治教育价值实现评价探析》，《黑龙江高教研究》2010年第3期。
⑥ 马迅、叶金福：《大学生思想政治教育评价的当代价值取向》，《当代世界与社会主义》2013年第2期。

教育过程中的一个环节或一项活动，目的在于加强和改进思想政治教育工作。如黄蓉生提出思想政治教育评估是做出客观的、实事求是的评价和估计的过程[①]；《思想政治教育学原理》编写组和万美容提出大学生思想政治教育评价是基于价值判断的过程或活动[②]；严帅提出质量评价是高校思想政治教育的重要环节，也是加强和改进思想政治教育工作的重要手段[③]。三是将质量评价作为完整的系统建构。冯刚、严帅提出大学生思想政治教育工作质量评价是一项系统性任务[④]；鲁烨提出思想政治教育评估是基于社会价值与个体价值相统一的评估体系[⑤]；王斌提出思想政治教育评估活动是包含诸多要素的系统性工程[⑥]。研究表明，价值判断是质量评价的本质属性，质量评价是思想政治教育体系的重要组成部分，质量评价体系的构建是一项系统性工程。

对质量评价内容的研究表明，有关日常思想政治教育工作的方案设计、实施过程和评价标准是评价的主要内容。如邓卓明、李德全提出以大学生思想政治教育职能职责为依据，准确把握测评对象和适用范围[⑦]；鲁杰、刘培峰提出思想政治教育评估存在有效性与实效性的二重维度，有效性指向思想政治教育理论知识体系的习得，实效性则侧重思想政治教育具体工作的开展情况[⑧]；冯刚提出高校思想政治教育质量评价以高校为整体视角，内容主要包括事实和效果两个方面[⑨]；赵祖地将高校德育评估分为学校德育以及宏观决策方面的评估、院系以及所属年级班级的德育评估、学生个体的

① 黄蓉生：《当代思想政治教育方法论研究》，西南师范大学出版社，2000，第 151 页。
② 《思想政治教育学原理》编写组编《思想政治教育学原理》（第二版），高等教育出版社，2018；万美容：《论评价对大学生思想政治教育质量提升的作用》，《思想理论教育》2015 年第 7 期。
③ 严帅：《思想政治教育质量评价研究的新特点与新趋势》，《思想教育研究》2018 年第 2 期。
④ 冯刚、严帅：《新时代大学生思想政治教育工作质量评价的方法和路径》，《国家教育行政学院学报》2019 年第 5 期。
⑤ 鲁烨：《大学生思想政治教育评估理念论析——基于社会价值与个体价值同构的论域》，《江苏高教》2015 年第 2 期。
⑥ 王斌：《思想政治教育评估研究》，硕士学位论文，西南师范大学，2004，第 13 页。
⑦ 邓卓明、李德全：《大学生思想政治教育测评体系构建新探》，《思想理论教育导刊》2009 年第 4 期。
⑧ 鲁杰、刘培峰：《论思想政治教育评估的二重维度》，《思想教育研究》2017 年第 8 期。
⑨ 冯刚：《改革开放以来高校思想政治教育质量评价的回顾与思考》，《教学与研究》2018 年第 3 期。

德育评估三个层次①。

2. 质量评价方法与指标研究述评

针对具体问题开展质量评价研究，是研究方法、指标体系、实施方案的系统建构，是实践导向的评价模式和模型的探索。按照高校日常思想政治教育实践，质量评价的主要研究有以下几个方面。

对学生党建和班级建设开展的质量评价。杜华基于层次分析法将高校党建分为党建基础工作、主要工作和创新工作3个一级指标18个二级指标，通过党委自评、师生测评、上级考评、专项奖惩、否决性指标和考察组汇总得出结果，用于专项通报、绩效挂钩、约谈整改和表彰推优②；覃文忠、王瑞杰设计了高校党建工作的6个一级核心指标19个二级关键指标和70个评价观测点，按照基层自评、群众测评和组织考评三个步骤进行评价③；黄敏以毕业生党员党性为评价内容，提出了品性、学习和实践三个评价维度④；严帅梳理了中央、部委、省市和学校对学生党建做出的规定，分析了学生党建工作应当遵循的五方面标准，构建了学生党建工作质量评价体系⑤；姜玉洪、刘艳春从思想、组织、学风、班风、文化和制度六方面构建高校班集体的评价指标体系⑥。

对社会主义核心价值观教育开展的质量评价。林立涛提出从社会主义核心价值观培育的主体、客体、内容和方式4个维度设置多个观测点来构建评价体系⑦；王贺将社会主义核心价值观12个关键词分类形成4个子体系，分层抽样发放1000份调查问卷并回收，采用结构方程模型计算出社会主义

① 赵祖地：《略论高校德育评估》，《黑龙江高教研究》2005年第2期。
② 杜华：《高校党建工作考核评价体系设计探讨》，《思想教育研究》2017年第7期。
③ 覃文忠、王瑞杰：《高校院系服务型党组织建设评价机制研究》，《学校党建与思想教育》2017年第9期。
④ 黄敏：《毕业生党员党性评估指标体系及运行机制构建》，《学校党建与思想教育》2017年第14期。
⑤ 严帅：《新时代高校学生党支部工作质量评价机制探析》，《学校党建与思想教育》2018年第21期。
⑥ 姜玉洪、刘艳春：《高校班集体建设与评价体系研究》，《学校党建与思想教育》2018年第18期。
⑦ 林立涛：《大学生社会主义核心价值观培育评价机制构建研究》，《思想理论教育导刊》2018年第6期。

核心价值观及其各项观测变量的认同得分①；隋芳莉认为大学生经过社会主义核心价值观教育的知、情、意、行的变化都应该作为评价的重要部分，树立发展性评价理念，考察"投入""过程""效果"三种评价模式②。

对就业创业教育工作开展的质量评价。金蕾莅、樊富珉、王志诚编制了"北京高校就业指导现状的调查问卷"和"北京市大学生对学校就业指导的意见调查问卷"，对 16 所高校的 2000 多名大学生进行就业指导评价的调查③；樊文有提出使用平衡计分卡工具，从就业状况、顾客、内部流程、学习成长 4 个维度对高校就业部门指导工作进行评价④；刘永平构建了一套兼顾工作单位满意度、就业指导满意度、个人就业准备情况、教学内容实用性和教学工作满意度的就业质量评价体系，并根据模糊数学理论对评价体系进行分析⑤；周家星、黄语素提出要从多主体的角度构建高校毕业生就业质量评价模型，如大学生视角下的就业质量评价等于每位毕业生期望值与其权重的乘数加总，政府视角下的就业质量评价就需要考虑政府对就业质量各要素的期望与其权重⑥。

对运用大数据分析方法开展的质量评价。覃红、许亨洪分析了大数据作为思想政治工作战略资源，运用于质量评价的主要问题和有效对策⑦；于祥成、王莎提出要建立学生行为观测点，通过观测点形成行为研究，从而开展质量评价⑧；王莎进一步提出要从内在属性、内容要素、价值取向和技术方法层面，理解新时代高校思想政治教育评价的数字化变革，构建高校

---

① 王贺：《当代青年社会主义核心价值观认同之测度与评价》，《高教发展与评估》2018 年第 3 期。
② 隋芳莉：《高校社会主义核心价值观教育评价存在问题及推进路径》，《思想政治教育研究》2018 年第 5 期。
③ 金蕾莅、樊富珉、王志诚：《北京高校及大学生关于就业指导的评价》，《清华大学教育研究》2002 年第 5 期。
④ 樊文有：《基于平衡计分卡的高校就业指导部门绩效考评体系构建及实证研究》，《中国软科学》2010 年第 S1 期。
⑤ 刘永平：《基于模糊数学理论的就业质量评价体系研究》，《北京工业大学学报》（社会科学版）2018 年第 6 期。
⑥ 周家星、黄语素：《高校毕业生就业质量评价模型研究》，《学校党建与思想教育》2018 年第 2 期。
⑦ 覃红、许亨洪：《试论大数据在高校思想政治工作质量评价体系中的运用》，《学校党建与思想教育》2018 年第 13 期。
⑧ 于祥成、王莎：《大学生思想动态大数据评价研究》，《思想理论教育》2019 年第 12 期。

思想政治教育数字化评价指标体系、评价系统和长效运行机制①；李怀杰研究提出构建"学生画像"大数据评价系统、"教师画像"大数据评价系统、教育中介大数据评价系统、教育管理服务大数据评价系统"四位一体"的大数据评价系统②；胡锦玉、彪晓红、贺炳彦认为，大数据时代开展思想政治教育评价，要构建和强化价值逻辑、实践逻辑和现实逻辑，以实现评价的价值引领功能、理性保障功能和现实调解功能③；王颖、戴祖旭提出运用数字化校园系统推进思想政治教育评价方式改革④；唐平秋、彭佳俊分析了人工智能技术赋能思想政治教育评价的可行性，依托数字化校园提高评价数字化水平，增强人机协同以构建智慧化评价新格局，坚持以人为本引入数据密集型科学发现的"第四研究范式"，从而增强评价实效性、完善评价体系、丰富价值思想⑤。

此外，有关日常思想政治教育工作的质量评价还涉及心理健康教育评价、社会实践效果评价、思想政治教育工作质量评价模式、辅导员工作评价等。如赵山、李焰提出大学生心理健康教育是评价高校德育水平的重要方面和指标，要构建大学生心理健康主渠道教育中国化模式⑥；丁浩、王婷婷采取过程评价的方式，从组织策划、组织实施、过程监测和实践总结四个阶段来评价大学生社会实践的实效性⑦；陈步云使用层次分析法，构建了大学生社会实践质量评价体系的内容和权重⑧；曹威威探索建立高校思想政治教育工作质量评价模式，包括评价系统、预测系统和预警系统⑨；王志华、苗洪霞、李建伟通过分析1600余名辅导员和学工干部的调查问卷，形

① 王莎：《新时代高校思想政治教育评价的数字化变革》，《思想理论教育》2021年第12期。
② 李怀杰：《思想政治教育大数据评价及其实践路径》，《思想理论教育》2017年第6期。
③ 胡锦玉、彪晓红、贺炳彦：《大数据时代研究生思想政治教育评价机制的逻辑探讨》，《黑龙江高教研究》2017年第8期。
④ 王颖、戴祖旭：《大数据时代高校思想政治教育评价方式改革探究》，《学校党建与思想教育》2018年第16期。
⑤ 唐平秋、彭佳俊：《人工智能助推思想政治教育评价创新发展探析》，《学校党建与思想教育》2022年第13期。
⑥ 赵山、李焰：《构建大学生心理健康主渠道教育中国化模式》，《中国高等教育》2017年第19期。
⑦ 丁浩、王婷婷：《新时期高校学生社会实践实效性评价探析——基于过程评价的分析视角》，《思想教育研究》2014年第4期。
⑧ 陈步云：《高校实践育人质量评价机制的构建》，《思想教育研究》2018年第5期。
⑨ 曹威威：《高校思想政治教育工作质量评价模式建构研究》，《思想教育研究》2018年第9期。

成了优秀辅导员的评价标准①。

近年来，关于日常思想政治教育工作具体问题的质量评价研究覆盖面广、成果丰富，形成了一批研究热点。相关研究拓展了质量评价的类型与形式，使用定性或定量的研究方法，研制了针对某一具体问题质量评价的多种模式，构建了可复制推广的评价模型。同时也不难看出，对具体问题的质量评价更多的是各高校实践工作的经验总结，对于日常思想政治教育工作整体质量评价的研究还较少，缺乏对日常思想政治教育本质规律的分析。

3. 质量评价比较研究述评

思想政治教育是中国特有的工作，严格来说，其他国家开展的类似评价与思想政治教育工作质量评价，在价值、内涵、功能等方面有着明显的区别。全方位开放的社会现实中，高等教育每时每刻都在与世界互动，也面对着中国和世界的比较，思想政治教育的改革创新，要扎根中国，融通中外，吸收借鉴各国的研究成果和实施策略，在"世界眼光"中坚持"中国情怀"。质量评价的比较研究主要包括国外高校教育评估、道德教育评价和学生事务工作评价等。

在国外高校教育评估方面，马健生等总结了美国、英国、法国、日本、荷兰、澳大利亚等主要发达国家的高等教育质量保障体系，并针对组织机构、教师教育标准、运行机制、高校专业评估、学生参与等专题进行了国别间的横向比较②；古贝和林肯从国外开展教育评估的历史入手，梳理了测量、描述、评估等三个阶段的评估模式，提出了"响应式建构主义评估"的第四代评估模式③；斯塔弗尔比姆等分析了众多的评估模型，提出教育批判用于质量评价的四重向度——描述性向度是将内隐过程公开化，诠释性向度帮助批判主体陈述批判客体的意义和特质，规范性向度重在规定范畴中的价值判断，主题式批判向度则是评价主体在特定情境中凝练共识④；布伦南和沙赫以欧洲为主，介绍了14个国家的高等教育机构如何开展质量评估，并分析了奖励、文化等因素对质量评估的影响，以及质量评估对高校

① 王志华、苗洪霞、李建伟：《高校优秀辅导员评价标准研究》，《教育研究》2012年第9期。
② 马健生等：《高等教育质量保障体系的国际比较研究》，北京师范大学出版社，2014。
③ 埃贡·G.古贝、伊冯娜·S.林肯：《第四代评估》，秦霖、蒋燕玲等译，中国人民大学出版社，2008。
④ 斯塔弗尔比姆等：《评估模型》，苏锦丽等译，北京大学出版社，2007。

改革、政策变化和组织机构的影响①；陈文远、潘玉驹分析了美国开展教育评价常用的决策导向模式、目标游离模式、应答模式和反对者评价模式等主要教育评价模式②。

在道德教育评价方面，金家新、易连云介绍了美国高校公民道德教育行动中的政治社会化运动，分析了通识教育和学生参与结合的高校道德教育模式，提出道德评价倾向于为社会政治提供信息，将道德评价的结果纳入政策参考③；韩莉介绍了俄罗斯高校基于大学生精神道德教育大纲建立的德育评估工作标准，包括学校教育大纲的德育潜力、德育工作的结构及活动情况、德育教育及干部情况和大学生受教育情况④；高峡、沈晓敏分析了日本学者为道德教育测评研发的联想测评法，提供了道德认知和道德测量的具体操作方法⑤。

在学生事务工作评价方面，Schuh 编写了学生事务评估的操作手册，介绍了开展学生事务评估的研究方法、调查工具、数据库使用、报告和简报以及评估伦理等具体问题⑥；李永山分析的美国高校学生事务发展专业标准是美国高等教育标准促进委员会（Council for the Advancement of Standards in Higher Education，CAS）颁布的各阶段版本的学生事务专业标准，研究认为该标准推动了学生事务和队伍的专业化⑦。针对具体问题的质量评价方面，林立涛分析比较了中国和美国高校心理健康教育评估标准和开展评估的情况，提出了完善中国高校心理健康教育评估标准和管理方式的建议⑧；赵伶俐借鉴美国学者提出的审美程度公式，根据新时代美育工作的要求，构建

---

① 约翰·布伦南、特拉·沙赫：《高等教育质量管理——一个关于高等院校评估和改革的国际性观点》，陆爱华等译，华东师范大学出版社，2005。
② 陈文远、潘玉驹：《美国第三代教育评价研究》，《教育评论》2012 年第 1 期。
③ 金家新、易连云：《政治社会化取向的美国高校公民道德教育行动》，《南京社会科学》2012 年第 7 期。
④ 韩莉：《俄罗斯高校思想道德教育新探索》，《教育评论》2012 年第 2 期。
⑤ 高峡、沈晓敏：《上薗联想测评法：一种便于教师应用的道德教育测评工具》，《全球教育展望》2016 年第 5 期。关于国外学界对道德认知和测量的研究方法，在质量评价的方法部分将继续展开分析。
⑥ Schuh, J. H. *Assessment Methods for Student Affairs*. John Wiley & Sons, 2008.
⑦ 李永山：《美国高校学生事务发展专业标准述评》，《比较教育研究》2008 年第 2 期。
⑧ 林立涛：《关于完善高校心理健康教育评估标准的思考》，《思想理论教育》2015 年第 3 期。

了美育工作质量的支点，修订形成了适合中国学校使用的美育质量公式①。

相关研究中也指出了国外开展质量评价的管理倾向忽略了教育的目标、价值"中立"引发的价值模糊导致判断分歧、过分强调科学范式尤其是量化倾向等问题。国外开展教育评价研究和实践的相关成果表明，评价方法的科学化要以高等教育内在的运行逻辑和人的成长规律为基础，尊重评价客体的主体性，评价标准的多样化应当契合高校办学和学生事务的现实状况，评价形式的自主性要体现高校自身对教育质量的追求和要求。

第五节　研究方法和创新

日常思想政治教育工作的发展历程，是中国共产党领导下高校思想政治教育的实践探索和经验积累，形成了大量的历史文献或制度史料，沉淀了大量的实务操作文本，包括主要领导人关于教育、高等教育、思想政治教育以及质量评价的论述，党和政府部门出台的政策文件，等等。质量评价是对高校日常思想政治教育工作历史、现实与未来的平衡，在翔实资料的基础上，通过梳理历史的传承与嬗变，分析未来的理路与脉络，坚持从历史中总结，面向未来定位，来把握高校日常思想政治教育工作质量评价的内涵意蕴。

日常思想政治教育工作实践，是对思想政治教育理论的运用和探索。本书的各部分均选取了日常思想政治教育工作质量评价的大量案例，从质量评价的内涵、内容、方法、标准或实施过程各方面切入，提供了国外和国内、全国和地区、高校整体和局部的大量案例，通过个案解析或案例比较，分析不同时期日常思想政治教育工作质量评价的异同，充分展示了高校日常思想政治教育工作质量评价的组成要素、评价流程和工作方法，对质量评价的学理与政策和质量评价的实施与反馈之间如何相互推动，呈现更加直观的认识和理解，从而了解质量评价理论如何应用于高校实践，实践经验如何推动理论的完善。

本书以马克思主义关于人和实践的基本观点为基础，通过对生活世界

---

① 赵伶俐：《以目标与课程为支点的美育质量测评——为了有效实施〈国务院办公厅关于全面加强和改进学校美育工作的意见〉》，《华东师范大学学报》（教育科学版）2017 年第 5 期。

理论的研究，揭示了日常思想政治教育的价值意蕴；同时借鉴了教育学、心理学中关于教育评价和教育测量的分析框架，提供了不同学科观察和分析日常思想政治教育的多维度视角；梳理了高校日常思想政治教育工作质量评价的演进过程，呈现了质量评价历史的、具体的、发展的脉络与特征，阐释了质量评价的内容、标准、方法与评价实践是如何发展至今的，分析了高校日常思想政治教育工作质量评价如何平衡历史传统、时代需要与未来目标；突出了新时代质量评价的问题导向和逻辑起点，循序渐进地剖析了高校日常思想政治教育工作质量评价"为什么""是什么""怎么看""怎么评"的完整链条，提供了评价实施方案，系统构建了高校日常思想政治教育工作质量评价体系。

第一章　高校日常思想政治教育工作
质量评价的重要意义

日常思想政治教育工作是在一定生产力基础上的生产关系构成。新时代主要矛盾的变化要求思想政治教育领域做出相应调整，质量评价顺应社会主要矛盾的变化，主动调整矛盾各方的关系，体现以人民为中心的质量观和评价理念，坚持思想政治教育的意识形态本质规定，在历史传统、理论体系和实践方位中确定质量评价新的定位，确保日常思想政治教育工作的性质与方向。高校日常思想政治教育工作的价值实现面临着多方面的现实困境，需要深入分析日常思想政治教育有别于思想政治理论课教育的显著特征，面向日常生活建构日常空间、形成日常规则、指导日常实践，把握日常思想政治教育价值实现和质量提升的独特逻辑。质量评价的实践旨在规范高校日常思想政治教育工作体系。随着政府职能的专业化发展，质量评价主体正在逐层下移，与高校自主性的不断显现交汇。高校要树立质量建设的主体意识，建立以高校为主体的日常思想政治教育工作质量观。在新时代立德树人的理念共识中建设教育工作的共同体，实现日常思想政治教育队伍、教育过程、教育载体的融通，在提升日常思想政治教育工作的预见性、时代性和针对性中实现质量效果的优化。

第一节　保障日常思想政治教育工作的性质方向

中国特色社会主义进入新时代，社会主要矛盾转化为"人民日益增长的美好生活需要和不平衡不充分的发展之间的矛盾"，"社会主要矛盾的变化是关系全局的历史性变化，对党和国家工作提出了许多新要求"①，深刻

---

① 《十九大以来重要文献选编》（上），中央文献出版社，2019，第8页。

影响着思想政治教育工作。社会主要矛盾体现了社会生产力的发展水平，反映了生产关系与生产力不相适应的情形，经济基础的变化也要求建立与之相匹配的社会意识形态和保障意识形态的制度、组织、机构等上层建筑体系。要在社会主要矛盾中认识高校日常思想政治教育工作质量评价的时代特征，在意识形态本质中理解高校日常思想政治教育工作质量评价的内在规定，通过评价明确高校日常思想政治教育工作质量的现实方位。

一 顺应新时代社会主要矛盾的变化

社会主要矛盾的变化是新时代的重要特征，主要矛盾的变化对思想政治教育提出了新的任务和要求，高校日常思想政治教育工作作为思想政治教育体系的重要组成部分，需要做出相应的调整。质量评价反映生产力和生产关系的发展变化以及两者的矛盾关系，着力改进与现实需要和未来趋势不适应的部分，明确新时代工作的质量方位。

1. 质量评价回应社会生产力发展的需要

生产力与生产关系之间的矛盾是社会主义社会的基本矛盾，生产力是人类改造自然获得物质资料的能力，是国家经济社会发展的重要指征。"各种经济时代的区别，不在于生产什么，而在于怎样生产，用什么劳动资料生产。"[①] 不同历史时期的生产方式，决定了当时的生产力发展水平。1981年，党的十一届六中全会通过的《关于建国以来党的若干历史问题的决议》中把当时的社会主要矛盾表述为"人民日益增长的物质文化需要同落后的社会生产之间的矛盾"[②]，明确社会主义的根本任务是"发展生产力"[③]，进而提出"科学技术是第一生产力"[④]，对生产力内在要素和发展生产力的关键指向有了深刻的认识，中国共产党人意识到，"在社会主义社会，只有尽快提高劳动者的素质，大力提高科学技术和劳动资料的水平，不断开发和拓展资源、产品等劳动对象，才能使社会生产力得到极大发展"[⑤]。

---

① 《马克思恩格斯选集》（第2卷），人民出版社，2012，第172页。
② 《中国共产党中央委员会关于建国以来党的若干历史问题的决议》，人民出版社，1981，第54页。
③ 《邓小平文选》（第3卷），人民出版社，1993，第63页。
④ 《邓小平文选》（第3卷），人民出版社，1993，第274页。
⑤ 习近平：《关于社会主义市场经济的理论思考》，福建人民出版社，2003，第8页。

改革开放以来，生产力发生了巨大的飞跃，"一切劳动、知识、技术、管理、资本等要素的活力竞相迸发"①，推动了中国社会物质文化的显著发展，也直接促进了高校思想政治教育的发展：高校基本建立了思想政治教育体系，思想政治教育工作者自身的知识能力和文化素养不断提升，思想政治教育的手段、技术、条件、资源都得到了充分的发展，思想政治理论课体系更加健全，日常思想政治教育的渠道和载体不断丰富，进入高校的大学生人数不断增加，思想政治教育对高等教育发展和高素质人才培养作出了重要贡献。

新时代的生产力发展水平和发展目标是分析思想政治教育形势的重要基础。当前，生产力的发展并没有终结，而是进入了新的历史时期，在宣告"落后的社会生产"阶段结束的同时，"发展的不平衡不充分"的问题逐渐凸显，新时代要"着力解决好发展不平衡不充分问题，大力提升发展质量和效益"②。思想政治教育工作中也呈现结构上的不平衡，从所属地域来看，不同地区不同高校思想政治教育的资源条件、师资状况、质量和效益有着显著的差距。从供给内容来看，作为主渠道的思想政治理论课形成了相对完整的体系，课程教材、师资队伍、教学模式、质量评价逐渐成熟；而作为主阵地的日常思想政治教育的工作体系还在探索和健全的过程中，其理论依据、实践体系、关键标准都有待进一步厘清。同时，高校思想政治教育工作中还存在一些影响充分发展的不利因素，既有来自社会外部的，也有来自高校思想政治教育内部的。质量评价对日常思想政治教育工作的体制机制、主体与客体、工作载体提出具体的发展目标，推动劳动者、劳动对象、劳动资料等生产力要素充分发展。

2. 质量评价协调形成适应生产力的生产关系

生产力决定生产关系，生产关系只有不断做出相应调整，才能满足生产力发展的需要。生产关系是"人们在自己生活的社会生产中发生一定的、必然的、不以他们的意志为转移的关系，即同他们的物质生产力的一定发展阶段相适应的生产关系"③。生产力的持续发展对生产关系提出新的要求，

---

① 《习近平谈治国理政》（第3卷），外文出版社，2020，第185页。
② 《十九大以来重要文献选编》（上），中央文献出版社，2019，第8页。
③ 《马克思恩格斯文集》（第2卷），人民出版社，2009，第591页。

旧有的生产关系无法满足当下生产力的要求，"已成为桎梏的旧交往形式被适应于比较发达的生产力，因而也适应于进步的个人自主活动方式的新交往形式所代替；新的交往形式又会成为桎梏，然后又为另一种交往形式所代替"①。生产力与生产关系的矛盾运动成为推动社会历史发展的根本动力。

思想政治教育是在一定生产力基础上的生产关系，质量评价通过明确评价导向、建构评价内容、确定评价标准等方式，调节思想政治教育中不适应的要素，逐渐形成适应生产力发展的新的关系。新时代社会主要矛盾直接决定了思想政治教育的主要矛盾。有学者提出思想政治教育的主要矛盾表现为"人们对于美好思想政治道德生活的需要和不平衡不充分的发展之间的矛盾"②。社会主要矛盾也决定着思想政治教育体系中各要素的主要矛盾，有学者归纳了思想政治教育主要矛盾的表现，包括关系的"不适应"、工作中的"矛盾"状况以及过程中不同层面的"冲突"等。③ 矛盾运动的过程中，既有不断变化的要素，也有相对不变的要素，质量评价要坚持和把握一以贯之的要求，对不断变化的部分进行调整。我国的基本国情和世界上最大的发展中国家的地位没有变，当前社会主义生产关系的本质没有改变，社会主义公有制的主体地位、按劳分配的根本制度没有变。但是所有制的具体表现形式更加丰富，"人民日益增长的物质文化需要"转变为"人民日益增长的美好生活需要"，这就意味着生产关系的调整始终坚持"人民主体"的价值取向，同时人的需要和全面发展的基础已经从"物质文化"扩充到生活的方方面面，单纯的"物质文化"需要已经不足以概括，同时人民的需要已经从"有没有"转变为"好不好"的质量追求。要精准分析大学生需求的具体变化，改进日常思想政治教育供给体系，提升供给的质量和效益。

3. 质量评价坚持以人民为中心的发展观

人的需要和人的全面发展是新时代发展的根本方向。要"把人民对美好生活的向往作为奋斗目标"④，通过"更高质量、更有效率、更加公平、

① 《马克思恩格斯文集》（第 1 卷），人民出版社，2009，第 575~576 页。
② 张毅翔：《社会主要矛盾转化影响新时代思想政治教育的机理、根源与应对》，《思想理论教育》2019 年第 4 期。
③ 王习胜：《思想政治教育主要矛盾研究的方法论抉择》，《思想理论教育》2019 年第 11 期。
④ 《十九大以来重要文献选编》（上），中央文献出版社，2019，第 15 页。

更可持续的发展"①,满足和解决"人民日益增长的美好生活需要",更好地"推动人的全面发展"。党的二十大进而提出"坚持以人民为中心发展教育,加快建设高质量教育体系"②。

以人民为中心的发展观,要求质量评价将人作为真正的主体。新时代的发展观从人的发展需要出发,充分考虑社会关系的变革对人的深远影响,将人的全面发展作为发展的终极目标。思想政治教育要根据新时代社会发展的变化,不断调整和完善指导思想和理论方法,提炼质量标准和评价方案,真正将人作为"思想政治教育的价值主体、实践主体和创造主体"③,充分肯定人的主观能动性对历史发展的创造性价值。思想政治教育工作者要将人的自由全面发展落实在高校立德树人的具体实践中,从思想上和现实中引导大学生"坚定理想信念,志存高远,脚踏实地,勇做时代的弄潮儿,在实现中国梦的生动实践中放飞青春梦想,在为人民利益的不懈奋斗中书写人生华章"④。

以人民为中心的发展观,要求质量评价以人民满意为尺度。"时代是出卷人,我们是答卷人,人民是阅卷人"⑤,思想政治教育工作要经得起历史和实践的检验,质量评价要充分参考评价各方的需要和期望,将人民满意作为质量评价的根本标尺。高质量的教育体系建设要求高质量的思想政治教育供给,在思想政治教育实践中体现教育公平、实施依法治校、完善治理体系、落实立德树人,不断满足人民对接受更好教育的需要,不断提升思想政治教育不同主体的获得感、幸福感和安全感。

二 满足日常思想政治教育的意识形态本质要求

日常思想政治教育工作是上层建筑的重要组成部分,上层建筑的意识形态属性决定了日常思想政治教育工作的目标与方向,社会意识的阶级性

---

① 《十八大以来重要文献选编》(中),中央文献出版社,2016,第828页。
② 习近平:《高举中国特色社会主义伟大旗帜 为全面建设社会主义现代化国家而团结奋斗——在中国共产党第二十次全国代表大会上的报告(2022年10月16日)》,人民出版社,2022,第34页。
③ 陈华洲、赵耀:《社会主要矛盾转化视域下思想政治教育的现代转型》,《思想理论教育》2019年第2期。
④ 《十九大以来重要文献选编》(上),中央文献出版社,2019,第49页。
⑤ 《习近平谈治国理政》(第3卷),外文出版社,2020,第70页。

赋予了日常思想政治教育明确的工作内容。在中国高校的实践中，日常思想政治教育工作是中国共产党在高校意识形态安全建设的重要组成部分，传递着政治制度、法律体系、国家政权、组织机构的意志。质量评价确保日常思想政治教育满足意识形态的规定性和阶级性，体现社会意识形态的整体性。

1. 质量评价确保教育工作符合意识形态的规定性

社会上层建筑是在一定经济基础上的社会意识形态和相配套的政治体系。马克思认为"一个阶级是社会上占统治地位的物质力量，同时也是社会上占统治地位的精神力量"，"占统治地位的思想不过是占统治地位的物质关系在观念上的表现"①。"占统治地位的物质力量"与"占统治地位的精神力量"的辩证关系，揭示了一定社会基础与上层建筑的辩证关系，"占统治地位的思想"是"占统治地位的物质关系"的观念表现。

意识形态是思想政治教育的内在规定性，是其区别于其他教育类型的根本属性。思想政治教育的意识形态本质具有普遍意义。思想政治教育是人类社会的普遍活动，不仅在社会主义社会存在，在其他社会也存在。思想政治教育按照占统治地位的思想来构建、指导与实践，把占统治地位的思想、政治、道德观念和规范转化为个体的思想意识和道德品质，进而指导个体的社会行为，实现人的发展与社会进步。意识形态的方向与目标规定着思想政治教育的方向与目标，"思想政治教育实际上是意识形态教育"②。日常思想政治教育工作是思想政治教育的重要组成部分，日常是表现形式，核心是思想政治教育，质量评价通过导向和保障的功能，确保日常思想政治教育工作满足意识形态的内在规定。

质量评价要确保日常思想政治教育工作符合意识形态的相对稳定性。"意识形态作为对社会存在的反映，在一般情况下总是落后于社会存在的，

① 《马克思恩格斯选集》（第 1 卷），人民出版社，2012，第 178 页。
② 郑永廷：《论社会意识形态与思想政治教育的内在联系》，《中国高校社会科学》2015 年第 6 期。关于思想政治教育的本质，学界还有更多的讨论，如有学者总结了思想政治教育本质的十种阐释，提出本质的研究要与教育目标契合（陈秉公：《思想政治教育本质研究现状及建议》，《思想教育研究》2014 年第 6 期）；有学者认为思想政治教育的本质兼具意识形态性和非意识形态性（石书臣：《思想政治教育的本质规定及其把握》，《马克思主义与现实》2009 年第 1 期）。本书倾向于认为，思想政治教育的意识形态本质体现了马克思主义理论基础与思想政治教育功能的内在一致性，也符合思想政治教育实践目标的基本需要。

社会存在即人们的生活过程总是处于不断的发展和变化中，而意识形态一经形成就具有相对稳定性，直到社会存在发生根本性的改变时，意识形态才会或迟或早地发生剧烈的变化。"① 因此，只有高校日常思想政治教育工作质量评价是相对稳定的，才能在一定时期内实现导向和保障的作用，否则就会因为评价导向的游离、保障的缺失引发教育政策和实践的反复波动。随着社会的发展，日常思想政治教育工作中出现了无法满足需要的情形，对社会存在的适应相对滞后，孤立的、局部的调整已经无法满足需要。直到新时代对全社会提出了广泛而普遍的新要求，日常思想政治教育工作才能够整体重新定位与建构，质量评价才能够超越零碎的政策安排，按照新时代的要求，确保日常思想政治教育工作做出符合当下意识形态的调整和改进。

2. 质量评价确保教育工作立足意识形态的阶级性

日常思想政治教育工作具有鲜明的阶级性。上层建筑包括政治上层建筑和思想上层建筑，社会意识形态属于思想上层建筑的范畴。思想政治教育是"社会或社会群体用一定的思想观念、政治观念、道德规范，对其成员施加有目的、有计划、有组织的影响，并促使其自主地接受这种影响，从而形成符合一定社会一定阶级所需要的思想品德的社会实践活动"②，具有鲜明的阶级性。

日常思想政治教育工作是统治阶级调节思想生产和分配的重要举措。"构成统治阶级的各个个人也都具有意识，因而他们也会思维……他们还作为思维着的人，作为思想的生产者进行统治，他们调节着自己时代的思想的生产和分配；而这就意味着他们的思想是一个时代的占统治地位的思想。"③"占统治地位的思想"为政治上层建筑提供思想理论依据，包括思想观念、政治观念、道德观念等具体内容，因而思想政治教育一般包含"思想教育、政治教育和道德教育"④，也就构成了日常思想政治教育的主要内容，质量评价就是要推动思想教育、政治教育和道德教育通过具体的工作设计，融入高校育人的制度、过程、环节。

---

① 俞吾金：《意识形态论》（修订版），人民出版社，2009，第137页。
② 陈万柏、张耀灿主编《思想政治教育学原理》（第三版），高等教育出版社，2015，第4页。
③ 《马克思恩格斯选集》（第1卷），人民出版社，2012，第179页。
④ 《思想政治教育学原理》编写组编《思想政治教育学原理》（第二版），高等教育出版社，2018，第3页。

质量评价要确保日常思想政治教育工作遵循意识形态的阶级性。在高校日常思想政治教育工作中坚持和维护意识形态的阶级性，要聚焦日常思想政治教育工作的政治要求，"关键是政治方向，根本是立德树人"①。思想政治教育的具体形态可以是思想政治理论课，也可以是日常思想政治教育，未来还可能出现其他的教育形式，无论哪一种形式，"意识形态性是思想政治教育现象中共同具有的最一般、最普遍、最稳定的属性"② 都应当将"思想教育、政治教育和道德教育"作为重要内容，将占统治地位的思想，尤其是政治思想转化为个人思想主张并指导其实践。

3. 质量评价确保教育工作体现意识形态的整体性

上层建筑中的政治上层建筑处于主导地位，决定社会意识形态的性质和内容。统治阶级的思想，首先通过政治制度、法律体系、国家政权、组织机构等体系加以明确。思想政治教育的意识形态内涵，不仅是作为思想上层建筑范畴应有的，也是政治上层建筑一系列安排在高校内的具体体现。

思想政治教育是统治阶级的意识形态体现，有别于一般的思想文化，政治上层建筑对思想政治教育有着重要的影响。政治制度决定了国家性质与组织形式，奠定了思想政治教育的制度根基。法律体系是有关人的言语、行为、权利、交往、关系的强制性规范，本身也蕴含着思想、道德、价值的导向。国家政权是政治制度和法律体系的保障者与执行者，是维持、评判、规范社会意识形态的工具，这些政治上层建筑的安排同时也是思想政治教育的基本内容。

从中国的实践来看，思想政治教育是意识形态整体的有机组成。社会主义政治制度决定了高校坚持社会主义办学方向，坚持以人民为中心的教育理念，把立德树人作为根本任务，培养德智体美劳全面发展的社会主义建设者和接班人，坚持教育"为人民服务，为中国共产党治国理政服务，为巩固和发展中国特色社会主义制度服务，为改革开放和社会主义现代化建设服务"③。中国共产党对教育事业的全面领导决定了高校日常思想政治教育工作中要全面贯彻党的教育路线方针政策，遵从中国共产党党内法规

① 冯刚：《新时代中国特色社会主义思想政治教育的创新发展》，《中国高等教育》2018年第Z1期。
② 石书臣：《思想政治教育的本质规定及其把握》，《马克思主义与现实》2009年第1期。
③ 《习近平谈治国理政》（第2卷），外文出版社，2017，第377页。

和国家法律，各项章程、制度、规定要符合上位政策，要按照中国共产党的基层组织建设要求加强和完善高校党的领导。因此，高校日常思想政治教育工作是中国共产党对意识形态全面领导与对高校具体指导的体现，体现了党和国家对意识形态的整体设计。

三　明确日常思想政治教育工作的质量方位

质量方位是把握质量标准的重要依据，是质量评价的出发点和参照点。当前，思想政治教育中关于学科理论定位的讨论比较多，而思想政治教育实践定位的讨论较少。在高校思想政治教育实践中，关于思想政治理论课质量的讨论比较多，思想政治理论课的形式、内容、标准、评价相对完整。2019 年，中共中央专门召开了学校思想政治理论课教师座谈会，为思想政治理论课的质量方位提供了新的战略指向。相比而言，日常思想政治教育工作的质量定位相对模糊，高校日常思想政治教育工作容易湮没在高校宏大的育人体系中，导致工作内容分散、目标指向模糊、效果难以度量。质量评价要在总结历史传统、把握本质规律、分析现实要求中，明确日常思想政治教育工作质量的现实方位。

1. 历史经验为品德的认识和评价提供了借鉴

"我们如果对任何事物，对政治或其他各问题，追溯其原始而明白其发生的端绪，我们就可获得最明朗的认识。"[1] 在人类历史发展的不同阶段，无论是古代社会还是近现代社会，无论是中国还是外国，都有大量关于思想的、政治的、道德的观念、讨论和实践。思想政治教育发展到一定的历史阶段，必然出现对其效果、价值、作用等的评价。不同阶级的评价立场有其基本的标准，"相对于自身给定的价值目标是具有正向价值的"[2]。

在中国历史上对育人的导向和标准有着丰富的表述，其中最重要的是确立了对德的要求，包括德是什么、处于什么地位、有什么作用。《尚书·洪范》中提出"三德：一曰正直，二曰刚克，三曰柔克"[3]，《礼记·中庸》中提及"知、仁、勇，三者天下之达德也"[4]，这些提法指出了德行的朴素

---

① 亚里士多德：《政治学》，吴寿彭译，商务印书馆，2017，第 4 页。
② 张澍军：《论思想政治教育的历史定位与运行特征》，《教育研究》2015 年第 4 期。
③ 李学勤主编《尚书正义》，北京大学出版社，1999，第 312 页。
④ 十三经注疏整理委员会整理《礼记正义》，北京大学出版社，2000，第 1683 页。

内涵。周朝的官学要求学生掌握礼、乐、射、御、书、数"六艺",其中"礼"就有伦理教化、行为规范的指向。古人认为德行是处于统领地位的,德行具有导向、教化的功能。司马光在《资治通鉴》里提到"才者,德之资也;德者,才之帅也"①,说明了育人的根本在于立德。

社会发展水平决定了对事物的认知所能达到的程度。"我们只能在我们时代的条件下进行认识,而且这些条件达到什么程度,我们便认识到什么程度。"② 中国古代历史中,教育者和教育主管部门一直都在寻找合适的品德标准与评价方法,汉代通过察举的方式选拔官吏,设置了"孝廉""光禄""贤良方正"等科目,将德行的标准具体化;魏晋南北朝采取九品中正制,使用评价的方式对候选人进行考核和遴选;科举制度建立后,将德行的要求与标准内化为考试的教材与内容。近现代国外科学实验的发展,推动了质量标准的实证化,代表了新阶段对质量的重新认识。不同时期关于品德的认识以及评价的经验,为高校日常思想政治教育工作质量评价的构建提供了历史的借鉴。

2. 人的本质及其实践规律深化了评价的理性认识

马克思主义将人看作一切社会关系的总和,对人的本质有了更进一步的把握,理性认识和分析人的实践,深化了对人类实践以及人的本质的理解。正是因为认识了人的本质及其实践的一般规律,从而"根据效用原则来评价人的一切行为、运动和关系等等"③ 有了可能。而不同历史时代人的本质及其实践的变化,呈现不同的质量特征,也就有了评价的可能。

日常思想政治教育工作作为一种普遍意义的实践活动,具有客观的物质性。工作中特定的环境、资源、工具,具有客观性;工作中的互动过程、言行举止、工作记录,都能够被观察、认识和分析。人的思想状况、政治素质和道德水平是在一定物质条件基础上生产关系的呈现,是客观物质世界的精神反映,遵循一定的规律,有着内在的逻辑,可以通过一定的方式收集相关信息,借助测量指标进行度量或统计,也可以作为人的实践活动,

---

① 司马光编著,胡三省音注《资治通鉴》,中华书局,2011,第14页。司马光在分析晋国国君智伯之所以治国不力,以致亡命的历史时说:"智伯之亡也,才胜德也。"所以"才德全尽谓之圣人,才德兼亡谓之愚人,德胜才谓之君子,才胜德谓之小人"。
② 《马克思恩格斯选集》(第3卷),人民出版社,1972,第562页。
③ 《马克思恩格斯全集》(第23卷),人民出版社,1972,第669页。

借由人的经验来判断。

马克思主义不仅提供了分析实践和思想的一般方法，而且深化了对政治工作、道德教育的社会性、阶级性和目的性研究，从思想政治教育的历史地位、时代特征、互动关系的角度加深了对质量评价这一问题的理解，从而丰富和拓展了日常思想政治教育工作质量的表现形式、层次维度和观察方法。

3. 中国共产党在高校的实践明确了质量建设与发展的方向

中华人民共和国成立后，中国共产党在各个历史时期的工作重心决定了高校思想政治教育工作的重点，明确了思想政治教育实践的质量定位。思想政治教育是中国共产党创造的专门概念。"理论在一个国家实现的程度，总是取决于理论满足这个国家的需要的程度。"[①] 中国共产党自建党之初就重视思想政治工作，在军队中创建了政治工作制度，把思想政治工作作为党的各项工作的"生命线"。改革开放以来，中国共产党提出了高校思想政治教育各阶段发展目标，构成了质量建设的任务和质量评价的内容。推动高校探索思想政治教育科学化，系统构建高校思想政治教育工作体系，形成了政治教育传统、思想政治理论课体系、辅导员工作制度、思想政治教育组织机构和体制机制等。

培养担当民族复兴大任的时代新人，是高校思想政治教育根据新时代中国共产党的历史使命提出的新目标。"我国是中国共产党领导的社会主义国家，这就决定了我们的教育必须把培养社会主义建设者和接班人作为根本任务，培养一代又一代拥护中国共产党领导和我国社会主义制度、立志为中国特色社会主义奋斗终身的有用人才。"[②] 新时代中国共产党的历史使命是要实现中华民族伟大复兴，需要一代又一代青年接续奋斗。日常思想政治教育工作要围绕这一目标设计和实施，质量评价要针对目标的完成情况来开展。

质量评价要持续发挥导向、鉴定、诊断、调控和改进的作用，为日常思想政治教育明确实践方向。近年来，中共中央就建立健全思想政治教育评价体系发布了多个文件，强调通过评价，保障思想政治教育方向，改进

---

① 《马克思恩格斯选集》（第1卷），人民出版社，2012，第11页。
② 《十九大以来重要文献选编》（上），中央文献出版社，2019，第647页。

思想政治教育质量，提升育人的效果。2016 年，中共中央、国务院发布《关于加强和改进新形势下高校思想政治工作的意见》，明确提出"健全高校思想政治工作评价体系……推动高校思想政治工作制度化"①。2020 年，中共中央、国务院发布《深化新时代教育评价改革总体方案》，提出"充分发挥教育评价的指挥棒作用，引导确立科学的育人目标，确保教育正确发展方向"，进而提出"完善德育评价……科学设计各级各类教育德育目标要求"②。党的二十大报告明确提出"加快建设高质量教育体系""完善学校管理和教育评价体系"③ 等要求。这些文件是中国共产党对高校思想政治教育实践的战略部署和质量要求，为日常思想政治教育工作明确了质量建设的目标与发展的方向。

第二节　把握日常思想政治教育价值实现的逻辑

高校日常思想政治教育与思想政治理论课共享马克思主义的理论体系和分析方法，共同服务于培养社会主义建设者的育人目标，两者的共通点是同向同行和融合交叉的基础。同时，日常思想政治教育不完全等同于理论课程教育，其日常性、生活性的内涵要求侧重生活世界，强调教育内容的生活化设计，更加聚焦教育对象接受教育的效果，日常思想政治教育价值实现有其独特性。面向生活世界是实现日常思想政治教育价值的关键，也是中国共产党开展高校思想政治教育的优良传统。质量评价要关注日常思想政治教育工作的生活面向，推动日常思想政治教育工作要着力建构日常空间、建立日常规则、指导日常实践。

一　日常思想政治教育价值实现的困境

思想政治教育的价值是指教育者发挥教育功能，使教育对象满足社会

① 《十八大以来重要文献选编》（下），中央文献出版社，2018，第 490 页。
② 《中共中央国务院印发深化新时代教育评价改革总体方案》，《人民日报》2020 年 10 月 14 日。
③ 习近平：《高举中国特色社会主义伟大旗帜　为全面建设社会主义现代化国家而团结奋斗——在中国共产党第二十次全国代表大会上的报告（2022 年 10 月 16 日）》，人民出版社，2022，第 34 页。

需要，实现个人发展的效用和意义。马克思认为，"'价值'这个普遍的概念是从人们对待满足他们需要的外界物的关系中产生的"①，是"人在把成为满足他的需要的资料的外界物……进行估价，赋予它们以价值或使它们具有'价值'属性"②。价值是在人与外部世界的关系中产生的，人是价值主体，外部世界是价值客体，在主客体互动的过程中，当价值客体满足价值主体的某种需要时，价值便完成了实现的过程。当前，日常思想政治教育价值实现面临理论解释的局限性、实践指向的碎片化、价值判断偏实证等现实困境，无法完整而全面地呈现日常思想政治教育的价值，从而影响了质量评价的有效性和实效性。

1. 社会的现代化发展亟须理论的有效指导

思想政治教育价值分为社会价值和个体价值两个方面，人的全面发展也需要通过社会价值和个人价值的实现来满足，思想政治教育价值实现是质量和效益的重要体现。社会的现代化发展催生了丰富的价值实现指向，亟须科学理论的有效指导。

当前，思想政治教育的社会价值以政治价值为主，具体表现为日常思想政治教育以传播政治意识为主要内容，以政治话语为主要话语体系，以维护政治稳定为重要目标，以政治合格作为育人重要标准，这些现实情况是自中华人民共和国成立以来高校日常政治教育、政治表达、政治环境的积淀和延续，因而思想政治教育的价值更多地体现在政治层面。

而实际工作中，日常思想政治教育的政治价值的实现常常简化为对安全稳定的贡献。应当注意到，政治价值的实现有着丰富的维度，如政治参与状况、政治思想传播、政治环境优化等不同维度。当前高校思想政治教育实践对安全稳定的贡献较为突出，③ 较少论证或说明思想政治教育对其他政治价值实现的积极意义，窄化了政治价值的范围。

思想政治教育的价值实现，要围绕新时代"美好生活"需要展开。"在前现代社会，国家与社会混沌不分，整个社会生活'完全政治化'，很难发

---

① 《马克思恩格斯全集》（第 19 卷），人民出版社，1963，第 406 页。
② 《马克思恩格斯全集》（第 19 卷），人民出版社，1963，第 409 页。
③ 有学者对中国高校开设的思想政治理论课进行研究，发现以"德育"为名的意识形态教育有效地促进了国家维护大学生群体的总体政治稳定。参见阎小骏《中国何以稳定：来自田野的观察与思考》，中国社会科学出版社，2017，第 136 页。

展出实质意义的现代社会与现代性。"① 改革开放以来，中国开始了现代化发展的实践，人民日常生活愈加丰富，经济、文化、生态领域的需要迅速发展。现代社会呈现不断分化的总体特点，社会分化不仅是物质领域的——社会分工不断细分，人群随之分解，生产发展的目标更加具体；更是思想文化层面的——思维方式呈现发散的趋势，个人价值实现呈现标准分散、取向灵活、选择多样的主体性特点，导致社会整体性、统一性不断分解。日常思想政治教育如果照搬课程化、理论化的政治教育，难以满足日常思想政治教育主客体的多样需要。如有的学者提出思想政治教育价值研究中更多关注社会价值方面，更多从党、国家和社会的角度来谈思想政治教育的价值，而较少谈到它的个人价值。有的学者提出当前马克思主义意识形态日常生活化传播存在"偏重政治性，遮蔽了生活性""倚重灌输性，轻视说服性""偏重学术性，缺乏通俗性"的问题。② 尽管学界已经意识到这些问题，但总体来说，由于对现代社会还缺少整体性把握，不同学科的理论融合还不多，对人的思想和行为的科学认识还不彻底，理论研究的成果尚未完全运用于日常思想政治教育工作中，这些情况都直接影响了科学理论的有效指导效果。

2. 实践工作碎片化不利于价值的有效表达

当前高校思想政治教育体系中，思想政治理论课以习近平新时代中国特色社会主义思想为理论指导和教学内容，理论基础与教学实践的内在一致性较好地阐释了价值实现的逻辑，而日常思想政治教育工作中，大量的管理服务往往呈现事务性的特征，价值实现缺乏有效表达。

一方面，大学生成长发展需要呈现"爆炸式"的增长。如就业指导、学生资助、学生奖惩、宿舍管理等，"工作量"掩盖或替代了"教育价值"。有的观点认为，这些工作更加偏向事务性，思想的、政治的、道德的导向不是重点，因而对这些工作开展质量评价，侧重的是对"数量""结果"而非"价值"的判断。这就意味着，高校日常思想政治教育工作需要总结新的价值实现模式。

另一方面，实务工作者往往自身也以事务性结果作为工作的目标。这

① 郗戈：《超越资本主义现代性——马克思现代性思想与当代社会发展》，中国人民大学出版社，2014，第116~117页。
② 刘建军：《论思想政治教育的个人价值》，《教学与研究》2001年第8期；揭晓：《论马克思主义意识形态大众化传播的日常生活维度》，《教学与研究》2015年第6期。

说明从认识上，高校日常思想政治教育工作中存在价值模糊、意义不明的情况，习惯使用行政指令而不是从价值需要出发开展工作，将思想的生产和分配作为机械的实践来看待，没有意识到工作背后的制度设计和实践目标中蕴含的育人价值，也没有将这些事务性的工作与大学生全面发展的需要真正结合起来，偏离了思想政治教育以人为中心的理念。

管理和服务性工作内容中蕴含的规则、权责、政策，或是反映了上层政治建筑的制度、法律、性质，或是体现了主流意识形态的价值导向，完全将其视作"事务"，会引发"非意识形态化"的认识偏差，在质量评价中也就容易忽略对人的发展需要和对需要满足的情况，进而偏离日常思想政治教育工作的意识形态本质。随着新时代社会生产力的不断发展，思想政治教育领域出现了大量生活场景，大学生的全面发展需要更多地从社会生活实际出发，需要日常思想政治教育工作者从日常工作中挖掘价值导向、价值实践、价值满足的"最大公约数"，承担起主流意识形态聚合、认同、组织的责任。

3. 质量评价的偏实证化遮蔽了价值的丰富内涵

价值实现不仅是思想政治教育领域的重要问题，也是高等教育、教育体系乃至整个社会的重要问题，在一定程度上思想政治教育价值隶属于其上位概念的价值，而上位概念的价值则对思想政治教育价值有着直接的传导影响。

高等教育的育人价值要超越知识的教授、技能的传递，以"立德树人"为核心，实现德智体美劳全方位素质的提升。中国高等教育的质量经历了从"满足质量的原有规定性"到满足"主体需要程度"的转变[①]，对主体需要程度的满足体现了"人本"的取向，是对人民利益诉求的重视，在高等教育从精英化到大众化的具体过程中，满足利益相关者的基本价值诉求成为高等教育质量新的历史使命。高等教育质量观的哲学基础逐渐由认识论向价值论转变。[②]

价值认识的转变对质量评价实践提出了新的要求。在以往的质量评价

---

① 胡弼成：《高等教育质量观的演进》，《教育研究》2006 年第 11 期。

② 史秋衡、王爱萍：《高等教育质量观：从认识论向价值论转变》，《厦门大学学报》（哲学社会科学版）2010 年第 2 期。

中，习惯于将事实与价值分开，或者将事实作为价值的一部分来解释，如将人才培养过程中的量化数据直接作为高等教育价值的依据。在日常思想政治教育工作质量评价中，也存在将开展的活动场次、覆盖的学生人数、获得的表彰奖励等"客观"结果直接作为价值的表现，用"数量化""实证化"的局部来支撑整体的"科学性"，甚至将教育过程、学习行为、价值实现、人的发展等丰富的内容窄化为教育过程、教育行为、教育质量的全景化数据，通过对工具、数据和结果的精准化追求，激化了对质量评价的竞争与焦虑，也不可避免地加剧了教育的功利化和工具化。[①] 这些情况表明，在质量评价实践中，对价值内涵的理解还比较单一，对价值实现的表现形式掌握得还不够多，对质量的评价更多的是评估满足的外在要求而非"主体"自身的需要。新的历史时期需要对价值内涵不断深化研究，进一步阐释思想政治教育价值实现的一般模式和高校日常思想政治教育工作价值实现的独特逻辑。

二 重视生活世界是实现日常思想政治教育价值的关键

生活世界是人存在与思考、自我再生产和自我实现的基本场域，学界对生活世界的分析提供了日常思想政治教育价值实现的重要视角。[②] "一种价值观要真正发挥作用，必须融入社会生活，让人们在实践中感知它、领悟它。要注意把我们所提倡的与人们日常生活紧密联系起来，在落细、落小、落实上下功夫。"[③] 思想政治教育对美好生活需要的满足，不是制造一种新的价值去满足生活需要，而是找到思想政治教育与美好生活的共通之处，寻找思想政治教育动力之源的过程。思想政治教育回归生活世界，强

---

① 金生鈜：《大数据教育测评的规训隐忧——对教育工具化的哲学审视》，《教育研究》2019年第8期。

② 日常生活与现实生活不完全等同，具有一定的客观性、抽象性、逻辑性，但是对理解现实世界与人的行为，尤其是在现实中指导开展教育工作有着重要的启发。马克思关于实践的看法、胡塞尔的现象学理论提供了对生活世界的理解，将生活分为日常生活与非日常生活部分，日常生活包括日常消费、日常交往、日常观念等自发的、自在的生活形态，非日常生活主要指自为的、自觉的物质与精神生产。参见李文阁《生成性思维：现代哲学的思维方式》，《中国社会科学》2000年第6期；吴潜涛、冯秀军《弘扬和培育中华民族精神的基本途径》，《北京大学学报》（哲学社会科学版）2006年第5期；陈锡喜《论意识形态的本质、功能、总体性及领域》，《上海交通大学学报》（哲学社会科学版）2014年第1期。

③ 《习近平谈治国理政》（第1卷），外文出版社，2018，第165页。

调将理论与现实融通，凸显教育者的主导性和受教育者的主体性，经由日常思想政治教育工作的实践载体，为人的再生产实践提供探索、尝试、实验的机会，促使受教育者经过思考、训练、反思，形成契合主流价值的主体意识。

1. 重视生活世界是对人的重视

人是处在现实生活中的，而非抽象的概念。马克思提出，"我们的出发点是从事实际活动的人……不是意识决定生活，而是生活决定意识。前一种观察方法从意识出发，把意识看作是有生命的个人。符合实际生活的第二种观察方法则是从现实的、有生命的个人本身出发，把意识仅仅看作是他们的意识"①。重视生活世界，是为了关注"在一定条件下进行的现实的、可以通过经验观察到的发展过程中的人"，而不是"处在某种幻想的与世隔绝、离群索居状态的人"②。马克思以此为基础，来批判将人作为抽象的概念而非现实存在的对象来分析，"从前的一切唯物主义（包括费尔巴哈的唯物主义）的主要缺点是：对对象、现实、感性，只是从客体的或者直观的形式去理解，而不是把它们当做感性的人的活动，当做实践去理解，不是从主体方面去理解"③。马克思由此将人的生命活动与动物相区分，"人则使自己的生命活动本身变成自己的意志和意识的对象，他的生命活动是有意识的"④。

"人民对美好生活的向往"不只意味着大规模、数量化的需要，其中透射着每个人的自我意识和强烈实现的愿望。这也正说明，"激情、热情是人强烈追求自己的对象的本质力量"⑤。从个体的角度，人要在现实中建立其社会关系，"所以人在积极实现自己本质的过程中创造、生产人的社会联系、社会本质，而社会本质不是一种同单个人相对立的抽象的一般的力量，而是每一个单个人的本质，是他自己的活动，他自己的生活，他自己的享受，他自己的财富"⑥，"对于各个个人来说，出发点总是他们自己，当然是

① 《马克思恩格斯选集》（第 1 卷），人民出版社，1972，第 30~31 页。
② 《马克思恩格斯选集》（第 1 卷），人民出版社，1972，第 31 页。
③ 《马克思恩格斯选集》（第 1 卷），人民出版社，2012，第 133 页。
④ 《马克思恩格斯全集》（第 42 卷），人民出版社，1979，第 96 页。
⑤ 《马克思恩格斯全集》（第 42 卷），人民出版社，1979，第 169 页。
⑥ 《马克思恩格斯全集》（第 42 卷），人民出版社，1979，第 24 页。

在一定历史条件和关系中的个人"①。马克思批判将"真实存在着的、活动的人"排除在历史之外,仅仅停留在"抽象的'人'上",强调感性世界才是"构成这一世界的个人的共同的、活生生的、感性的活动"。② 因此,聚焦"人民对美好生活的向往"的目标,要在其中提炼价值实现的"最大公约数",满足众多个体对自我意识的热烈追求和自我实现的主体需要,把握推动历史发展的重要驱动力。

日常思想政治教育工作是对大学生个体发展需要的一般性满足。这种一般性基于其共同的一般需要,即共同利益,"要使各民族真正团结起来,他们就必须有共同的利益"③,"没有共同的利益,也就不会有统一的目的,更谈不上统一的行动了"④。这些共同的利益是实现思想政治教育团结、统一、凝聚、认同效果的基础,也是人的全面发展的起点。

2. 生活世界是人类日常存在与思考的基础

现代哲学家们都试图从分析生活世界中找到超越现实生活的意义,之所以产生这种意图,是因为"近代以来自然科学对客观性的片面追求使它忘记了自己的主观意义基础,由此导致了开创近代自然科学的整个欧洲人的危机"⑤。在这一点上,胡塞尔与马克思有着共通之处。胡塞尔没有直接给"生活世界"做出定义,却提出了"生活世界"的概念。他在《生活世界》的手稿中描述了大量市民生活的具体场景,从"系统-结构"和"发生-历史"两种角度进行梳理,将生活世界分类概括为"意见世界"、"事实世界"、"经验世界"和"历史世界"。⑥ 在对社会科学实证偏好的反思中,"生活世界"理论发展起来,强调人的价值,成为理解社会、研究人的社会化过程的重要基础。"生活世界"理论强调"科学世界的真理性必须依靠生活世界的经验性来保证"⑦,"生活世界"成为人理解、实验、审视、接纳科

---

① 《马克思恩格斯选集》(第1卷),人民出版社,1972,第84页。

② 《马克思恩格斯全集》(第3卷),人民出版社,1960,第50页。

③ 《马克思恩格斯选集》(第1卷),人民出版社,1972,第287页。

④ 《马克思恩格斯选集》(第1卷),人民出版社,1972,第508页。

⑤ 倪梁康:《胡塞尔的生活世界现象学——基于〈生活世界〉手稿的思考》,《哲学动态》2019年第12期。

⑥ 倪梁康:《胡塞尔的生活世界现象学——基于〈生活世界〉手稿的思考》,《哲学动态》2019年第12期。

⑦ 杨耕:《胡塞尔:从先验自我转向生活世界——从马克思的观点看》,《吉林大学社会科学学报》2004年第5期。

学理论的中介。

在现代社会中，"人与人面对面交流转变为通过中介的交往"①，引发了人与人、人与集体、人与社会关系的变革，从某种程度上"生活世界"理论契合了人的交往关系在现代社会中转变的趋势，在大多数时候，人需要通过生活情境，才能消化与理解理性抽象的意义价值，"任何一种我们所追求的知识形式和指向我们的话题都说明了我们是如何面对生活的"②，而脱离了生活情境，对于科学理论的把握就难以内化，也就不能转化为指导实践的理论武器。

3. 生活世界提供了自我再生产和自我实现的基本场域

马克思主义提出了人的社会关系本质，列斐伏尔在马克思主义异化理论的基础上发展出对日常生活的批判性研究，推进了马克思关于人的全面发展的概念。列斐伏尔提出了总体的人是"具有创造性的，自我创造的人在世界历史的生成"③，自我实现就是一种深层主体化，"从主体（愿望、渴望、观念）到对象，到世界——同样，从对象到主体，人就是在这个过程中实现自我的"④。列斐伏尔认为当时的社会生产是为生产而生产，忽略了从人的日常生活而来的需求基础，也没有致力于满足人的日常生活需要的更好实现，生活的意义被符号化、功能化、抽象化的概念取代，人被分割为单一维度的人，"不能超出单方面的、畸形的发展。任何道德说教在这里都不能有所帮助"⑤。列斐伏尔将社会生活中的具体过程和细节作为出发点，提出日常生活中"日常性的原始本能"蕴含着变化的、创造的可能，⑥ 分析了日常生活中关于认同、话语、商品、空间、时间、技术等要素对生活的深层意义，试图从日常生活的整体而不是片段的、零散的角度重新构建人的主体性。

---

① 孙其昂：《思想政治教育现代性的三个维度》，《湖北社会科学》2016 年第 10 期。

② 马克斯·范梅南：《生活体验研究——人文科学视野中的教育学》，宋广文等译，教育科学出版社，2003，第 201~202 页。

③ 吴宁：《日常生活批判——列斐伏尔哲学思想研究》，人民出版社，2007，第 96 页。

④ 亨利·列斐伏尔：《日常生活批判》（第 1 卷），叶齐茂、倪晓晖译，社会科学文献出版社，2018，第 145 页。

⑤ 《马克思恩格斯全集》（第 3 卷），人民出版社，1960，第 296 页。

⑥ 亨利·列斐伏尔：《日常生活批判》（第 3 卷），叶齐茂、倪晓晖译，社会科学文献出版社，2018，第 559 页。

列斐伏尔的观点深化了对日常生活要素的认识，提出了思想意识的生成逻辑。他"研究这些思想意识如何可以立足，如何可以产生，思想意识的转变如何可以在人的意识中运行起来"①。列斐伏尔从个体角度强调了主体性的解放，正契合了社会意识如何转化为个人意识的现实问题。高校是社会的组成部分，也是相对独立的"小社会"，生活世界的理论视域下，日常思想政治教育工作的构成要素如载体、渠道、环境的意义不仅仅是物质性的中介，在与人频繁接触的过程中具有塑造、传递、改变价值的社会功能，本身就具有日常思想政治教育工作的规则、标准、意义等深层次内涵。

4. 面向生活世界是中国共产党开展高校思想政治教育的优良传统

在社会生活中提升教育共情，达到教育效果，实现教育价值，是中国共产党在高校开展思想政治教育工作的宝贵经验。

早在中华人民共和国成立之初，毛泽东就指出，"不少青年人由于缺少政治经验和社会生活经验"，不容易深切了解"建立一个美好的社会主义社会要经过怎样的长时间的艰苦劳动"，② 当时摆在思想政治教育工作者面前的时代命题是引导青年人尤其是大学生认识了解从而认同认可社会主义，最终自觉投身社会主义革命和建设事业。在日常思想政治教育方面，注重思想教育与现实生活紧密结合，"以开展新民主主义的学习作为学生工作的中心任务"③，在内容上，结合土地革命、抗美援朝、社会主义教育等社会热点；在形式上，采取"晚叙会""讨论会""报告会"的形式，教育青年在这些现实主题中体会到对中华人民共和国的认同，感受作为国民的意义和责任，在国家总的形势中理解、接受、认可和参与新民主主义社会建设。

在现实生活中寻找教育载体，提升接受教育的效果，是思想政治教育一直努力的方向。1958 年中共中央、国务院发布《关于教育工作的指示》，明确"教育为无产阶级的政治服务，教育与生产劳动相结合"④ 的教育工作方针。组织劳动生产和实践，成为高校的重点任务。高校纷纷与工厂、农

---

① 亨利·列斐伏尔：《日常生活批判》（第 1 卷），叶齐茂、倪晓晖译，社会科学文献出版社，2018，第 134 页。

② 《毛泽东文集》（第 7 卷），人民出版社，1999，第 236 页。

③ 冯刚、沈壮海主编《中华人民共和国学校德育编年史》，中国人民大学出版社，2010，第 2 页。

④ 《建国以来重要文献选编》（第 11 册），中央文献出版社，1995，第 490 页。

村挂钩结对，帮助开设工厂学校、农村学校、平民学校，并且开办工厂、农场等，师生共同参加生产劳动，体验劳动者的身份与日常，培养正确的劳动观念，为社会提供切实的服务与贡献。1958 年 11 月，"教育与生产劳动相结合展览会"在北京开幕，展示了高校参与生产劳动的成果与作品。①依托生产劳动来说明什么是社会主义，怎样走社会主义道路是必要的。

高校不是封闭的孤岛，高校与生活世界所处的现实社会之间互相影响。一方面，主流价值观教育必须落在具体的日常生活中，以生活世界中的现实场景、互动反馈作为基础来实现传播与认同，否则主流价值观就会因过于抽象与理性而失去解释现实、彰显真理的契机与力量，也就无法转化为"物质的力量"对受教育者的实践做出科学指导。另一方面，多元的社会思潮的渗透，也不只是停留在政治层面，它们借由技术、娱乐、消费、社交等生活中常见的形态出现，通过细微的、碎片的、海量的日常生活场景，占据生活世界的阵地，在一定程度上也消解、侵蚀了主流价值在日常生活中的地位，给主流意识形态安全带来巨大的隐患。日常思想政治教育工作要继承优良传统，在新的时代要求下，搭建"美好生活"与教育工作之间的桥梁，更好地实现教育价值。

三　提升日常思想政治教育工作质量的着力点

生活世界的重要性并不意味着要将学生不加教育直接推向社会，而是要通过质量评价协调机制，发挥日常思想政治教育与生活世界的关联和导引功能，从中把握提升日常思想政治教育工作质量的着力点。高校是开展日常思想政治教育工作的边界，建构了相对独立的日常空间；高校日常思想政治教育工作运行的制度体系提供了日常交往的规范与指导，形成了日常规则；高校日常思想政治教育工作中设计了大范围、重复性、参与性、情景式的工作载体，形成了角色参与—思想内化—指导实践的教育模式。

1. 建构日常空间

高校建构了大学生日常学习、生活与交往实践的空间边界，塑造了一个既存在于社会中，又相对独立的社会空间。自一开始，高校校园就不仅

---

① 《党的教育方针的凯歌——祝教育与生产劳动相结合展览会开幕》，《人民日报》1958 年 11 月 1 日。

仅是一种自然的形态，而是"用一个'地道的'精神空间去覆盖的一个自然空间"①。这一社会空间奠定了个人社会关系的基础，也指向了一种特殊的生产方式——高校日常思想政治教育工作的空间建构，立足于塑造大学生日常生活环境，形成社会化集体认同。

高校日常空间按照大学生日常学习、生活的需要来设计，体现日常思想政治教育工作的目的与功能。与国外大学和社会之间相对弱化的物理边界不同，中国高校建立了与社会相区隔的物理空间，以便建设内在更为丰富的社会空间，高校的建筑、交通、设施、风景有别于社会的一般性建设，成为大学生日常生活中具有特殊意义的空间设计，具备开展日常思想政治教育的可能。日常空间的建构还带来了日常时间的分配、生活节奏的把握、日常消费的延伸，进一步丰富了日常空间对大学生的意义，是大学生主体性养成的重要环境。

高校稳定的日常空间为大学生提供了社会关系建构的场域。大学生在接受高校日常空间作为自然环境要素意义的同时，在其中还形成了安全、成长、幸福、归属等密切的情感联系。情感在日常生活中起着穿针引线的作用，对价值观的形成、导向和认同有着深刻的影响，② 高校成为大学生日常出发与回归的明确方位。高校空间的稳定性、生活的习惯性、日常的参与性拓展了高校日常空间的社会功能，个人生活走向集体化，具有进一步教化的意义和可能。日常思想政治教育工作中设置了大量的学生集体组织和集体活动的场景，团体作为一种规范的体系呈现在个人面前，学生通过了解、熟悉、适应和融入集体的过程，个人"参与实际工作，从理论上参与认识工作，参与社会的和人的整体"③，从而超越个体意识，形成社会意识。学生与学校之间长时间荣辱与共的情感共鸣与终身相伴的身份，进一步细化同构这一集体意识，让大学生的归属感、荣誉感、集体感更加持久和完整。

---

① 亨利·列斐伏尔：《日常生活批判》（第3卷），叶齐茂、倪晓晖译，社会科学文献出版社，2018，第652页。

② 王学俭、刘珂：《融入日常生活：思想政治教育的微观建构》，《思想教育研究》2015年第2期。

③ 亨利·列斐伏尔：《日常生活批判》（第3卷），叶齐茂、倪晓晖译，社会科学文献出版社，2018，第138页。

2. 建立日常规则

规则是生活世界的运行法则，是社会关系建构的基本原则。"教育理论研究不仅仅指向规则、步骤的制定系统，而应将这一系列指导规则清晰化，即赋予所处的社会环境或所具有的社会关系以意义。"① "法律和道德都具有规范社会行为、调节社会关系、维护社会秩序的作用"②，政治体制、行为准则、治理制度和道德规范是高校日常规则的重要内容。日常思想政治教育工作要培养大学生成长为社会主义建设者和接班人，要将社会主义法治与德治融入育人过程，在法治与德治中规范大学生日常生活的基本遵循。

建立日常规则，要强调法律意识，教育大学生自觉遵守与坚定捍卫社会主义法治。全面依法治国是坚持和发展中国特色社会主义的本质要求和重要保障，高质量的发展需要高质量的法治保障。随着中国特色社会主义事业的不断发展，法治建设将承载更多使命、发挥更为重要的作用。大学生在日常言行、日常学习、日常生活中会了解、认识和使用到大量的法律知识，其中大学生日常行为规范是日常规则的基础，大学生的合法权益是其法律意识和法律关系的重要反映，以党内法规、教育法律、大学章程和内部准则为主要内容的高校法治体系则是高校依法治理和法治理念的重要表现，要教育大学生学法懂法、遵纪守法，依法保障自身权益，自觉捍卫社会主义法治。

建立日常规则，要引导道德养成，教育大学生争做社会主义道德的示范者和良好风尚的维护者。全面提高公民道德素质是进行社会主义道德建设的基本任务。③ 新时代建设公民道德素质，要以社会主义核心价值观为遵循。积极培育和践行社会主义核心价值观，与中国特色社会主义发展要求相契合，是中国共产党"凝聚全党全社会价值共识作出的重要论断"④。建立日常规则，教育引导大学生自觉践行"爱国、敬业、诚信、友善"的公民个人价值准则，加强爱国主义教育，弘扬中华传统美德，弘扬时代新风，引导大学生自觉履行责任和义务，培育知荣辱、讲正气、作奉献、促

① 马克斯·范梅南：《生活体验研究——人文科学视野中的教育学》，宋广文等译，教育科学出版社，2003，第 202 页。
② 《习近平谈治国理政》（第 2 卷），外文出版社，2017，第 133 页。
③ 《十八大以来重要文献选编》（上），中央文献出版社，2014，第 25 页。
④ 《十八大以来重要文献选编》（上），中央文献出版社，2014，第 578 页。

和谐的良好风尚。①

3. 指导日常实践

马克思提出"全部社会生活在本质上是实践的"②，人的所有思想，都根源于人的实践。"人的思维是否具有客观的真理性，这不是一个理论的问题，而是一个实践的问题。"③

日常实践代表着从行动的角度来理解思维的状况和变化。在现实中，日常实践也是日常思想政治教育工作最为常见的形式，以一种情景式、角色性的模式让学生深度体验思想教育、政治教育和道德教育，在共情中完成从认识到认同、从模仿到自觉、从一次到习惯的过程。深化了实践环节中知、情、意各要素如何相互作用，并最终外化为行动的认识。日常实践呈现出社会意识如何转化为个人意识的一般模式：理论学习—角色实践—行为自觉。④ 在理论学习之后，个人参与重复的、多角色的、生活化的实践体验，促进了人对理论的反复使用与思考，加深了对理论知识生成过程的体验与共情，在情境性的设置中以身份角色的沉浸式参与，通过多次的类比、模仿、扮演体会知识的运用、丰富的情感和主体的意识，培养习惯性行为，在习惯中养成主体的自觉性，从而形成行为自觉，完成知行转化。因此，指导日常实践，关注和引导教育对象知、情、意的内化与外化过程，培养教育对象形成科学的、习惯的、自觉的行为，要重点把握日常实践的重复性和角色性。

日常实践的重复性是从习惯上升为自觉的必备条件。指导日常实践，要正确看待思想政治教育，它不是一次性的教育，也不是教育之后直接就能实现目标，而是在实践中观察了解学生的接受情况，对其出现的反思、困惑、争议进一步释疑和解惑，将思想政治教育延伸到接受教育的环节，

---

① 《十八大以来重要文献选编》（上），中央文献出版社，2014，第25页。
② 《马克思恩格斯选集》（第1卷），人民出版社，2012，第135页。
③ 《马克思恩格斯选集》（第1卷），人民出版社，2012，第137~138页。
④ 知行关系如何转化一直是学界关注的重要问题，有学者研究了政治教育和道德教育过程中的知行关系，其细化过程为"政治认知—政治认同—政治参与"，以及"道德知识—道德情感—道德实践"，提出了思想政治理论教育转化为自觉行动的不同类型。参见李辉《论思想政治教育的基础性理论难题》，《思想教育研究》2013年第11期。也有学者总结了思想政治教育中外化于行的规律，即"实践检验—习惯养成—自觉宣教"，从另一个侧面强调了在实践中自觉运用价值理念从而完成检验、内化到外化的过程。参见王易、宋健林《试论思想政治教育的基本规律》，《教学与研究》2019年第12期。

更好地提升教育和引导的效果。指导日常实践，不仅要关注实践对于物质生产的意义，也要关注其对于人的精神生产、人的社会关系发展的意义。无论是人对科学理论的思考实践，科学理论指导的社会实践，还是人与人的交往实践，都需要在重复中深化、巩固和接受。"劳动过程结束时得到的结果，在这个过程开始时就已经在劳动者的表象中存在着，即已经观念地存在着。"① 重复性的日常实践意味着人的既有思想、习惯性的意识行为的外化，它解释了实践主体对理性的知识如何思考，对实践的功能如何理解，对行动的结果如何反应。从自然科学的角度，思想的发生、生成和运行机制还没有完全揭示，日常实践则外化地呈现了知识、情感、意识在人的内部互相作用的情形。

日常实践的角色性是实践面向生活世界的重要途径。日常实践中体现了人如何辨别自己的地位、如何看待自己和他人的关系。"社会人作用于自然（外部世界）的行为只是实践的一个方面……人与人之间的关系——集体的和个人的——显然都是实践的一部分。"② 日常实践的角色性提供了思考和行为的教育情境。教育情境总是具有唯一性。因此"应掌握的是那些非概括化的理论，这样，在实际应用或应付多变的情景时就不至于手忙脚乱"③。现象学教育学认为，相对于传统教育对使用技巧、管理政策、行为准则等工具性知识规则的习得，现象学教育学研究则"提供了机智灵活的思考：情境感知力、识别力、深刻理解力"④。在重复性的日常实践中，习惯性的行为训练总是与行为的情境相联系，日常思想政治教育工作丰富的实践内容提供了多样化的情境角色，针对不同的需要设定教育情境，是完成特定角色知行转化的重要方式。在具体的教育情境中，人的角色得以凸显，抽象的理论与具体的形象相关联，促使人将教育获取的知识、方法、技能迅速与角色的身份、情感、目标融合起来，根据情境的需要充分表达与行动，形成自觉自为的行为习惯。

---

① 《马克思恩格斯全集》（第23卷），人民出版社，1972，第202页。
② 亨利·列斐伏尔：《日常生活批判》（第2卷），叶齐茂、倪晓晖译，社会科学文献出版社，2018，第438页。
③ 马克斯·范梅南：《生活体验研究——人文科学视野中的教育学》，宋广文等译，教育科学出版社，2003，第201页。
④ 马克斯·范梅南：《生活体验研究——人文科学视野中的教育学》，宋广文等译，教育科学出版社，2003，第203页。

第三节　规范高校日常思想政治教育工作的实践体系

质量评价是高校日常思想政治教育过程的重要组成部分，发挥着规范实践工作的功能。规范高校日常思想政治教育工作的实践体系，渠道是建立以高校为主体的日常思想政治教育工作质量观，推动建立育人的共同体，系统建构工作体系，常态化开展效果评价活动，加强针对问题的科学研究。

一　建立以高校为主体的日常思想政治教育工作质量观

质量评价的实践来源于教育管理的需要。随着国家、教育行政部门和高校关系的不断调整，质量评价的主体从国家层面转向教育行政部门，主体角色的不断下移，是高等教育发展和高校自主意识提升的体现。当前，高校办学治校的主体身份逐渐明确，建立以高校为主体的日常思想政治教育工作质量观势在必行。

1. 遵循发展趋势，树立高校质量建设的主体意识

高校在质量评价的发展中经历了从完全的评价客体到一定的主体性参与两个阶段。第一阶段，高校依据上级的行政指令开展日常思想政治教育工作，国家和教育行政部门通过各种形式开展质量评价，高校是质量评价的客体，即被评价者。国家和教育行政部门利用质量评价提出高校日常思想政治教育中存在的问题，高校作为被评价者接受评价结果，根据结果改正工作。20世纪90年代初，中共中央、国务院出台《中国教育改革和发展纲要》，提出"建立各级各类教育的质量标准和评估指标体系，各地教育部门要把检查评估学校教育质量作为一项经常性的任务……高等教育，要采取领导、专家和用人部门相结合的办法，通过多种形式进行质量评估和检查"①。明确评价具体任务，形成了高校思想政治教育工作质量评价实施的依据。1994年中共中央出台了《关于进一步加强和改进学校德育工作的若干意见》，提出"建立德育工作的评估制度"，把德育评价作为"评价

---

① 《十四大以来重要文献选编》（上），人民出版社，1996，第79页。

一个地区、一所学校教育教学工作的重要内容"，纳入地方政府教育评价。①
在此基础上，1995 年国家教委颁布《中国普通高等学校德育大纲（试行）》，
作为"指导规范全体教职员工教育思想与行为的重要依据"以及"各级教
育行政部门对高等学校德育实行科学管理与检查评估的依据"②。1998 年制
定的《中华人民共和国高等教育法》提出"高等学校的办学水平、教育质
量，接受教育行政部门的监督和由其组织的评估"③，明确了教育行政部门
对高校开展德育评估的工作任务，形成了以教育行政部门为评价主体，高
校为评价客体的质量评价模式④。

第二阶段，高校逐渐建立完整的日常思想政治教育工作体系，具备了
一定的主体意识，虽然仍是质量评价的客体，但已经不再是被动接受者，
质量评价由行政指令的改正模式转化为"以评促建"的协调模式，评价
主客体之间形成了"提出建设目标—通过评价改进建设目标—提出新的建
设目标—通过评价继续改进建设目标"的良性互动。高校不是被动地接受
"建设目标"，而是以问题为导向，针对性地将新的建设目标与已有的工
作体系进行协调、融合、更迭，最终形成新的体系，改进工作质量。改革
开放以来，国家机构的调整推动了高校逐渐从中央和地方各部委和部门划
归各级教育行政部门管理，作为管理的重要手段，质量评价加强了教育行
政部门对高校的统一管理，推动建立了高校党委领导、党政齐抓共管、学
生工作部门主责、院（系）学生工作队伍落实的日常思想政治教育工作体
系。2012 年中宣部、教育部联合印发《全国大学生思想政治教育工作测评

---

① 教育部思想政治工作司组编《加强和改进大学生思想政治教育重要文献选编（1978—
  2008）》，中国人民大学出版社，2008，第 204 页。
② 教育部思想政治工作司组编《加强和改进大学生思想政治教育重要文献选编（1978—
  2008）》，中国人民大学出版社，2008，第 216~224 页。
③ 《中华人民共和国高等教育法》，载全国人民代表大会常务委员会法制工作委员会编《中华
  人民共和国法律汇编（1995—1999）》（下），人民出版社，2000，第 1093 页。
④ 《中国普通高等学校德育大纲（试行）》颁布后，教育主管部门围绕高校相关工作的质量
  评价继续推进，并组织实施。如 1996 年，国家教委年度工作要点提出"制定高校党建工作
  和德育工作评估标准，并组织试点"；2000 年，教育部印发研究生德育工作文件，提出
  "建立研究生德育工作评估制度"；2003 年，教育部相关文件中提出，"建立科学的学校德
  育工作评价体系，加强过程性评价，形成良性的学校德育工作评估机制"；等等。这些质
  量评价制度和要求逐渐落实在教育行政部门对高校思想政治教育工作的要求中。参见冯刚
  主编《改革开放 40 年高校思想政治教育编年史（1978—2018）》，北京师范大学出版社，
  2019，第 210、256、293 页。

体系（试行）》，次年在全国范围内 2000 余所高校开展了首次自测自评和测评抽查。

当前，高校的主体意识更加浓烈，正在向评价客体和高校内部质量建设与评价的主体双重身份转变，高校接受评价与自我评价相结合的主体自觉逐渐树立。进入新时代以来，质量评价从上级管理的需要逐渐向高校自身发展的需要转变，2015 年修订的《中华人民共和国高等教育法》提出"高等学校应当建立本学校办学水平、教育质量的评价制度，及时公开相关信息，接受社会监督"[1]，更加强调高校自觉主动建立质量评价体系，开展质量评价实践，并且通过信息公开等方式接受社会监督。

2. 找准发展定位，确立高校质量建设的主体地位

高校质量建设的主体身份来源于高校党委的责任主体地位，在法律规定和司法实践中不断巩固，高校办学治校自主权的扩大进一步提升了高校的主体地位。

高校党委的责任主体地位决定了高校是日常思想政治教育工作质量建设的主体。高校党委对学校工作实行全面领导是党对教育事业全面领导的直接体现。2016 年中共中央、国务院印发的《关于加强和改进新形势下高校思想政治工作的意见》提出"实行校、院（系）党组织书记抓思想政治工作和党的建设述职评议考核制度"[2]。《中国共产党普通高等学校基层组织工作条例》明确规定了高校党委的主要职责是"领导学校的思想政治工作和德育工作"[3]，并专章说明了高校党委开展思想政治工作的主要内容和工作要求。高校党委对学校党的建设全面负责，承担管党治党和办学治校的主体责任，是思想政治工作落实的责任主体。

高校的法律主体地位明确了高校是日常思想政治教育工作质量建设的主体。《中华人民共和国高等教育法》明确赋予了高等学校法人资格，高等学校具有法律主体的地位，享有法律权利，承担法律责任。在现实中，政府与高校之间就学位授予、学籍管理、奖励惩罚等具体行政权力形成了委托与代理的关系，如《普通高等学校学生管理规定》详细规定了大学生的

权利，细化了公民受教育权利的具体指向，提出了大学生的义务，明确了高校承担管理学生的主体责任。在司法实践中，大学生权益诉求表达由以往内部申诉向民事或行政诉讼延伸，进一步强化了高校的法律主体地位。①

　　高校的法律主体地位，不仅是党委责任与法律义务的要求，也是高等教育迈向高质量发展阶段，高校办学自主权扩大的必然。教育行政体制改革推动各级政府和教育行政部门不断下放高校办学自主权，推进对高校管理、高校办学与评价高校的"管、办、评"分离，高校承接了教育行政部门的部分职能，其中就包括质量保障、质量评价等内容。大学章程的出台以制度的形式为自主办学、内部管理和履行社会义务提供了依据。2018年全国教育大会进一步强调，"学校是办学主体，要尽可能把资源配置、经费使用、考评管理等放给学校，保证学校事情学校办"②，高校办学自主权的不断扩大意味着高校不再依赖或等待外部的评价和反馈，高校自身对质量保障、过程控制、效果评价有了更多的需要。高校办学自主权的扩大要求常态化实施质量评价，保障日常思想政治教育工作的高质量发展。

　　3. 坚持党的领导，丰富高校质量建设的主体构成

　　建立以高校为主体的日常思想政治教育工作质量观，要坚持党的领导，培育参与具体建设的多主体，充分听取不同主体的利益诉求。

　　坚持党的领导，突出高校各级党组织的核心作用，保障正确的办学方向，掌握日常思想政治教育工作的主导权。日常思想政治教育工作，是党领导高校的具体体现，是党的路线方针政策在高校得以贯彻执行的政治保障，也是开展党的建设的重要抓手。质量评价要发挥导向与保障的功能，确保高校党委在思想政治工作中"把方向、管大局、作决策、保落实"③，做好日常思想政治教育工作的发展规划、治理体系、制度建设。强化院（系）基层党委的政治把关意识，解决个别基层党组织工作薄弱的问题。发挥党支部的战斗堡垒作用，做到大学生在哪里，日常思想政治教育工作就做到哪里，党的基层组织就延伸到哪里。

---

① 此前，学校和学生的纠纷往往通过内部调解，1999年，"田永案"后，学校作为行政授权的行政主体身份达成共识，学生可以就合法权益事项提起行政诉讼。参见《最高人民法院指导性案例（2011年12月—2016年5月）》，人民出版社，2016，第144~147页。
② 《习近平谈治国理政》（第3卷），外文出版社，2020，第350页。
③ 《习近平谈治国理政》（第2卷），外文出版社，2017，第379页。

培育参与日常思想政治教育工作的多主体，充分发挥主体的积极性。高校的主体地位最终体现在具体的人身上。毛泽东在《关于正确处理人民内部矛盾的问题》中就提到，"思想政治工作，各个部门都要负责任。共产党应该管，青年团应该管，政府主管部门应该管，学校的校长教师更应该管"①。日常思想政治教育工作涉及面宽、覆盖面广，教育者在日常思想政治教育工作中占主导地位，其主体性发挥直接影响工作的质量，要在质量评价中体现高校不同主体的贡献，充分发挥多主体参与教育的积极性。学生是教育的客体，也是自我教育、自我管理、自我服务的主体，是日常思想政治教育工作的直接受益者，要尊重学生的主体身份，遵循学生成长发展规律，组织学生参与评价过程，提升学生接受教育和自我教育的效果。

充分听取不同主体的利益诉求，不断提升日常思想政治教育工作质量。一方面，日常思想政治教育根据政策规定提供供给，落实政策要求，体现教育公平，是对政府、家庭、师生等直接利益主体的积极回应，应当适时开展质量评价、主动公开并接受监督。另一方面，日常思想政治教育工作，是一定社会、一定阶段有目的、有计划、有组织的思想教育、政治教育和道德教育，为社会培养的大量人才决定了社会发展的质量和前景，对全社会成员有着更广泛的意义和价值，日常思想政治教育工作质量评价应当符合社会发展水平和特定社会阶段的需要，并根据社会的反馈不断调整和改进。

二 培育日常思想政治教育工作质量建设的共同体

全员全过程全方位育人体系建设，是对日常思想政治教育工作中的教育主体、教育过程与教育载体的重新认识。通过质量评价，要凝聚全员参与、衔接育人过程、把握育人方位，实现协同育人。

1. 有效凝聚全员参与

质量评价要解决辅导员"单打独斗"的尴尬局面。现实中存在将学生工作等同于辅导员工作的观点，认为学生工作都是辅导员的事，貌似责任到人，实则违背育人规律。高校全体教职员工、所有职能部门都承载着育人的功能，都肩负着传递理想信念、塑造正确价值观的责任。思想政治教育不是单个教育者能够完成的，是众多教育力量共同作用的结果。2014 年，

---

① 《毛泽东文集》（第 7 卷），人民出版社，1999，第 226 页。

习近平在北京师范大学师生代表座谈会上提出"四有好老师"的标准，其中提到"选择当老师就选择了责任，就要尽到教书育人、立德树人的责任"，好老师应当"具备学习、处世、生活、育人的智慧，既授人以鱼，又授人以渔，能够在各个方面给学生以帮助和指导"①，高校的全员育人责任不仅在课堂教学中体现，也在师生日常交往中传递，育人的工作可以发生在大学生学习、生活、课内、课外的时时处处，需要高校内外的教育力量形成共识，共同发力。

质量评价要提供专业教师"授业解惑"的渠道、载体。全员参与到日常思想政治教育工作中，专业教师的参与尤为重要。2020 年，中共中央、国务院印发的《深化新时代教育评价改革总体方案》中专门提出"高校青年教师晋升高一级职称，至少须有一年担任辅导员、班主任等学生工作经历"②，为专业教师参与日常思想政治教育提出了制度要求，提供了政策保障。高校教师有着专业的权威性，便于和学生拉近距离，能够让大学生"亲其师"而"信其道"。同时，学习是大学生的本职，日常思想政治教育的众多内容与大学生的学习态度、学习习惯和学习效果密不可分，专业教师参与全员育人工作，将日常思想政治教育的意图渗透到学业辅导、实践指导、生涯规划中，形成以学业为中心的教育思想共识，通过有组织、有计划、有目的的教育形式，能够在指导学生学业的同时，引导其实践锻炼，实现价值塑造。

质量评价要破解教育者"权责分离"的评价难题。高校日常思想政治教育工作质量评价，把立德树人的落实情况和落实机制作为重要的评价标准，要建立权责相统一的育人机制，关键是抓住责任制的"牛鼻子"。评价和问责要以赋权为前提，邓小平指出，"责任到人就要权力到人……各有各的责任，也各有各的权力……只交责任，不交权力，责任制非落空不可"③。高校中，教育者具有主导权，或分配教育资源、或设定教育目标、或实施评价奖惩，日常思想政治教育工作的质量评价考察高校对不同教育者参与

---

① 《做党和人民满意的好老师：同北京师范大学师生代表座谈时的讲话》，人民出版社，2014，第 9~10 页。
② 《中共中央国务院印发深化新时代教育评价改革总体方案》，《人民日报》2020 年 10 月 14 日。
③ 《三中全会以来重要文献选编》（上），人民出版社，1982，第 31 页。

日常思想政治教育工作的制度设计、在场情况和教育效果，真正将教育者行使教育的权力与育人育德的职责结合起来。

2. 有序衔接育人过程

有序衔接育人过程，是对学生成长发展不同阶段的规律性把握。质量评价要把握学生不同时期的发展需要，在学生成长的关键时刻设置日常思想政治教育环节。

高校日常思想政治教育工作质量评价要有序衔接学生在校不同时期的发展需要。全过程是时间尺度的概念。当前日常教育供给不断丰富，学生所能接受的教育在时间安排上逐渐趋于饱和，日常思想政治教育工作面临供给侧的改革，需要把握学生在校不同时期的重点需要。学生在校的全部时间，按照不同时期可以设计不同类型的日常思想政治教育活动。学生在不同年级的成长需要有所差异，在校期间不同学段，如本科生和研究生的学习方式和发展目标也不尽相同。即使在同一年中，由于季节性的学习节奏和学年性的工作安排，日常思想政治教育的内容和侧重点也有所区别。有序衔接学生不同时期的发展需要，就是在学生成长发展的重要时刻，如学生入学、毕业等自然时间节点，或是集体活动、社会实践等社会交往环节，将日常思想政治教育融入学生培养方案中，在有限的时间内选择教育内容、组织教育活动、传递教育价值。

高校日常思想政治教育工作质量评价要有序衔接社会发展与学生成长需要。传统的日常思想政治教育设计中，教育者往往是各管一摊、各管一段，育人的环节与环节之间缺少衔接，难以实现教育的协同与质量的提升。全过程的时间含义，不仅指向自然时间，也包含对社会节奏的把握。通过质量评价的方式，有序衔接学生与社会互动的关键时刻，是对日常思想政治教育工作制度化与机动性的双重考察。相对于理论课等其他教育类型相对固定而预制的时间特征，日常思想政治教育工作有着充分的灵活性和适应性，质量评价要推动日常思想政治教育工作，适应社会动向，将社会发展的节奏与学生的个人时间安排关联起来。"每个国家都是按照自己的政治要求来培养人的，世界一流大学都是在服务自己国家发展中成长起来的。"[1] 近年来，高校广泛组织学生参与国家重大战略、重大节庆、重要赛事，将政治观念、主

---

[1] 习近平：《在北京大学师生座谈会上的讲话》，《人民日报》2018 年 5 月 3 日。

体意识、集体认同合理拆分为日常思想政治教育工作的不同议题，契合了学生社会化发展的需要，教育引导学生参与国家社会发展的进程，有效提升了学生接受教育的现场感、参与感、成就感，实现个人与国家的同频共振。

3. 有力把握育人方位

方位指代方向与位置，全方位代表从不同角度认识和定位日常思想政治教育工作，质量评价要体现日常思想政治教育工作的历史方位、价值方位与理论方位。中国特色社会主义进入新时代是国家发展新的历史方位，也是日常思想政治教育工作所处的新的发展阶段。新时代的教育方针与育人目标，是日常思想政治教育工作的价值方位。习近平新时代中国特色社会主义思想是新时代的理论方位，是指导日常思想政治教育工作的科学思想，也是日常思想政治教育工作的教育内容。

现实中，质量评价要体现高校日常思想政治教育工作的实践方位，建立教育工作体系。日常思想政治教育工作的实践方位，既是日常思想政治教育工作体系建构的重要依据，也是开展质量评价的重要指向。改革开放以来，高校内部管理和服务职能不断拓展，逐步形成了"教书育人，管理育人，服务育人"的理念，即高校的教师队伍、管理和后勤保障人员都服务于育人工作。在思想政治教育工作中，除了持续开展的政治教育，还发展出就业指导与职业生涯规划、心理健康教育与心理咨询、学生资助与育人、学生日常行为管理和奖惩等职能，增加了日常思想政治教育工作的新内容。2004 年，中共中央、国务院发布《关于进一步加强和改进大学生思想政治教育的意见》，提出把理论武装与实践育人结合起来[1]，建设实践育人长效机制。进入新时代，中国共产党高度重视文化自信，强调充分发挥中华优秀传统文化、革命文化和社会主义先进文化的积极作用，提出了"以文化人、以文育人"[2] 的要求，丰富了日常思想政治教育工作的渠道。党的十九大报告中首次提出"党的建设质量"[3] 概念，对高校内党的领导和党的建设提出了更高要求，对依托高校各级党组织和群团组织实施组织育

---

[1] 《十六大以来重要文献选编》（中），中央文献出版社，2006，第 181 页。

[2] 《习近平谈治国理政》（第 1 卷），外文出版社，2018，第 164 页。

[3] 《十九大以来重要文献选编》（上），中央文献出版社，2019，第 44 页。

人工作提出了明确的意见。2016 年中共中央、国务院发布《关于加强和改进新形势下高校思想政治工作的意见》，总结提出"把思想价值引领贯穿教育教学全过程和各环节，形成教书育人、科研育人、实践育人、管理育人、服务育人、文化育人、组织育人长效机制"①，将思想价值引领作为贯穿其中的中心要求，明确了质量评价在面对众多评价内容时的考察重点。2017年，教育部根据高校思想政治工作实际，发布《高校思想政治工作质量提升工程实施纲要》，进一步提出"充分发挥课程、科研、实践、文化、网络、心理、管理、服务、资助、组织等方面工作的育人功能……切实构建'十大'育人体系"②。育人体系的系统化建设和阶段性完善，反映出不同阶段育人体系的传承和创新，明确了日常思想政治教育工作质量评价的实践方位。

三 提升日常思想政治教育工作质量建设的实效性

全国高校思想政治工作会议上提出加强思想政治工作实效性的问题，将加强预见性、时代性和针对性作为提升实效性的重要方法。日常思想政治教育工作的质量评价，是以日常思想政治教育工作的"应然"为镜像，观测日常思想政治教育工作的"实然"，汲取经验，改进质量建设的方法。提升日常思想政治教育工作的质量建设的实效性，要注重系统建构，常态化开展评价，加强科学研究。

1. 注重预见性，系统性构建日常思想政治教育工作体系

系统具有结构性的特征，系统性构建日常思想政治教育工作体系，就是梳理和构建体系中的内容结构、层次结构、标准结构等要素，使其更好地发挥整体功能。全面深化教育领域综合改革，必须增强"教育改革的系统性、整体性、协同性"③。党的二十大报告中，首次将教育、科技、人才"三位一体"统筹安排，一体部署，更体现了三者之于中国式现代化的基础性、战略性支撑。日常思想政治教育工作的高质量发展，要求对教育工作

---

① 《十八大以来重要文献选编》（下），中央文献出版社，2018，第 480 页。
② 《中共教育部党组关于印发〈高校思想政治工作质量提升工程实施纲要〉的通知》（教党〔2017〕62 号），教育部网站，http://www.moe.gov.cn/srcsite/A12/s7060/201712/t20171206_320698.html。
③ 《习近平谈治国理政》（第 4 卷），外文出版社，2022，第 340 页。

有系统性的认识和把握，建立完整、规范、有序的日常思想政治教育工作体系。同时定位于对未来教育工作的规划与预见，预留适应变化、满足发展的系统空间。

日常思想政治教育工作质量评价，要推动工作体系的整体性建设。质量评价既是对日常思想政治教育工作如何开展的行动指南，也为日常思想政治教育工作的发展趋势提供实证参考和实践方案。质量评价的发展过程显示，日常思想政治教育工作作为高校思想政治教育体系的组成部分，不仅能够作为一个整体来观察，它内部的要素及其互动关系也逐渐呈现，作为一个可观察、可评价、可建构的系统的特征逐渐明显：日常思想政治教育工作内容和载体不断细分，质量和效果的呈现维度不断增加，开展质量评价的类型和方式更加丰富。新时代开展质量评价，要求高校建立体系化的整体思维，系统化构建教育工作体系，包括教育的内容、载体、组织、环境等子体系，立足于教育内容的专业化、工作岗位的职业化，探索教育工作向外拓展、向前延伸的延展性，根据形势的发展变化不断完善教育工作体系。

日常思想政治教育工作质量评价，要推动工作体系的标准化建设。一方面，质量评价是对相关政策要求满足情况的判断，合规是标准化建设的前提。质量评价敦促高校按照政策、规定、要求来开展教育工作，也是引导高校在规范的基础上形成常态化、制度化的工作模式。在高校实践中，日常思想政治教育工作带有鲜明的政策导向，具有政策的强制性，高校日常思想政治教育工作体系的广泛建立，是以上位文件为依据、各项制度为保障、法律法规为准绳来推进和实现的。另一方面，质量评价是对日常思想政治教育各要素运行的判断，有序性则体现标准化建设的质量。日常思想政治教育工作的有序性表现在教育工作体系中各要素按照一定的形式、内容、渠道、方式来开展，体现了体制机制与实际工作的逻辑一致性，也反映了教育主客体对教育目标理念的共识。日常思想政治教育的有序性减少和避免了无意识、随意性的工作情形，调和了要素内部的矛盾、冲突、抵牾等不相容的情形。

日常思想政治教育工作质量评价，要激发工作体系的创造性。一方面，质量评价要避免简单粗暴的"一刀切"。日常思想政治教育工作质量评价，是对教育工作的综合性评价，对教育工作如何实施这一过程性要素尽量不做规定性要求，便于高校自主地开展工作，发挥高校的积极性和教育主客体的创造性，鼓励面向问题的探索和尝试，增强对形势变化的不确定性、个体需要的多样性、具体工作复杂性的包容和消化，避免高校政策执行的"一刀切"。另一方面，质量评价要鼓励创新创造的"试验田"。高校作为质量评价的客体和内部质量建设的主体，在接受规范性要求的同时，也要对内部质量建设进行协调和改进，将政策的规定性结合高校的具体特点，融入高校工作体系中，探索教育工作的多样化途径，将之转化为高校行之有效的教育工作模式，形成高校工作的特色与经验。

2. 增强时代性，常态化组织日常思想政治教育工作评价

从思想政治教育纳入高校综合评价体系到单独开展思想政治教育评价，质量评价成为加强和改进思想政治教育工作的重要手段。

改革开放以来，"实践大讨论"推动各行业各领域引入质量观念，推动建立了高校本科教学和学科评估体系，逐渐将思想政治教育的指标纳入其中。1985年，《中共中央关于教育体制改革的决定》指出，"衡量任何学校工作的根本标准不是经济收益的多少，而是培养人才的数量和质量。紧紧掌握这一条，改革就不会迷失方向"[1]。为了了解和反映高校人才培养的"数量和质量"情况，需要"国家及其教育管理部门要加强对高等教育的宏观指导和管理。教育管理部门还要组织教育界、知识界和用人部门定期对高等学校的办学水平进行评估"[2]，提出了质量评价的概念和要求。1990年国家教委出台了第一部关于高等教育评估的法规——《普通高等学校教育评估暂行规定》，据此开始了对本科教学水平评估的探索，经历了1994年的合格评估、1996年的优秀评估和1999年的随机性水平评估，2002年合并为《普通高等学校本科教学工作水平评估方案》，2004年教育部高等教育教学评估中心成立，标志着中国高等教育的教学评估工作开始走向规范、科学、制度和专业的发展阶段。[3] 与此同时，高校学科评估也在推进，2002年，国家对全国具有博士学位或硕士学位授予权的一级学科开展整体水平评估，即第一轮学科评估，2003年教育部学位中心成立，在2009年、

---

① 《十二大以来重要文献选编》（中），人民出版社，1986，第734页。
② 《十二大以来重要文献选编》（中），人民出版社，1986，第732页。
③ 赵炬明：《超越评估（下）——中国高等教育质量保障体系建设之设想》，《高等工程教育研究》2009年第1期。

2012 年、2016 年分别开展了第二、三、四轮学科评估，建立了高校学科评估体系。① 2004 年，中共中央、国务院颁布《关于进一步加强和改进大学生思想政治教育的意见》，专门提出了思想政治教育评估的任务，"把思想政治教育与教学、科研、社会服务工作结合起来，同时部署，同时检查，同时评估"②，明确了思想政治教育与高校其他工作协同建设的要求，推动高校内部建立思想政治教育工作质量评价体系，同时文件还提出要"把大学生思想政治教育工作作为对高等学校办学质量和水平评估考核的重要指标，纳入高等学校党的建设和教育教学评估体系"③。在高校相关的质量保证体系中，开始纳入思想政治教育的相关指标，如本科教学评价和学科评估的指标体系中，设置了"优秀在校生""优秀毕业生""用人单位评价""总体就业情况"等评价指标。

2004 年，《关于进一步加强和改进大学生思想政治教育的意见》文件出台后，全国高校广泛建立了大学生思想政治教育体系，对大学生思想政治教育工作开展整体质量评价势在必行。2012 年中宣部、教育部发布了《全国大学生思想政治教育工作测评体系（试行）》（简称《测评体系》），2013 年两部门要求各地各高校按照《测评体系》要求开展自测自评，随后各省区市、新疆生产建设兵团和全国 2000 余所高校根据相关要求进行了自测自评并提交了自评报告。2014 年 5 月至 7 月，两部门对北京等 10 个省市和辖区内部分高校采取听取工作汇报、查阅文件档案、召开座谈会、个别访谈、实地调查相结合的方式进行了测评抽查。通过自测自评和抽查，形成了《全国大学生思想政治教育工作测评报告》。④《全国大学生思想政治教育工作测评体系（试行）》的出台与《全国大学生思想政治教育工作测评报告》的形成，标志着高校思想政治教育工作质量评价进入了实质性阶段。

近年来，高校学生工作部门已经探索建立了院系学生工作考评、党团组织建设情况评价与评优、思想政治教育工作实效奖项评选等质量评价模式，建立了常态化的质量评价体系。2016 年，全国高校思想政治工作会议

---

① 参见教育部教育质量评估中心网站介绍，http://www.heec.edu.cn。
② 《十六大以来重要文献选编》（中），中央文献出版社，2006，第 191 页。
③ 《十六大以来重要文献选编》（中），中央文献出版社，2006，第 191 页。
④ 冯刚、严帅：《新时代大学生思想政治教育工作质量评价的方法和路径》，《国家教育行政学院学报》2019 年第 5 期。

提出"健全高校思想政治工作评价体系"①，高校思想政治工作评价体系中，包含对思想政治课程、研究、教材、队伍等组成要素评价的子体系，自然也包含日常思想政治教育工作质量评价。新时代推进日常思想政治教育工作质量评价，要构建质量标准，提出高校日常思想政治教育工作的参照与方向；健全质量保障，推动日常思想政治教育工作顺利开展；完善质量控制，阶段性收集日常思想政治教育工作的运行反馈，及时调整；加强质量反馈，培育日常思想政治教育工作的经验性举措，形成质量典型。

3. 提升针对性，科学地开展日常思想政治教育工作研究

改进日常思想政治教育工作的针对性，要分析影响效果与质量的关键要素和具体问题，加强理论研究与实践工作的双向互动，遵循科学规律开展质量评价。

科学开展质量评价是提升针对性的基础。高校日常思想政治教育工作质量评价，既有生活世界的理论面向，又在实践中继承历史传统、针对现实问题、面向未来趋势。开展质量评价，要兼顾价值判断与工具测量的需要，针对实际情况，避免用静止不变的、绝对客观的标准认识和判断质量，同时也要避免过分强调评价的结果和结果的运用，要实事求是地反映当前的水平。

全面研究质量要素是改进针对性的重点。从评价内容的角度来看，日常思想政治教育工作体系的组成要素都具有质量的意义，教育工作的目的任务、主体客体、内容环境、工作载体等要素都影响着教育工作的质量与效果。从评价方法的角度来看，质量评价的方式方法、建立标准、评价过程都影响着评价的有效性与实效性。《关于加强和改进新形势下高校思想政治工作的意见》提出"研究制定内容全面、指标合理、方法科学的评价体系，坚持定性分析和定量分析相结合、工作评价和效果评估相结合，推动高校思想政治工作制度化"②，强调评价体系的建设要加强对评价内容、评价指标与评价方法的研究，提出了质量评价研究的重点。

聚焦现实问题深入研究是提升针对性的重要方法。加强针对性与实效性一直是思想政治教育研究的热点，当前理论研究的成果还未能完全运用

---

① 《十八大以来重要文献选编》（下），中央文献出版社，2018，第490页。
② 《十八大以来重要文献选编》（下），中央文献出版社，2018，第490页。

于高校日常思想政治教育工作和评价实践中，主要归因于现实中理论研究与实务工作的区隔。一方面，思想政治教育研究者往往隶属于高校的院系，而日常思想政治教育工作的开展主要由学工系统实施，两个工作体系之间存在部门区隔和衔接不畅的情形，研究者往往从理性的、抽象的理论中推演实务的逻辑，较少触及高校实际已经存在的日常思想政治教育工作体系及其背后的运行状况，尝试从理论方法或经验认知出发，重新建立新的实践体系，"理论呐喊"的意味遮蔽了"科学指导"的需要，客观上造成了研究结果的"悬浮"。另一方面，作为日常思想政治教育工作的组织者、实施者和指导者，辅导员由于专业知识背景和理论自觉程度的差异，对日常思想政治教育工作更多停留在感性的、直观的认识，对质量要素和评价理论缺乏理性认识，难以对现实问题进行深入的研究、反思与批判。推进日常思想政治教育工作质量评价，要借鉴理论研究中的已有成果，提升教育工作者尤其是辅导员队伍的科学研究水平，通过质量评价，发现现实问题，剖析问题成因，提出改进方案，促使理论研究更好地指导实践工作。

综上所述，质量评价要顺应社会矛盾的变化，契合社会关系的调整。它能够保障高校日常思想政治教育工作的性质与方向，呈现其日常性、生活化的显著特点。在高校工作中，质量评价旨在加强和改进日常思想政治教育工作，形成规范化的实践体系。

第二章　高校日常思想政治教育工作质量评价的主要内容

日常思想政治教育工作质量评价的内容，是日常思想政治教育信息和工作要素构成的系统，涵盖教育者、受教育者以及教育的价值、任务、内容、过程、载体、环境、效果等。质量评价的内容是对工作体系的重新认识和系统定位，是对工作体系内部关系的历史梳理和趋势把握。质量评价内容的确定，以高校学生工作实践为基础，强调面向日常生活，反映历史沿革，体现教育原则要求，侧重质量如何呈现，主要包括高校日常思想政治教育的体制机制、工作载体、实施效果和队伍建设四个方面。

第一节　高校日常思想政治教育的体制机制

高校日常思想政治教育的体制机制是高校内部人与人关系的重要安排，体现了中国特色社会主义大学的价值意蕴，具有鲜明的政治性。党对教育的全面领导奠定了日常思想政治教育的领导体制，日常思想政治教育工作贯彻依法治校的总体要求，根据办学的需要建立和保持制度的稳定性与延续性，根据治理现代化的目标不断调整高校内部治理体系和整体协同机制，确保日常思想政治教育工作顺利开展。

一　高校日常思想政治教育的领导体制

高校的领导体制要坚持和完善党的领导。中国共产党探索高校坚持党的领导的工作方法，经过了多次调整，最终总结和确立了"党委领导下的校长负责制"，其中"党委领导"是核心，高校党委是否掌握领导权，决定了日常思想政治教育工作能否顺利开展。

1. "党委领导"在高校的确立和探索

中华人民共和国成立初期，高校试行"校（院）长负责制"，校（院）长代表学校，领导教学、研究和行政事宜，同时领导全校（院）师生员工的政治学习。[①] 从新民主主义革命到社会主义革命和建设的转变中，中国共产党在执政实践中，探索和明确了"党的领导"的总方针。1956年，中国共产党第八次全国代表大会通过的党章中，确定了学校的基层组织"应当领导和监督本单位的行政机构和群众组织积极地实现上级党组织和上级国家机关的决议，不断地改进本单位的工作"[②]。根据这一要求，1958年中共中央、国务院发布《关于教育工作的指示》，提出为了贯彻党的教育方针，教育工作必须"由党来领导"。党的教育方针要通过学校党的领导才能贯彻落实，因此，"一切教育行政机关和一切学校，应该受党委的领导"，"在一切高等学校中，应当实行学校党委领导下的校务委员会负责制"，[③] 明确了"高校党委"在学校工作中的领导地位。不过，尽管明确了党委领导的重要地位和核心作用，这一制度在当时高校的实践中并没有完全实现。

2. "党委领导"是高校思想政治教育工作的政治基础

在总结中华人民共和国成立初期高校领导体制探索实践中的正反两方面经验的基础上，1978年10月，教育部发出《关于讨论和试行〈全国重点高等学校暂行工作条例〉（试行草案）的通知》，这一文件以1961年发布的《中华人民共和国教育部直属高等学校暂行工作条例（草案）》为基础修订，将原文件中"党委领导下的以校长为首的校务委员会负责制"改为"高等学校的领导体制实行党委领导下的校长分工责任制"，细化了高校党委的具体工作任务，明确了高校党委是"学校工作的领导核心"，"对学校工作实行统一领导"，[④] 高校党委会对学校重大问题进行讨论决定后由校长执行，系一级实行"系党总支委员会（或分党委）领导下的系主任分工负责制"，高校思想政治工作在学校党委会领导下进行。"党委领导"有了可

---

① 陈大白主编《北京高等教育文献资料选编（1949~1976）》，首都师范大学出版社，2002，第51页。

② 《建国以来重要文献选编》（第9册），中央文献出版社，1994，第337页。

③ 《建国以来重要文献选编》（第11册），中央文献出版社，1995，第493页。

④ 陈大白主编《北京高等教育文献资料选编（1977~1992）》，首都师范大学出版社，2008，第105页。

行性的方案。然而受到社会大环境的影响，20 世纪 80 年代中后期，高校一度强调党政分开，再次中断了刚刚建立的高校领导体制，削弱了党对高校的领导和高校党委对学校工作的直接领导，也直接影响了高校思想政治教育效果。

20 世纪 90 年代，中央重新明确了高校党委的领导体制。1990 年以来，中共中央每年召开全国高校党的建设工作会议。1996 年印发的《中国共产党普通高等学校基层组织工作条例》和 1998 年印发的《中华人民共和国高等教育法》都明确提出高校实行"党委领导下的校长负责制"，以党内法规和国家法律的形式将这一制度固定下来。2016 年中共中央、国务院发布的《关于加强和改进新形势下高校思想政治工作的意见》提出，"形成党委统一领导、党政齐抓共管、职能部门组织协调、社会各方积极参与的工作格局"①。党委领导奠定了高校思想政治教育的政治基础，党对高校全面领导和高校坚持党的领导为日常思想政治教育工作提供了政治方向和政治把关。

3. 新时代对"党委领导"提出更高要求

新时代对"党委领导"提出明确的实践要求。2014 年，中共中央办公厅专门印发《关于坚持和完善普通高等学校党委领导下的校长负责制的实施意见》，就高校"党委领导"和"校长负责制"的指向、举措、要求做出了具体规定。② 2016 年，中共中央、国务院颁布的《关于加强和改进新形势下高校思想政治工作的意见》中对高校"党委领导下的校长负责制"进行了总结，并提出了新形势下的实施要求，进一步提出强化高校院系党的领导、加强高校基层党建工作、健全地方党委抓高校思想政治工作的制度，对党的各级组织更有效地开展高校思想政治工作、发挥凝聚人心和战斗堡垒的作用提出了具体的指导意见。③

高校"党委领导"的执行情况要接受监督，因此它成为质量评价的重要观测项。2017 年，中央巡视组集中对 29 所中央直接管理的高校开展政治巡视，以高校党委的作用发挥为指向，监督检查高校党委贯彻党的教育方针，坚持正确办学方向，实行党委领导下的校长负责制，落实管党治党、

---

① 《十八大以来重要文献选编》（下），中央文献出版社，2018，第 494 页。
② 《关于坚持和完善普通高等学校党委领导下的校长负责制的实施意见》，人民出版社，2014。
③ 《十八大以来重要文献选编》（下），中央文献出版社，2018，第 490~493 页。

办学治校主体责任的有效性和实效性,进一步强化了"党委领导"在高校的具体实践。高校党委领导班子要按照社会主义政治家、教育家标准,把思想政治素质摆在首位,[①] 党委领导要带头讲思想政治理论课、建立与师生联络的常态化机制。有的高校开始实行党委书记、校长和党委班子成员担任班主任、建立接待日等制度。这些制度和举措表明,"党委领导"的实践指向不断细化,"党委领导"的能力水平成为质量评价的重要依据。

二 高校日常思想政治教育的政策体系

高校日常思想政治教育的政策体系,包括高校日常思想政治教育工作中的依法治理体系,以及围绕依法治理体系形成的日常思想政治教育的制度规范。

1. 日常思想政治教育的政策法规依据

明确的规定性,是高校日常思想政治教育工作的重要特征。高校日常思想政治教育政策体系是在日常思想政治教育依法治理的过程中,形成、使用和不断完善的制度文本。日常思想政治教育工作要有据可依、有章可循、有法可依、有责可追,才能保障日常工作顺利开展。党规党纪在高校各级党组织的细化与实施、学校根据国家法律制定的学生行为准则等,是日常思想政治教育依法治理的直接体现。

日常思想政治教育涉及的政策法规主要包括三方面:一是国家法律,包括《宪法》中有关教育的条款以及有关教育、高等教育、教师、教育学位等的专门法律规定;二是日常工作制度,表现为将相关法律中涉及高校内容或师生权益的条款纳入高校制度体系中,如刑事、民事、行政诉讼等法律中涉及高校或师生的相关情形,以及这些情形下高校及师生权利和义务的相关规定,在高校出台的相关管理文件中要予以体现,实现制度衔接;三是高校贯彻落实中央和教育主管部门的规章以及根据规章延伸制定的内部管理制度。

2. 日常思想政治教育的制度体系设计

日常思想政治教育工作的制度化建设,是中国共产党在高校逐渐摸索形成的一系列经验。中华人民共和国成立初期,中国共产党在高校"建立

---

① 《十八大以来重要文献选编》(下),中央文献出版社,2018,第490~491页。

政治工作组织机构，开设马克思列宁主义政治理论课程等一系列措施，逐步确立了党在学校的思想政治教育工作制度"①。《教育部直属高等学校暂行工作条例（草案）》就专章说明了高校思想政治工作的任务、要求、目标、内容、方法、队伍。其中，日常思想政治教育工作作为高校思想政治教育制度的重要组成部分，在机构、队伍方面予以保障。② 但由于社会局势的变化，这一文件在高校中没有完全实行。改革开放后，经全国教育工作会议讨论，教育部发出《全国重点高等学校暂行工作条例（试行草案）》，在思想政治工作部分沿用了此前的制度框架，高校思想政治教育的制度体系得以建立。此后，中共中央发布多个文件，如 1987 年《关于改进和加强高等学校思想政治工作的决定》，1994 年《关于进一步加强和改进学校德育工作的若干意见》，高校思想政治工作制度随之不断调整、巩固和完善，适应了社会形势变化的要求。

进入 21 世纪后，伴随政府机构和职能的调整，众多行业所属高校回归教育系统，整体设计高校思想政治教育体系具备了可行性。2004 年，中共中央、国务院印发《关于进一步加强和改进大学生思想政治教育的意见》，规定了思想政治教育工作的定位、内容、评价以及与高校其他工作的关系，提出了思想政治教育评价的定位和任务。在后续配套文件《普通高等学校辅导员队伍建设规定》中，提出了日常思想政治教育的概念和辅导员队伍的身份，并赋予了辅导员相应的职责。高校据此设立了学生工作部门，作为日常工作机构，招聘和培养了专职辅导员队伍，拓展了就业指导、心理咨询、研究生思想政治教育、网络思想政治教育等职能部门及其工作内容，建立了党委领导、部门负责、院系落实、协调配合的日常思想政治教育工作机制。

3. 日常思想政治教育的依法治理转型

日常思想政治教育的依法治理，是高校治理体系的现代化转型，重点是将以往的"经验指令""行政管理"转向"依法治理"。行政管理是以法律规定或授权为边界的，是在严格的法律边界中行使权力，而依法治理则

① 王树荫主编《中国共产党思想政治教育史》（第二版），中国人民大学出版社，2016，第146 页。
② 陈大白主编《北京高等教育文献资料选编（1949~1976）》，首都师范大学出版社，2002，第 584 页。

以治理对象涉及的公共领域为边界。① 日常思想政治教育工作的依法治理，是伴随日常思想政治教育边界不断拓展的治理延伸。

高校章程的制定，就是高校不断推进依法治理、完善法治体系的过程。1998 年《中华人民共和国高等教育法》就规定高校应当提交章程，并对高校章程的具体事项做出明确规定。2010 年《国家中长期教育改革和发展规划纲要（2010—2020 年）》提出加强高校的章程建设；2011 年教育部出台《高等学校章程制定暂行办法》，提供了制定高校章程的具体指导意见；2013 年《中央部委所属高等学校章程建设行动计划（2013—2015 年）》出台，高校章程建设进入实质性推进阶段。2015 年底，教育部及中央部委所属的 114 所高等学校分批全部完成章程制定和核准工作。《中国教育现代化 2035》提出，要通过"完善学校治理结构，继续加强高等学校章程建设"，从而提高"学校自主管理能力"。以高校章程为代表的学校制度体系，提升了高校的主体地位和主体责任，推动了高校完善内部治理结构和治理体系，提升了高校治理能力。日常思想政治教育工作在政策规定的明确要求下，教育的实施过程通常由学校自主安排，促使高校不断加强教育工作的制度化建设，完善依法治理的制度体系。

三 高校日常思想政治教育的治理体系

高校日常思想政治教育的治理体系是教育工作适应现代化发展的治理要素的组合形式，治理体系的运行直接影响着大学生的受教育体验。

1. 日常思想政治教育二重治理逻辑

按照治理的特征，治理一般可以分为国家治理、政府治理和社会治理②，日常思想政治教育的治理兼具政府治理和社会治理的内容，蕴含科层治理和圈层治理的二重治理逻辑。一方面，高校受教育行政部门委托执行党和国家的教育路线方针政策，具有政府治理的特点，高校内部形成了科层管理的传统治理结构，科层管理是当前高校管理架构的主要模式。另一方面，高校作为社会民生的组成部分，又有着社会治理的内涵，辅导员、班主任

---

① 俞可平：《中国的治理改革（1978—2018）》，《武汉大学学报》（哲学社会科学版）2018 年第 3 期。

② 参见王浦劬《国家治理、政府治理和社会治理的含义及其相互关系》，《国家行政学院学报》2014 年第 3 期。

等教师和职工的多主体参与成为高校提升治理效能的重要方式。日常思想政治教育的二重治理逻辑，体现了质量评价主客体关系调整的指向，要求重新梳理以高校为整体的评价客体内部各要素的关系，包括高校与师生、教师与学生、学校与学院等多重关系，更多地发挥基层、个体的主动性、积极性、参与性。把握高校内部的科层特点，吸纳各类治理力量，建立高校日常思想政治教育系统、网格、完整的科层工作体系。充分认识教育对象的不同圈层，针对不同类型和群体，健全高校日常思想政治教育圈层治理模式。

2. 日常思想政治教育的科层治理体系

日常思想政治教育的科层治理体系体现了日常思想政治教育工作中的职权划分，包括议事决策和日常管理体系。科层治理体系在集中力量、组织动员、防范化解各类风险时具有快速响应的优势，构成了高校日常思想政治教育的组织结构，维持了高校的总体稳定。

科层治理既是组织结构的一种，也是治理方式的一种。韦伯提出科层治理的社会组织运行模式通过专门化、等级制、规则化、非人格化和技术化的手段，对不同的职能职位进行分工，以建立一种稳定、严密、有效、精确的管理系统。[①] 高校日常思想政治教育科层治理的根源在于高校党委与行政的各级组织建设。1961 年颁布的《中共中央关于讨论和试行教育部直属高等学校暂行工作条例（草案）的指示》和 1978 年修订的《全国重点高等学校暂行工作条例（试行草案）》都重点说明了学校最高领导、组织体系、校与系的关系，形成了纵向清晰、横向明确的网格。科层治理的组织结构，也成为高校对学生进行组织动员的基本逻辑。高校日常思想政治教育工作的体系，一般由高校党委-学生工作部门-院系学生工作团队-辅导员、班主任的层级体系构成。大学生作为一个个体被编入层级体系中，如学生党（团）员通过党团组织如高校党委（团委）-院系党委（团委）-党支部（团支部）-党员（团员）逐级管理，学生工作的日常通知通过行政组织如学校部门-院系-班级-个人逐层落实，还有的高校或院系建立了年级-专业-个人或宿舍楼-寝室-个人的日常生活工作体系，这些层级和网格体现

---

① 马克斯·韦伯：《经济与社会》（第二卷），阎克文译，上海人民出版社，2010，第 1095～1097 页。

了明确的集体组织归属，便于分层细化职能。

科层治理的难点在于如何调动基层形成自治与协同治理的有效主体。科层治理的传统侧重自上而下的行政管理逻辑，来自上层的需要受到更多关注，基层成为治理的被动接受者，现实中也经常存在教育行政部门与高校、高校内部"职能部门"与"基层院系"之间的张力。日常思想政治教育治理要将视野投射到院系基层和师生一线，突出各层级的主体责任，注重层级间的协商共治。

3. 日常思想政治教育的圈层治理模式

日常思想政治教育的圈层治理是在把握教育对象类型及其特点基础上，对治理体系的分解与整合。圈层原指地球表层中具有交互性的层次范围，圈层治理是对系统的分解，不同的圈层最终构成整体系统。研究和分析圈层，要把握不同圈层的特点与规律。

高校日常思想政治教育工作要围绕教育对象所属的自然圈层，根据人、事、物的特点开展工作。日常思想政治教育工作有的覆盖全体学生，有的面向部分群体；有的教育内容不受应用场景的限制，有的则需要特定时段或场景，不同的场景适合不同的教育形态。高校日常思想政治教育对象，依据不同的标准可以划分为不同的圈层。按照在学状况，可以将之分为新生、毕业生和在校生；按照年级、专业、学科、院系可以划分为不同群体；按照招生类别，还可以划分为特长生（体育特长生、艺术特长生）、国防生、师范生、定向生等。不同的学生群体，适合不同的教育模式和教育内容。日常思想政治教育的圈层治理就是把工作内容结合不同群体的特点，分析其具体需要、接受逻辑、工作形式，尊重不同群体接受教育的差异化模式，制订专门的工作方案，形成有的放矢的教育矩阵。

高校日常思想政治教育工作要注重教育对象所处的社会圈层。天然的属性能划分成圈层，社会关系也可以成为圈层的划分依据。高校社会圈层是指有相同兴趣的人或集体，有组织地或自发地形成社会化群体，以社团、圈子、群、小组等团体形式存在。社会化的圈层是群体认同的过程，是社会文化丰富到一定程度，分散为多个社会文化的热点中心，不同的社会群体追求各自的旨趣所形成的共同体。高校是社会文化的集散地和创造地，既受到社会思潮、大众文化的影响，又主动创造契合时代需要的文化产品和文化群体。社会圈层中往往包含不同的层级，有创始人、领导者，也有普通参与者，反映了圈子的组织结构。然而社会圈层的扁平化和平等性要求圈层治理更加强调内部自治理而非行政管理，圈子本身要成为治理的主体、责任的主体、建设的主体。网络社会的发展降低了社会群体圈层化的门槛、成本，突破了空间与时间的限制，每个个体都能够快速地发起或参与到各种形态的网络圈层中。日常思想政治教育工作中要建立分级分类、"一圈一策"的治理方案，满足大学生社会文化需要的同时，充分发挥大学生群体的主体作用，实现自我教育、自我管理、自我服务。

四　高校日常思想政治教育的协同机制

高校日常思想政治教育的协同机制是指日常思想政治教育与高校内外的其他教育体系或工作体系相互配合，共同作用于大学生思想教育、政治教育和道德教育的制度设计和运行机制。

1. 高校日常思想政治教育协同机制的必要性

高校日常思想政治教育的协同机制是对日常思想政治教育的系统化思考，也是高校思想政治教育工作各子系统的体系化整合。

日常思想政治教育有着相对完整的系统，但它不是孤立的，是高校思想政治教育体系的一部分。日常思想政治教育工作具有开放性，时刻在和其他系统发生交互。日常思想政治教育主客体的身份角色也不是其唯一的社会关系，无论是教师、学生还是其他人员都有着更加丰富多样的社会属性，多元身份对其在教育中的身份意识形成了一定的冲击，网络社会的崛起更是丰富了人的身份维度，维度的增加直接带来了系统的叠加。除了身份系统的多样化，日常思想政治教育的内容系统、载体系统、话语系统也都呈现出多样化的趋势。多系统叠加进一步加剧了系统耦合的不确定性、精度的降低、小概率事件的增加，"单兵作战""单打独斗"已经无法满足思想政治教育工作的要求。

同时，高校与社会之间有着密切的联动和相互影响，社会发展水平决定了高校的发展状况，社会文化思想也深刻影响着高校，高校是思想文化的策源地和人才培养的根据地，对现实社会有着重要的意义。高校日常思想政治教育工作，以高校为基点，协调校内院系部门，调动社会各方力量，需要构建高校、家庭、社会互相结合的教育网络，"健全学校家庭社会育人机制"①，互相支撑，彼此协助，健全高校思想政治教育的协同机制是提升日常思想政治教育工作效果的必然。

2. 高校日常思想政治教育协同的理论基础

协同育人中的"同"是指同心同向，同心意味着共同的思想价值基础，同向则是立德树人的共同目标。协同育人中的"协"是指协商、协调，协同育人就是各方面协商育人、协调各方面力量和资源来育人。协商也是思想政治工作的范畴，主要运用说服教育的方式，通过共商共建、共治共管，实现成果共有共享。而协调则是跨部门联合行动的过程，全员全过程全方位是协调机制的主要方式。

日常思想政治教育协同要以满足高校学生成长发展为目标共识。习近平总书记在全国高校思想政治工作会议上强调，"满足学生成长发展需求和期待"②，更好地满足学生成长发展不仅是思想政治教育的共同认识，也应当成为全社会的共同认识。习近平在党的十九大报告最后强调，"全党要关心和爱护青年，为他们实现人生出彩搭建舞台"③。在党的二十大报告最后再次强调，要"做青年朋友的知心人、青年工作的热心人、青年群众的引路人"④。随着社会的发展，大学生的主体意识、自强意识、创新意识和成才意识等特征越发凸显，对成长发展的平台、机会、形式有了更多的需要和诉求，需要日常思想政治教育协同多方力量，共同施教。

日常思想政治教育协同强调在协同实践中实现理论指导。立德树人是日常思想政治教育协同机制的出发点和目的地。日常思想政治教育协同机制，以习近平新时代中国特色社会主义思想为共同思想基础，以培养高校学生的政治素养和品德修养为共同目标，有着鲜明的价值导向。日常思想政治教育的协同机制要拓展日常生活中的实践场域，通过实践的方式让学生获得丰富的体验，强化正面的经验，从而更好地理解和认同科学理论。

---

① 习近平：《高举中国特色社会主义伟大旗帜　为全面建设社会主义现代化国家而团结奋斗——在中国共产党第二十次全国代表大会上的报告（2022 年 10 月 16 日）》，人民出版社，2022，第 34 页。

② 《习近平谈治国理政》（第 2 卷），外文出版社，2017，第 378 页。

③ 《十九大以来重要文献选编》（上），中央文献出版社，2019，第 49 页。

④ 习近平：《高举中国特色社会主义伟大旗帜　为全面建设社会主义现代化国家而团结奋斗——在中国共产党第二十次全国代表大会上的报告（2022 年 10 月 16 日）》，人民出版社，2022，第 71 页。

日常思想政治教育协同有助于发展出互为补充的教育形式。日常思想政治教育协同机制，要充分发挥不同育人群体、育人载体、育人平台的教育优势，互为补充。当前，不同的教育形式往往局限于自身的教育逻辑，很难"面面俱到""百发百中"，影响教育效果。日常思想政治教育的协同机制，将原先相对分散、隔离的教育资源重新整合，打包使用，有助于提升思想政治教育的针对性和吸引力。

3. 高校日常思想政治教育协同的实践路径

日常思想政治教育要与思想政治理论课建立协同机制。日常思想政治教育与思想政治理论课是高校思想政治教育体系的两个重要方面，日常思想政治教育是主阵地，思想政治理论课是主渠道，日常思想政治教育主要通过日常教育、管理和服务开展思想的、政治的、道德的教育，思想政治理论课主要通过教学活动训练学生的政治思维和道德价值。两者一直扮演着实践养成和理论教育的不同角色，统一于高校思想政治教育体系中。由于日常思想政治教育内涵的不断拓展，其整体处于不断分离与重新整合的过程中，思想政治理论课作为课程体系，逐渐演绎出专业化和科学化的发展逻辑。日常思想政治教育与思想政治理论课的具体目标、教育过程和教育主体不断分离，两者的不协调影响了思想政治教育体系整体的实效性，[①]原有的协同机制和角色定位亟须调整。要从思想政治教育学科中深化两者协同的理论支撑，在高校思想政治教育实践的问题中把握两者协同的现实基础，在高校思想政治教育工作体系建设的探索中建立两者协同的实践路径，在高校思想政治教育工作质量评价体系的构建中寻求两者协同的制度保障。

日常思想政治教育与高校其他工作体系建立协同机制。2004年《关于进一步加强和改进大学生思想政治教育的意见》就针对大学生思想政治教育与学校其他工作"各管一摊"的问题，提出将思想政治教育与教学、科研、社会服务工作结合起来，纳入学校工作的整体规划，同时部署，同时检查，同时评估。[②] 2016年，全国高校思想政治工作会议进一步提出把"立德树人"作为高校的立身之本和中心环节，构建全员全过程全方位育人体

---

① 王炳林、张润枝：《关于思想政治理论课与日常思想政治教育相结合的思考》，《思想理论教育导刊》2009年第5期。

② 《十六大以来重要文献选编》（中），中央文献出版社，2006，第191页。

系。从高校整体来谋划布局思想政治教育工作体系，将其作为高校生态系统的基础，整体系统逐渐呈现发展壮大的趋势，高校思想政治工作"以新的'大体系'来解决自身原有的'小体系'所不能解决的一些问题"①。2016 年《关于加强和改进新形势下高校思想政治工作的意见》中提出健全高校思想政治工作评价体系，评价体系的建构与完善，能够保障和推进日常思想政治教育与高校其他工作体系朝着"立德树人"的共同目标协同整合。

日常思想政治教育要建立家庭、学校和社会协同育人机制。宏观上，日常思想政治教育协同机制要研究不同系统，如家校合作、高校与社会互动的耦合关系，注重调动不同主体的积极性，增强思想政治教育系统的确定性，发挥不同系统的正向外部性，避免或减少互相消减的不利因素。微观上，家庭、学校和社会的协同育人机制以学生的日常表现为主要内容，包括日常学习、生活的规则内化，具体情景中学生观念、认识、情感和行为的变化，通过获得感、满足感、效能感等自我感知的表现，及时反馈、校正与调整各种要素的投入以及投入的方式，实现更好的协同效果。

第二节　高校日常思想政治教育的工作载体

思想政治教育的载体是传递思想的中介。思想具有宏观、理性、抽象的特征，需要借助思想政治教育载体才能充分显现和被感知，也就能观察、分析和评价。日常思想政治教育的工作载体，是教育者面向大学生实施教育、管理和服务的重要阵地，按照形式分为日常教育载体、日常管理载体、日常服务载体和生活环境载体。②

一　大学生的日常教育

高校思想政治教育体系中，课程教育与日常教育是理论教育的不同形式，思想政治理论课侧重系统性的理论教育，旨在让大学生完整认识科学

---

① 刘宏达：《以体系思维推进高校思想政治工作体系的创新发展》，《思想理论教育》2020 年第 8 期。

② 日常思想政治教育的载体划分，是根据实践情况的大致区分。有些教育内容可以通过多个载体来传递，不同载体的内涵存在相融的部分，进行相对的分类主要是为了更好地认识和使用日常思想政治教育载体，便于评价教育载体的建设情况和作用发挥情况。

理论的知识体系，培养使用理论进行分析的能力与素质。日常思想政治教育工作中的教育载体侧重进行专题性、时事性、生活性、实践性的理论教育，旨在让大学生运用马克思主义一般原理和马克思主义中国化的理论体系分析社会中的具体问题，具有明确的教育目的、广泛的实践参与等特点，一般通过日常理论教育、日常政治教育和日常实践教育等渠道实施开展。

1. 日常理论教育

大学生的日常理论教育，以习近平新时代中国特色社会主义思想为核心内容。习近平新时代中国特色社会主义思想，既是新时代的指导思想，也是高校思想政治教育的根本遵循。广泛开展中国特色社会主义理论学习，引导学生深刻领会习近平新时代中国特色社会主义思想是当前日常理论教育的主要任务。中共中央、国务院发布的《关于加强和改进新形势下高校思想政治工作的意见》提出，可以"有计划、分层次举办学习习近平总书记系列重要讲话精神研讨班"，"实施大学生马克思主义自主学习行动计划"，"深入开展'我的中国梦'等主题教育"。[1] 大学生的日常理论教育，形式上有专题会议、仪式典礼、专家讲座、集中学习、集体讨论、个人谈话等，教育者与受教育者在面对面交流中，便于教育互动和信息反馈。

大学生的日常理论教育，要努力把核心价值观的要求内化为师生的日常行为遵循，形成自觉奉行的信念理念。"青年的价值取向决定了未来整个社会的价值取向。"[2] 进入新时代，社会主义核心价值观成为时代的精神和价值的导向，是对要建成什么国家、建设什么社会、培养什么公民的准确回答。道德是内心的法律，"注重在日常管理中体现价值导向，使符合核心价值观的行为得到鼓励、违背核心价值观的行为受到制约"[3]。大学生的日常理论教育，要融入大学生日常学习、生活、实践场景中，加强社会公德与个人品德培育，形成学、食、住、行的文明公约。

2. 日常政治教育

高校的政治生活是大学生政治认同的重要来源，是培养大学生政治意识、政治观念、政治纪律、政治自觉的重要载体。中国高校是社会主义高

---

① 《十八大以来重要文献选编》（下），中央文献出版社，2018，第481页。
② 《十八大以来重要文献选编》（中），中央文献出版社，2016，第6页。
③ 《习近平谈治国理政》（第1卷），外文出版社，2018，第165页。

校，思想政治教育是社会主义上层建筑在高校的具体实践，高校中党的领导体制、政治组织形式和基层组织生活是大学生感受、体验和参与社会主义政治的主要形式。高校建立了完备的各级党团组织，大学生依照自己的政治身份，按要求参加相应的基层政治生活，是日常政治教育的主要形式。高校基层党团组织有着明确的组织原则、组织体系、教育任务和管理要求，参加基层党团组织生活，自觉接受政治教育，是大学生党员和团员的义务。同时，大学生参与基层组织生活的程度、频率、反馈，也在一定程度上体现了高校基层组织受欢迎和被认可的情况，影响着高校基层组织的建设质量。

此外，大学生还可以参加组织选举、参与学校管理、开展日常监督等，在学校各级各类组织和团体中参与政治生活，培养政治素养，提升参政议政的能力。网络社会丰富了大学生的政治参与形式，使大学生能通过校内外网络渠道表达政治观点，体验政治生活。在日常思想政治教育中要及时了解和收集大学生的政治思想动态，认真分析研判。在敏感时间节点和校内外时事热点发生时，一般的讨论可能转化为政治议题，经由网络渠道进一步放大或发酵，日常思想政治教育要把握正确的政治方向，站稳政治立场，做好大学生的政治引导。

3. 日常实践教育

高校人才培养有着鲜明的实践性。教育是"生产劳动同智育和体育相结合，它不仅是提高社会生产的一种方法，而且是造就全面发展的人的唯一方法"[1]。中华人民共和国成立之初就确定了教育与生产劳动结合的教育方针。根据中国特色社会主义发展阶段的需要，高校形成了教育实习、生产实践、实践课程等系统性的实践教育类型，同时还发展出多样化的日常实践教育载体，形成了日常实践"受教育、长才干、做贡献"的教育模式。

"受教育"就是要在实践环节中，认识国情、了解社会，养成对人民的感情和对社会的责任。实践是人的主观世界作用于客观世界的过程，也是促进认识，加深理解的过程。"无论何人要认识什么事物，除了同那个事物接触，即生活于（实践于）那个事物的环境中，是没有法子解决的。"[2] 社会实践通过生产劳动、社会调查、参观访问、勤工助学、志愿服务等形式，

---

① 《马克思恩格斯选集》（第2卷），人民出版社，1995，第212页。
② 《毛泽东选集》（第1卷），人民出版社，1991，第286~287页。

使学生"更多地了解国情，了解社会主义建设和改革的实际，了解人民群众的思想感情，才能树立起为建设社会主义祖国而献身的信念"①。高校已经基本建立了大学生社会实践的工作体系，新时代教育要培养德智体美劳全面发展的人才，更加注重发挥体育、美育和劳动教育的实践教育功能。2020年，中共中央办公厅、国务院办公厅印发《关于全面加强和改进新时代学校体育工作的意见》和《关于全面加强和改进新时代学校美育工作的意见》，中共中央、国务院印发《关于全面加强新时代大中小学劳动教育的意见》，发挥体育的"以体育智、以体育心"作用，注重美育的"审美教育、情操教育、心灵教育"功能，坚持教育与劳动相结合的教育传统，弘扬劳动光荣的精神，加强劳动实践，鼓励劳动创造，培育劳动习惯。②

"长才干"就是要坚持理论教育与习惯养成相结合，教育引导学生在亲身参与中增强素质能力。日常实践的本质是个人的再生产，"在再生产的行为本身中，不但客观条件改变着……而且生产者也改变着，他炼出新的品质，通过生产而发展和改造着自身，造成新的力量和新的观念，造成新的交往方式，新的需要和新的语言"③。在实践中，学习到的科学理论、系统知识、方法技能都会接受实践的检验，"所有知识要转化为能力，都必须躬身实践。要坚持知行合一，注重在实践中学真知、悟真谛，加强磨练、增长本领"④。在日常实践中，大学生不仅收获了知识，还培养了将理论运用于实践的综合能力，形成了实践检验与习惯养成的良性循环。

"做贡献"就是在中国特色社会主义伟大事业中定位个人发展，把个人成长发展与国家发展、人民需要紧密结合。"受教育""长才干"为"做贡献"奠定了基础，提供了理想追求、情感支撑、知识保障，"做贡献"是"受教育""长才干"的最终目的。日常思想政治教育要紧扣时代主题，满足时代需要，中华民族伟大复兴的中国梦，将在一代代青年的接力奋斗中变为现实，要鼓励学生"勇于到条件艰苦的基层、国家建设的一线、项目

① 《十二大以来重要文献选编》（下），人民出版社，1988，第1414页。
② 《中共中央办公厅国务院办公厅印发关于全面加强和改进新时代学校体育工作的意见　关于全面加强和改进新时代学校美育工作的意见》，《人民日报》2020年10月16日；《中共中央国务院关于全面加强新时代大中小学劳动教育的意见》，《人民日报》2020年3月27日。
③ 《马克思恩格斯文集》（第8卷），人民出版社，2009，第145页。
④ 习近平：《在知识分子、劳动模范、青年代表座谈会上的讲话》，人民出版社，2016，第12页。

攻关的前沿"①，契合国家社会发展的具体需要开展日常实践活动，"激励学生自觉把个人的理想追求融入国家和民族的事业中"②，指导大学生结合国家社会发展的战略目标定位人生规划。

二　大学生的日常管理

管理载体是"寓思想政治教育内容于管理之中并与管理手段相配合，以达到提高人们思想道德素质、规范人们行为、调动人们工作和学习积极性的目的"③。高校大学生的日常管理就是将管理的方法和要求运用于个人和团体的形式，并对涉及大学生利益的重要方面做出明确的规定，包括高校大学生的日常行为管理、日常团体管理和日常权益管理。高校对大学生的日常管理符合社会运行的基本规则，大学生在日常管理中完成了对社会运行规则的学习和掌握，日常管理的组织形式和制度体系也易于模仿、迁移和推广，有利于形成日常思想政治教育工作的一般模式。

1. 日常行为管理

大学生日常行为管理一直是日常思想政治教育工作的重点。邓小平在论及"四有新人"时提出，"一定要经常教育我们的人民，尤其是我们的青年，要有理想"，"有了理想，还要有纪律才能实现"④。改革开放以来，日常行为管理从政治要求拓展到日常言行，法治和规则逐渐融入人们日常生活中，日常言行需要规范化的约束和引导。20世纪80年代中后期，高校增加了"法律基础课"的课程安排和专题讲座，《高等学校学生行为准则》《普通高等学校学生管理规定》陆续出台，为规范大学生日常言行提供了标准。全国高校思想政治工作会议后，教育部修订出台了《普通高等学校学生管理规定》，各高校据此对学校制定的学生行为守则进行调整，成为评价学生日常行为的重要依据，衍生出对大学生日常行为的奖励和处罚措施，形成了高校学生日常行为管理体系。

---

① 《十八大以来重要文献选编》（上），中央文献出版社，2014，第280页。
② 《习近平谈治国理政》（第2卷），外文出版社，2017，第378页。
③ 陈万柏、张耀灿主编《思想政治教育学原理》（第三版），高等教育出版社，2015，第244页。
④ 《邓小平文选》（第3卷），人民出版社，1993，第110~111页。

2. 日常团体管理

高校大学生的日常团体包含具有组织性质的团体和学生自发形成的非组织性团体。组织是有目的、有秩序、有具备管理特征的成员体系，高校学生的党团组织分别是中国共产党和中国共产主义青年团在高校的延伸，具有政治组织的性质，按照政治组织的规定进行管理，如学生党组织要遵循《中国共产党章程》《中国共产党普通高等学校基层组织工作条例》等党内法规，同时要符合党中央和高校上级党组织以及高校党委的具体规定来设置党支部、教育党员、发展党员和管理党员。学生团组织、学生会组织、学生社团应当按照国家关于群团组织工作的要求进行设立、选举、管理，"实行大学生社团登记和年检制度"[①]。

日常团体管理中，要创新学生班级、学生宿舍、学生社区的运行管理机制，完善日常管理的组织化与制度化，丰富管理的形式与内容，实现管理与自我管理。探索学生自发形成的非组织性团体的管理模式，避免出现日常管理的"真空"，将管理团体与管理个体相结合，把对个体的行为要求融入团体的管理制度中。

3. 日常权益管理

大学生的日常权益是其受教育权的重要组成部分。当前，高校已经形成了以党内法规、教育条例、大学章程、内部准则为主要内容的管理体系，具有管理科学化、法治化、制度化、规范化的要求，这些要求凸显了对自由、平等、公正、法治等核心价值的追求，是高校以人为本的管理方式的重要体现。高校学生的日常管理中，涉及大量关系学生切身利益的工作内容，如学生接受资助奖励、参与公共事务、提请权益申诉等权利。

日常权益管理要处理好个体与集体的权益关系。无论是从自己的意识出发，还是人的发展需要，人天然地关注自己的利益所在。马克思说："人们为之奋斗的一切，都同他们的利益有关。"[②] "思想"一旦离开"利益"，就一定会使自己出丑。[③] 要从大学生的实际需要和基本权益出发，以法治为准绳健全权益保护制度，以价值为导向进行权益管理，规范利益诉求表达、

---

① 《十八大以来重要文献选编》（下），中央文献出版社，2018，第490页。
② 《马克思恩格斯全集》（第1卷），人民出版社，1995，第187页。
③ 《马克思恩格斯文集》（第1卷），人民出版社，2009，第286页。

利益协调和利益保障的渠道和方式。日常权益管理要协调个体利益与他人或集体利益的关系。如果单纯地利己，只把自己的需要看作世界的最终目的，那就会"把自己最狭隘和最空虚的形态宣布为国家活动的范围和准则"①，进而出现"你的道路不是我的道路，你的思想不是我的思想"② 的群体疏离。因此，高校学生的日常权益管理，要教育大学生正确看待个人的社会发展需要和对集体的依存关系，正确认识个体利益和公共利益，加强集体主义教育，营造集体文化，塑造集体认同，引导学生自觉维护集体利益。

三　大学生的日常服务

　　大学生的日常服务，是高校与学生关系不断变革引发的高校职能调整。改革开放以来，高校思想政治教育学习和借鉴了境外高校的做法，将部分管理职能转化为日常服务；大学扩招带来大学生人数的增加，学生成长发展的日常需要推动服务的日常化和流程化；大学生缴纳学费带来了高校与学生之间就教育资源达成的购买服务和消费者身份。相比大学生日常教育的思想性、政治性以及日常管理的组织性、规定性特点，大学生的日常服务聚焦其发展性需要，体现出事务性、平等性的特点。事务性指服务的内容比较具体，流程相对清晰，贴近日常生活。平等性指在服务的过程中，主客体以相对平等的身份出现，强调平等对话、平等协调、平等沟通。当前，大学生的日常服务包括就业指导、学业指导和心理健康教育等服务内容，高校也成立了相应的学生工作机构，有的高校成立了学生一站式服务大厅，有的高校形成了学生社区服务体系，构建了一批可复制推广的服务模式。

　　1. 大学生就业指导

　　改革开放以来，随着经济的发展和改革的深入，高校就业指导经历了探索就业指导服务、规范就业指导职能、提升就业指导质量三个阶段。

　　20 世纪 80 年代，部分高校开始探索学生毕业推荐就业和自主择业的道路，同时成立就业指导部门提供就业辅导、职业信息、求职咨询等服务。深圳大学在 1983 年成立时，就明确学生毕业后国家不包分配，由学校向用

---

① 《马克思恩格斯全集》（第 1 卷），人民出版社，1995，第 261 页。
② 《马克思恩格斯全集》（第 1 卷），人民出版社，1995，第 261~262 页。

人单位推荐和自主择业，为此学校成立了学生就业指导中心。① 1983 年底，国家教委创办了《毕业生就业指导报》，成立全国高校毕业生就业指导中心，明确了大学生就业指导服务的政府职能。1988 年，复旦大学在毕业生的建议下，成立了学生就业指导中心，设置"需求信息库、人才信息库、人才市场与人才培养研究及宣传、毕业生安置等功能"②。

20 世纪 90 年代，国家取消毕业生包分配制度，实施毕业生就业双向选择的就业方式，高校为学生提供就业指导和服务的要求纳入《中华人民共和国高等教育法》，高校纷纷设立就业指导的实体机构，规范就业指导工作。同时，高等教育领域有意识地引导毕业生选择国家发展需要的领域、行业和地区就业，在就业指导服务中融入思想政治教育的内容。随着高校大规模扩招，教育部门推进高校规范就业指导的机构设置、工作运行、队伍建设。2002 年和 2003 年，教育部分别出台《关于进一步加强普通高等学校毕业生就业指导服务机构及队伍建设的几点意见》《关于进一步深化教育改革，促进高校毕业生就业工作的若干意见》，提供了高校就业指导的政策依据和任务内容。

进入新时代，在全面深化改革的宏观环境中，高校毕业生的就业质量作为"美好生活"的重要体现，成为个人关切、家庭关心、社会关注的重要议题。根据教育主管部门要求，高校自 2013 年开始编制发布高校毕业生就业质量年度报告，建立健全高校毕业生就业工作评价体系。③ 教育部对高校毕业生就业质量年度报告的内容构成、公开机制、评价使用提出了明确要求，成为日常思想政治教育工作中首个对社会公开的质量报告。质量报告的发布不仅是对就业指导和人才培养的质量描述，评价结果也作为高校招生计划、专业建设、教学改革的重要反馈，成为高校提升质量的重要依据。2020 年，教育部首次针对"双一流"高校和"双一流"重点建设学科毕业生就业状况，面向毕业生和用人单位开展跟踪调查，调查结果将应用

① 《不包分配有助于学生自律自立自强 深圳大学首届毕业生自谋职业》，《人民日报》1987 年 9 月 3 日。
② 《在学生、学校、社会之间架起桥梁 复旦大学成立学生就业指导中心》，《人民日报》1988 年 4 月 24 日。
③ 参见《教育部办公厅关于编制发布高校毕业生就业质量年度报告的通知》（教学厅函〔2013〕25 号），教育部网站，http://www.moe.gov.cn/srcsite/A15/s3265/201311/t20131105_159491.html。

于"学科建设、教学评估、专业设置、教学改革、就业服务等方面成效评价和工作参考"[1]。

2. 大学生学业指导

高等教育相对于中等教育学习模式、学习环境、教学关系的变化引发了大学生独特的学业问题。教育部编制的《中国高等教育评估词汇》中就提出了"大学生学习指导"的概念，指出大学生学习指导指的是"高等院校对在校生进行的学术和非学术、课内与课外、大学学习与终身学习乃至职业生涯规划等在内的所有学习活动的指导。内容包括学习思想与观念、学习目标与内容、学习方法与手段、学习心理与道德等。目的是最大限度地挖掘学生潜力，促进学生更好地发展"[2]，并将学习指导能力作为评估高等教育的指标之一。大学生学业指导工作已经成为一项专业化工作。[3] 在国内，学业指导工作有的属于教学部门管理，有的属于学生工作部门管理，有的高校整体设计规划，有的高校侧重院系自主开展，反映出学业指导是学生发展的普遍需要，也说明学业指导是教学与学工协同育人中的重点内容。

高校将学业指导纳入日常思想政治教育工作体系的整体构建，把学业指导作为学生成长发展的重要需要来设计和策划。大学生学业指导注重将解决学业困惑与解决思想问题相结合。学业是大学生的主业，大学生的思想问题有大量源于学业的适应、困惑、发展问题，指导大学生的学业，有助于帮助大学生挖掘学习动机和兴趣，提升自我教育和管理能力，培养大学生良好的学业观和人生观。

大学生学业指导注重构建协同育人的机制。国内高校借鉴境外高校开展学业辅导工作的经验，结合中国高校实际，探索设置学业指导相关机构，按照学生的需要提供学习适应、习惯培养、学业帮扶、发展辅导、学风建设等主题指导服务，学业指导的制度化、体系化设计有助于专业教师参与

---

[1]　《教育部办公厅关于开展高校毕业生就业状况跟踪调查的通知》（教学厅函〔2020〕31号），教育部网站，http：//www. moe. gov. cn/srcsite/A15/s3265/202009/t20200927_491672. html。

[2]　教育部高等教育教学评估中心：《中国高等教育评估词汇》，高等教育出版社，2010，第52页。

[3]　如美国学业指导协会（NACADA）就对大学相关工作人员做好学业指导提供学术和实践支持。参见弗吉尼娅·N. 戈登、韦斯利·R. 哈伯利、托马斯·J. 格里茨主编《学业指导大全》（第2版），杨德山等译，中国社会科学出版社，2022。

相关工作。大学生学业指导深化了辅导员队伍的双重身份，尤其是教师身份，2014 年，《高等学校辅导员职业能力标准（暂行）》将学业指导作为衡量辅导员职业能力水平的重要准则，指出辅导员应在开展专业教育、培养学习兴趣、加强学风建设、组织学术活动、提供分类指导等方面发挥作用。[1]

3. 大学生心理健康教育

大学生的心理咨询服务，发轫于思想政治教育对心理学科理论的借鉴，成熟于对大学生全面发展核心素质的深刻认识，在法律和伦理的规范引导下不断丰富育人的内涵。

改革开放后，随着心理学科的蓬勃发展，首都医科大学、上海交通大学、华东师范大学、北京师范大学、新疆师范大学、西安交通大学、北京邮电大学、北京大学、湖南医药学院、内蒙古师范大学和中国人民解放军第四军医大学等 30 余所高等院校在校内开展心理咨询工作，针对大学生的心理障碍进行疏导。[2] 自一开始，心理咨询工作就将学生的身心健康与学生思想、价值、观念紧密联系，注重疏导与关怀，在缓解心理压力、解决心理问题时开展思想教育。随着对青少年成长发展规律研究的深化，心理健康教育不仅成为学校改进思想政治教育工作的重要方式方法，心理健康更成为青少年全面发展的重要素质之一。

21 世纪前后，中共中央、国务院印发《关于深化教育改革全面推进素质教育的决定》，强调"加强学生的心理健康教育"[3]。2001 年，教育部出台《关于加强普通高等学校大学生心理健康教育工作的意见》，成为指导高校心理咨询服务的第一个规范性文件，教育部还成立了普通高等学校学生心理健康教育专家指导委员会，指导高校科学开展心理咨询服务。高校也探索出面对面咨询、专题课程、团体活动、电话和网络咨询等丰富的工作形式。随着高校心理健康教育的普及，高校联合发起"5·25"（每年 5 月25 日，寓意"我爱我"）大学生心理健康日，推动心理健康教育覆盖高等教育、辐射社会大众。心理健康教育在心理学和思想政治教育的理论与实

---

[1] 教育部思想政治工作司组编《加强和改进大学生思想政治教育重要文献选编（1978—2014）》，知识产权出版社，2015，第 663 页。

[2] 参见《三十余所高校开展学生心理咨询 卫生保健必要措施 思想工作辅助手段》，《人民日报》1987 年 1 月 18 日。

[3] 《十五大以来重要文献选编》（中），人民出版社，2001，第 860 页。

践推动下，由点到面不断拓展，有效地提升了日常思想政治教育的针对性和实效性，大学生的心理健康教育也开始走向标准化、规范化建设阶段。

2011 年，教育部办公厅印发《普通高等学校学生心理健康教育工作基本建设标准（试行）》，提出了高校心理健康教育的实施标准，形成了评价依据；2013 年，《中华人民共和国精神卫生法》的施行从法律和伦理两方面规范了高校心理健康教育工作；2016 年，全国高校思想政治工作会议上提出"培育理性平和的健康心态"① 是高校育人的重要方面，凸显心理健康教育对育人的重要意义。2020 年新冠疫情防控时期，高校及时行动，围绕生命、情感、关系、挫折等主题对大学生开展心理健康教育，并向社会开放咨询，缓解了大学生心理压力，体现了大学的人文关怀。

四　大学生的生活环境

环境是思想政治教育系统的条件要素，人的思想品德的形成发展、思想政治教育活动的开展都是在一定的环境中进行的。大学生的生活环境，是大学生日常生活、学习、交往的所有环境的总称，侧重环境的社会性部分。生活环境对大学生的直接影响，以及对日常思想政治教育的正面作用，是生活环境发挥思想政治教育功能的主要方式。按照日常思想政治教育的内容，生活环境建设可以分为校园文化、校园网络、校园安全等子环境的建设。大学生的生活环境与大学生有着频繁的日常交互，具有潜移默化的影响，积极的生活环境有利于大学生良好思想品德的形成和发展，有利于日常思想政治教育的顺利实施。高校日常思想政治教育工作中应当主动营造和创设良好的育人环境，持续优化环境的育人功能。

1. 加强校园文化的育人功能

文化育人是人的精神发展的需要。"社会发展以人的发展为归宿，人的发展以精神文化为内核。"② 社会生产的发展带来了文化生活的丰盈，为人的发展提供了富饶的精神环境支持。"先进文化与生产力中的最活跃的人的因素一旦结合，劳动力素质会得到极大地提高，劳动对象的广度和深度会

① 《习近平谈治国理政》（第 2 卷），外文出版社，2017，第 377 页。
② 习近平：《之江新语》，浙江人民出版社，2007，第 150 页。

得到极大的拓展。"① 高校是文化创造的重要场所,持续生产科学知识和文化产品,同时又在内部创造着校园文化。文化不仅仅成为一种物质的需要,更具有滋养人心和涵育德行的作用。

文化育人是高校主流意识形态传播的需要。"文化力量对政治制度、政治体制的导向和引领作用十分明显。一定社会的文化环境,对生活其中的人们产生着同化作用,进而化作维系社会、民族的生生不息的巨大力量。"② 高校是主流思想文化的传播阵地,要在弘扬中华优秀传统文化、革命文化和社会主义先进文化的同时强化思想理论教育和价值引领。

文化育人是培育和弘扬大学精神的需要。高等教育的内涵式发展,应当建设"具有中国特色、体现时代要求的大学文化,培育和弘扬大学精神"③,高校要组织开展丰富多彩、积极向上的校园文化活动,注重校园文化的浸润、感染和熏陶作用,凝练校训、校史、校歌、校景的育人功能,培育师生认可、积极向上的校风、教风和学风,以文明校园的创建促进文明社会的建设,为社会主义精神文明建设提供高校的文化创造。

2. 发挥网络育人的积极作用

网络的发展要求高校建立相应的网络育人体系。当代大学生是在网络社会中成长起来的"原住民",网络已经成为高校师生学习生活的第一环境,互联网之于大学生已经超越了工具、体验或背景的意义,完全融入他们的学习生活中。网络环境对大学生有着积极的意义,也存在消极和不利的因素。日常思想政治教育要融入计算机网络技术、互联网社群建设等网络要素,构建网络育人的工作体系,充分发挥网络的正面作用,抵制和消减网络的负面影响。

在日常思想政治教育工作中要注重建设网络育人平台。计算机网络技术的发展改变了大众传播的渠道和形式,高校经历了计算机联网、官方网站建设、校内论坛建设等多个发展阶段,在一定时期内保持了校内网络和社会网络的相对独立,可以自主运行。随着互联网技术和互联网社会的发展,高校的计算机网络逐渐纳入社会网络。当前,高校的广播、电视、报纸、期刊等大众传播的传统载体面临着网络化转型的问题,高校原有网络

① 习近平:《之江新语》,浙江人民出版社,2007,第149页。
② 习近平:《之江新语》,浙江人民出版社,2007,第149页。
③ 《加强和改进新形势下高校宣传思想工作》,《人民日报》2015年1月20日。

灌输式、分发式的信息传递模式日渐式微。高校要主动建设网络育人载体，避免在网络发展的过程中出现育人的"真空"。在日常思想政治教育的内容、环节、过程中广泛运用学生喜爱的新媒体技术，主动搭建平等交流、双向互动的网络平台，指导学生建设丰富多样的网络阵地，做好传统平台和社群的更新转型，形成学校网络育人的工作矩阵和育人方案，协同网络育人与网下的思想教育，各取其长，互为补充。

在日常思想政治教育工作中要注重积极优化网络生态。高校是先进文化的集散地，大学生不仅是网络育人的对象，更是网络创作的主体，也是优化网络生态的重要力量。要坚持以内容建设为主，组织和引导大学生结合日常思想政治教育的议题，参与创作网络文化作品，传播主流思想文化；要面向学生日常生活，针对学生喜闻乐见、关心聚焦的热点话题，创新网络话语体系，增强大学生参与网络教育的热情和用户黏性；要融入校园文化，鼓励学生利用所知所学，将专业知识和网络创造结合起来，培育网络产品，形成文化品牌特色，培育改善网络生态的有生力量。

3. 建设安定团结的校园环境

思想政治教育的环境是一个复杂的环境系统，由不同层次、不同类型的环境因素共同构成，要素众多，政治、经济、文化、社会的宏观环境都参与其中，既有正面积极的，也有负面消极的；既有相互融合的需要，也有交锋斗争的情形。"当前我国国家安全内涵和外延比历史上任何时候都要丰富，时空领域比历史上任何时候都要宽广，内外因素比历史上任何时候都要复杂"[1]，高校是大学生学习工作和社会交往的日常空间，与社会互联互通，相互影响，又是思想文化的前沿阵地，要从国家政治安全和意识形态安全的角度出发，"把高校建设成为安定团结的模范之地"[2]。

要在日常教育中学习宣传总体国家安全观。"国家安全是民族复兴的根基，社会稳定是国家强盛的前提。必须坚定不移贯彻总体国家安全观，把维护国家安全贯穿党和国家工作各方面全过程，确保国家安全和社会稳定"。[3]

---

①　《习近平谈治国理政》（第 1 卷），外文出版社，2018，第 200 页。

②　《习近平谈治国理政》（第 2 卷），外文出版社，2017，第 377 页。

③　习近平：《高举中国特色社会主义伟大旗帜　为全面建设社会主义现代化国家而团结奋斗——在中国共产党第二十次全国代表大会上的报告（2022 年 10 月 16 日）》，人民出版社，2022，第 52 页。

可以结合全民国家安全教育日开展校园安全宣传，宣传国家安全法等法律法规，增强学生日常维护国家安全的意识和责任。加强学生国防教育，在重大活动和日常仪式中认真组织升国旗仪式，广泛宣传大学生参军入伍等政策，做好退伍大学生士兵的日常保障，组织好学生日常军事训练和国防教育。

要建立校园安全工作体系和责任体系。制定校园安全综合防控体系、突发事件处置办法、校园安全责任清单。增强政治敏锐性和政治鉴别力，抵御和防范宗教渗透，自觉抵制不利于安定团结的破坏性活动，加强与高校属地的安全信息沟通机制。建立校园舆论阵地建设与管理办法，全面覆盖校园宣传阵地、公共空间和网络平台。加强网络安全管理，建立校内网络的实名使用制度和行为管理。根据不同时间、不同群体、不同形势需要开展学生日常生活安全、消防安全、消费安全、交通安全等主题教育，融入校园安全的教育内容，形成经常性教育体系，提升学生切身的安全感。

第三节　高校日常思想政治教育的实施效果

日常思想政治教育的实施效果，是对日常思想政治教育的实施过程进行阶段性的管理和控制，目的在于根据教育目标协调实施过程，保证日常思想政治教育的过程质量。

一　高校日常思想政治教育的供给质量

思想政治教育通过调节统治阶级"思想的生产和分配"[1] 的方式，来满足"人民对美好生活的需要"，是针对新时代需求的供给策略。高校是生产社会文化产品和提供教育公共服务的重要场所，日常思想政治教育的工作质量可以从日常思想政治教育供给侧对需求侧的满足情况来判断。

1. 制定供给战略是提升日常思想政治教育供给质量的前提

作为中国共产党思想政治工作的高校实践，思想政治教育既是政治任务，更具有战略意义。早在1948年，毛泽东就指出："政策和策略是党的

---

① 《马克思恩格斯选集》（第 1 卷），人民出版社，2012，第 179 页。

生命，各级领导同志务必充分注意，万万不可粗心大意。"① 2004 年《关于进一步加强和改进大学生思想政治教育的意见》提出"加强和改进大学生思想政治教育……具有重大而深远的战略意义"②。2016 年《关于加强和改进新形势下高校思想政治工作的意见》进一步指出"加强和改进高校思想政治工作……是一项重大的政治任务和战略工程"③。思想政治教育的战略性事关大学的方向与性质、党对高校的领导、培养什么人等根本问题，既要关注当下的效果，更要做好长期的规划，加强日常思想政治教育的预见性，在高校顶层设计中制定中长期、分阶段、可操作的日常思想政治教育供给战略，因应日常思想政治教育面临的需求分散性、碎片化、多变性的特点，避免出现经验主义、主观主义、政策反复等不利于日常思想政治教育稳定实施的情形。要"超越原有相对具象和零碎的项目式政策安排"④，整体把握、系统建构日常思想政治教育供给体系。

2. 增加有效供给是提升日常思想政治教育供给质量的重点

有效供给建立在高校日常思想政治教育已经形成一定供给体系的基础上，是日常思想政治教育供给体系质量提升的表现。新时代我国社会主要矛盾中，不平衡不充分的发展是关键问题，要在新时代对日常思想政治教育新要求的基础上构建日常思想政治教育供给体系。从供给的角度提高日常思想政治教育工作质量，高校要建立日常思想政治教育的基本供给体系，为学生提供学习、生活的日常思想政治教育资源，满足学生合理使用的需要，提供充足的供给，使学生安心学习，没有后顾之忧。增加有效供给，要建立日常思想政治教育发展服务体系，增加高质量供给内容，内容的选择、呈现、理解和接受的环节影响着思想政治教育的效果，⑤ 要避免出现过分强调形式、过多要求数量、忽略教育主客体感受的情形。个性化、细致化、精致化的教育内容要求持续优化教育过程，不断改进日常思想政治教

---

① 《毛泽东选集》（第 4 卷），人民出版社，1991，第 1298 页。

② 《十六大以来重要文献选编》（中），中央文献出版社，2006，第 177 页。

③ 《十八大以来重要文献选编》（下），中央文献出版社，2018，第 478 页。

④ 庞丽娟、杨小敏：《关于教育供给侧结构性改革的思考和建议》，《国家教育行政学院学报》2016 年第 10 期。

⑤ 参见王学俭、杜敏《高校思想政治教育供给侧改革探讨》，《思想理论教育导刊》2017 年第 6 期；万美容、吴倩《新时代思想政治教育内容有效供给论析》，《马克思主义理论学科研究》2020 年第 1 期。

育载体、话语体系、议题设置、过程管理等要素。

3. 优化教育关系是提升日常思想政治教育供给质量的保障

教育主客体的关系状况对教育和接受教育的效果有着直接的影响，决定了供给的有效性。日常思想政治教育的供给，要基于教育主体的主导设计和对教育对象的需求分析。"从生产力方面来看，作为第一生产力的科学技术中，自然包括研究、协调人与人的社会生产关系的领导和管理科学，从这一意义上讲，生产关系的科学化也是生产力的一个组成部分。"① 持续优化日常思想政治教育主客体的关系，要弥合教育主客体对教育供给的认识差异，引导教育主客体形成教育目标的一致观点，从而协调教育主客体的内在动力。如实践中，高校领导、师生往往对办学定位、办学特色、办学理念等有着不同的认知，认识的差异分散了教育实践，影响了教育目标的实现。要在日常思想政治教育中设置不同利益方共同参与、协商、形成共识的机制，鼓励以高校领导为代表的日常思想政治教育战略规划者参与教育过程，突破传统的辅导报告、专题授课、一般座谈的模式，探索带班、辅导、结对、研讨等深层次互动关系，增进战略规划者对具体实践的认识，提升日常思想政治教育的供给质量。

二 高校日常思想政治教育的培养效果

日常思想政治教育的培养效果，是从学生作为需求主体出发来认识日常思想政治教育的状况，是判断供给具体效果和供需协调水平的手段，在一定程度上代表了日常思想政治教育价值实现的程度。日常思想政治教育的效果既有即时性的成果，也存在延迟或持续生效的情形，根据时间的短期、中期和长期，可以分为学生对日常思想政治教育的获得感分析、学生毕业时对成长发展状况的评价、从终身教育角度对学生的持续支持以及学生毕业后对日常思想政治教育的回顾反馈。

1. 提升学生的获得感

从需要的角度来看，获得感是个人发展需要获得满足的触动、感受和情绪，在具体的表现形式上指认同感、满足感、幸福感、安全感等主

---

① 习近平：《关于社会主义市场经济的理论思考》，福建人民出版社，2003，第 11 页。

观感受,① 表现出丰富的层次性。2015 年中央全面深化改革领导小组第十次会议上,习近平提出"把改革方案的含金量充分展示出来,让人民群众有更多获得感"②。日常思想政治教育有着重复性和情境性的特征,学生每次参与都能触发即时的感性认识,反映了学生主观世界作用于客观世界后的反馈。学生获得感的需要进一步明确了日常思想政治教育的具体目标,提出了评价效果的标准,把握了激发学生内在动力的关键要素。全国高校思想政治工作会议指出,当前思想政治教育中存在"天边不如身边,道理不如故事"的现实难题。日常思想政治教育要充分发挥对学生有着密切联系的生活性、故事性、发展性内容的教育作用,设计丰富的教育形式、载体,促进学生对国家、社会、学校各方面发展成果的认识和体验,激发"更多、更直接、更实在的获得感、幸福感、安全感"③。要关注教育过程中主客体的交流互动,尤其是教育供给与需求协调匹配的情况,记录教育过程中学生情绪、学生行为、学生反馈等主体性表现,激活学生在思想政治教育中的主体性力量,找出影响学生获得感的主要因素,有针对性地改进日常思想政治教育工作的设计和教育过程。

2. 形成人才培养特色

高校育人的具体目标正在从数量与质量并重转向着力培养高质量人才,服务经济社会发展。1985 年,《中共中央关于教育体制改革的决定》指出"衡量任何学校工作的根本标准不是经济收益的多少,而是培养人才的数量和质量"④。改革开放以来,高校坚持多出人才、出好人才,高校毕业生在国民经济生产和发展中发挥了重要作用,"成为我国社会主义现代化建设的一支非常重要的骨干力量"⑤。

进入新时代,要贯彻新发展理念。"新发展理念是一个系统的理论体系,回答了关于发展的目的、动力、方式、路径等一系列理论和实践问题,

---

① 参见宁文英、吴满意《思想政治教育获得感:概念、生成与结构分析》,《思想教育研究》2018 年第 9 期;阎国华《高校思想政治理论课获得感的内在要素与形成机制》,《思想理论教育》2018 年第 1 期。

② 《习近平谈治国理政》(第 2 卷),外文出版社,2017,第 102 页。

③ 《十九大以来重要文献选编》(上),中央文献出版社,2019,第 731 页。

④ 《十二大以来重要文献选编》(中),人民出版社,1986,第 734 页。

⑤ 共青团中央、中共中央文献研究室编《毛泽东　邓小平　江泽民论青少年和青少年工作》(增订本),中国青年出版社、中央文献出版社,2003,第 279 页。

阐明了我们党关于发展的政治立场、价值导向、发展模式、发展道路等重大政治问题。"① "美好生活"的需要推动各方面工作的质量发展，"标准决定质量，有什么样的标准就有什么样的质量，只有高标准才有高质量"②。高质量发展是新发展理念的具体要求，发展的目标从"有没有"向"好不好"转变。2018年，习近平在北京大学师生座谈会上指出，"我国高等教育办学规模和年毕业人数已居世界首位，但规模扩张并不意味着质量和效益增长，走内涵式发展道路是我国高等教育发展的必由之路"③，"高等教育经历了量的快速扩张，质的提升矛盾越来越突出"④。高校内涵式的发展道路"必须有中国特色。没有特色……是不可能办成功的"⑤。高校的办学特色直接体现在人才培养上，无论是思想政治教育评价还是高校学科评估、教学评价，无不把学校是否培养了高素质人才作为重要标准。日常思想政治教育中，对人才培养的贡献具体表现在按照社会主义建设者和接班人的标准，契合学校的办学定位和育人理念，培养出一大批反映学校水平的典型人才，创造优秀学生不断涌现的良好环境。

3. 加强学生的接续教育

加强学生追踪培养体现了日常思想政治教育的前瞻性。从教育者的角度来看，终身教育已经成为现代教育体系不可或缺的环节，是教育体系发展到一定阶段对接续教育的需要，终身教育对各学段的衔接和进入社会后的继续培养提出了要求。从受教育者的角度来看，中国自古就有"活到老，学到老"的箴言，党的二十大报告明确提出"建设全民终身学习的学习型社会、学习型大国"⑥，终身学习也是大学生适应现代社会学习模式变革的长期需要。

从教育时序的角度来看，学生进入新的学段或毕业进入社会，因身份环境变化而带来的适应性和发展性需求会显著增加，教育者要提前针对新

① 《习近平谈治国理政》（第4卷），外文出版社，2022，第170~171页。
② 《习近平在调研指导兰考县党的群众路线教育实践活动时强调　大力学习弘扬焦裕禄精神　继续推动教育实践活动取得实效》，《人民日报》2014年3月19日。
③ 《抓住培养社会主义建设者和接班人根本任务　努力建设中国特色世界一流大学》，《人民日报》2018年5月3日。
④ 《习近平谈治国理政》（第3卷），外文出版社，2020，第347页。
⑤ 《习近平谈治国理政》（第1卷），外文出版社，2018，第174页。
⑥ 习近平：《高举中国特色社会主义伟大旗帜　为全面建设社会主义现代化国家而团结奋斗——在中国共产党第二十次全国代表大会上的报告（2022年10月16日）》，人民出版社，2022，第34页。

入学和即将毕业的学生做好接续培养和规划指导。日常思想政治教育中，经常有专门针对刚入学新生或即将毕业大学生的教育内容，如新生入学教育和毕业离校教育，虽然同样是学生教育，同样涵盖理想信念、价值引导、规则纪律、人生规划等目标要求，但在具体内容和设计上，新生入学教育往往侧重入学适应、新生导学、理想信念等，毕业生离校教育则侧重爱校荣校、职业素养、生涯规划等。

校友的培养是学生追踪培养的重要表现。从终身教育的角度来看，学校需要设计符合校友发展需要、促进校友成长的追踪培养模式，为校友提供返校接受再教育的资源和机会，也将校友的发展纳入高校与地方、高校与企业的合作框架中。从教育主体的角度来看，校友已经成为高校的重要资源，是协同育人的重要力量，是开展朋辈教育的重要群体。从教育评价的角度来看，校友作为曾经的受教育者，对高校的认同度和推荐度，包括对特定教育过程、教育内容、教育效果的回顾和反馈都在一定程度上体现了日常思想政治教育的质量。

三　高校日常思想政治教育的社会认可

日常思想政治教育的社会认可，是以日常思想政治教育的功能直接满足社会需要，或通过教育对象的个体价值实现来呈现日常思想政治教育的社会价值。社会对高校的认可，融合在高校教学、科研、社会服务、国际交往、文化传承创新的职能中，有着丰富的内容维度。从质量评价的角度来看，大部分的社会认可相对笼统，其中日常思想政治教育的贡献更是难以获知或度量，需要深入研究日常思想政治教育社会认可的表现形式、实践模式、实施路径，提升社会认可度。

1. 丰富社会认可的表现形式

日常思想政治教育有着鲜明的阶级性和社会性，按照统治阶级的需要来培养社会发展需要的人才，提供有益于社会发展的教育内容、渠道、方法。新时代高等教育的发展方向要与国家发展的现实目标和未来方向同频共振，实现教育"为人民服务，为中国共产党治国理政服务，为巩固和发展中国特色社会主义制度服务，为改革开放和社会主义现代化建设服务"[1]。

---

① 《习近平谈治国理政》（第 2 卷），外文出版社，2017，第 377 页。

日常思想政治教育要围绕国家社会发展各方面需要来设计和开展，形成社会认可的丰富成果。

日常思想政治教育的社会价值可以通过高校的日常状况呈现，如组织学生统一行动、协调师生内部关系、营造优秀校风学风。日常思想政治教育的社会认可还可以在融入国家发展的过程中体现，通过组织学生参与国民经济主战场、精神文明建设、国家社会治理和生态文明建设，提供人才输送、经济效益、咨询服务、有形或无形产品等成果，实现政治、经济、文化、社会、生态文明等方面的价值。

2. 把握社会认可的实践模式

社会认可是价值实现的渠道，价值实现是社会认可的实质。思想政治教育的价值是价值主体接受价值客体的影响从而引发自身内化与外化的矛盾运动，在矛盾运动中，矛盾各方由不协调的初始状态，寻找相互协调的可能性与可行性，一个阶段或一个方面的社会需要获得满足后，新的社会需要会继续产生，在价值实现的过程中，不断满足社会各方面的需要，从而被社会接受。

日常思想政治教育要注重改进教育和接受教育的过程，对接价值主客体的需要，持续化解价值主客体的矛盾，帮助大学生实现社会化发展。社会需要、个人需要和日常思想政治教育之间存在多重具体矛盾。高校日常思想政治教育者和受教育者作为整体的价值主体，与作为价值客体的社会需要之间存在需求错位，日常思想政治教育要坚持意识形态属性，不断强化和拓展教育功能，按照社会发展需要调适和设计教育过程，推动教育主体的价值实现。从接受教育的角度来看，个人需要是推动价值实现的内在动力，"需要引起动机，动机支配行动"[1]，个人发展的需要催生了社会化的动机，个人在日常思想政治教育的帮助下，与社会需要发生联系和碰撞，对教育传递的内容进行选择加工，最终内化形成社会期望的思想体系、政治观念和个人品德，并指导个人形成习惯，做出符合社会价值和社会需要的行动。

3. 优化社会认可的实施路径

日常实践是日常思想政治教育价值实现的重要渠道。提升日常思想政

---

[1] 项久雨：《论思想政治教育价值的实现及其规律》，《江汉论坛》2006年第11期。

治教育的社会认可度，要不断优化社会认可的实施路径，构建日常实践载体，形成大学生服务国家社会的实践模式。

　　"人的社会意识形成的后天性，奠定了思想政治教育价值的社会基础"[①]，大学生处在人生成长的关键期，"知识体系搭建尚未完成，价值观塑造尚未成型，情感心理尚未成熟"[②]，大学生社会思想的理性与成熟，需要科学的教育和引导，这就要求日常思想政治教育不断改进日常教育环节，因事而化、因时而进、因势而新，不断优化教育实践。要不断丰富日常实践的形式，在新时代"五位一体"的总体布局和"四个全面"的战略布局中设置实践主题，加强对实践体系的设计、实施和评价，广泛组织学生参与国家发展战略规划，参与国家重大节庆活动；服务地方社会发展，密切校地合作，将高校属地、高校周边、高校社区纳入日常实践的范围；完成思想政治教育主管部门的工作任务，扩大实践参与面，逐渐形成良好的社会声誉；加强与政府和企事业单位等用人单位的实践协作，共同搭建育人平台；教育引导毕业生进入国家和地方重点行业领域、中西部地区和基层地区就业，持续加强接续教育、终身教育，形成高校人才培养的特色。

四　高校日常思想政治教育的应急管理

　　日常思想政治教育的应急管理，是针对涉及学生主体的突发事件进行预警与处理，是运用计划、组织、指挥、协调和控制等手段开展的特殊类型的思想政治教育管理，体现了高校综合运用渠道、资源、制度、机制、队伍等要素进行有效管理的能力水平。日常思想政治教育工作质量评价中，对高校学生突发事件的预警机制和处理过程进行考察，反映高校准确认识外部环境变化、建立校园防控体系、防范化解重大风险的制度性建设和机动性安排，兼顾高校安全的社会价值和学生利益的个体价值。

　　1. 高校学生突发事件的主要类型

　　《中华人民共和国突发事件应对法》中主要将突发事件划分为自然灾害、事故灾难、公共卫生事件和社会安全事件四类，并按照社会危害程度、

---

①　王淑芹：《思想政治教育价值基本问题研究》，《思想教育研究》2010 年第 11 期。

②　中共中央文献研究室编《习近平关于青少年和共青团工作论述摘编》，中央文献出版社，2017，第 37 页。

影响范围等因素，分为特别重大、重大、较大和一般四级。① 四类突发事件都有可能在高校发生，因此，高校学生突发事件有着社会突发事件的一般性特点。同时，高校学生有着鲜明的思想性、聚集性、敏感性，高校学生的突发事件可以具体细分，便于制订针对性的预警机制和处理方案。

从事件引发的源头来看，高校学生的突发事件可分为内源型突发事件、外源型突发事件和混合型突发事件。内源型突发事件是指突发事件来源于高校内部，外源型突发事件是指突发事件来源于高校外部，混合型突发事件是校内外诸多危机诱因通过一定的渠道合成、聚集的结果。从事件涉及的范围来看，可分为个体性突发事件和群体性突发事件，在一定条件下个体性突发事件会转化为群体性突发事件。从事件的诱因来看，可分为自然性突发事件和人为性突发事件。自然性突发事件是自然因素造成的，自然性突发事件作为随机事件，一般难以完全避免，但可以制订预案。人为性突发事件是指事件是人为因素造成的，人为性突发事件可以分为故意和无意两种类型。从事件的危害程度来看，可分为轻度突发事件、中度突发事件和重度突发事件。轻度突发事件危害较轻且局限于高校局部群体或部门，可以由单个部门解决。中度突发事件危害程度处于中等层级，需要学校协调多个部门共同处理。重度突发事件对校园内外造成严重危害，学校需要借助外部资源和力量才能解决。从突发事件形成模式来看，可分为日常管理突发事件和意外重大突发事件。日常管理突发事件指的是在高校可预见和掌控的范围之内的事件，往往有一定的规律性、周期性，可按照既定的预案处理。意外重大突发事件则是突发的、超出学生工作部门已有经验的突然性事件，这类事件难以预见和控制，解决起来也较为复杂。

2. 高校学生突发事件的预警机制

高校学生突发事件预警机制指建立在科学预警指标基础上，通过广泛收集和及时更新相关安全危机信息，对不安全事件进行综合研判，做出安全级别预报，并提供安全危机处置预案的流程化、系统化工作体系。

学生的身心状况和个人安全，是其得以全面发展的基本前提。高校学生突发事件的预警机制，是高校日常思想政治教育底线思维和忧患意识的重要表现。在日常思想政治教育体系中建立突发事件的预警机制，可以为

---

① 《中华人民共和国突发事件应对法》，人民出版社，2008，第4页。

学生提供全面发展的安全保障，有利于保持学校的总体稳定，促进学校治理水平的不断提升。高校学生对于个人遇到的和社会发生的各种问题，需要正确引导和关怀疏解，建立突发事件的预警机制，要事先梳理学生发展过程中可能遇到的各类情形，按照工作经验和学生的成长规律为其提供缓解方式和解决方案，降低或避免突发事件给学生带来的负面效应。

高校是学生生活的日常世界，学生突发事件对高校有着直接的影响，作为高校中规模最大的群体，学生发生的各类突发事件，不仅从个别事件的意义上影响着高校的和谐稳定，而且在事件发生的过程中可能出现叠加、混杂，诱发系统性风险，甚至超越高校的边界，与社会发生贯通和联动。要从高校整体上完善预警防控体系，健全人防、物防、技防的安全防控体系和预判研判制度，建立协调、联动、合力的突发事件工作机制。

建立突发事件的预警机制，要站在更宏观的视野中来认识突发事件，坚持底线思维，增强危机意识，提高防控能力。在新的历史起点上，中国共产党面临的"执政考验、改革开放考验、市场经济考验、外部环境考验是长期的、复杂的、严峻的，精神懈怠危险、能力不足危险、脱离群众危险、消极腐败危险更加尖锐地摆在全党面前"[①]。在日常思想政治教育中保持政治清醒，维护意识形态安全，客观理性地看待危机是建立危机预警机制的前提，要从长时段看待风险发生的可能，在心理上和策略上做好准备。要完善预警体系，收集可能触发危机和风险的人员、时间、地点、事件，分层分类制订工作方案。突发事件因具有突发性和一定的随机性，作为教育者的辅导员、班主任等高校教师或职工，对突发事件具体情形接触较少，了解也不多，容易处于认识和响应的"盲区"，需要根据实际案例为高校教师或职工提供理论培训和实战演习，形成在日常思想政治教育中处理突发事件的习惯性、自觉性反应，不断提高面临突发事件时的心理承受能力、事件应对能力和问题处理能力。

3. 高校学生突发事件的妥善处理

高校学生突发事件的处理，要坚持以人为本的原则。思想政治教育工作者要始终以"学生"为一切工作的核心。首先，在日常思想政治教育工作中，加强对学生危机意识的培养，通过宿舍走访、主题班会和专题讲座等形式来

---

① 《十八大以来重要文献选编》（中），中央文献出版社，2016，第92页。

进行安全教育，让学生清楚什么是高校学生突发事件，并进一步了解突发事件的类型和特点。其次，在学生突发事件发生时，思想政治教育工作者要坚决维护学生的合法权益，在日常思想政治教育工作中教会他们利用法律武器来保护自身的利益。最后，对学生进行人文关怀和心理辅导，因为突发事件的发生不仅会带来生命财产的损失，还会对学生的心理产生极大的伤害。要关注学生的心理波动，及时进行安抚和疏导，通过学校相关的心理部门和专业人员进行有效的心理辅导，尽快恢复学生心理健康。

高校学生突发事件的处理，要坚持依法治理的原则。将依法治理融入突发事件处理的过程中，"提高运用法治思维和法治方式深化改革、推动发展、化解矛盾、维护稳定、应对风险的能力"①。要坚持快速反应的原则，提前熟悉预警机制，及时了解事件原委，尽可能避免出现危害加剧和连锁反应。要坚持协调联动的原则，教育主体要发挥主动性和主导性，加强与校内外相关部门人员的信息、资源和技术互通机制，保持对学生及直接利益相关方的关注，根据事态发展情况，将必要的部分移交给专门部门或机构进行专业处理。

高校学生突发事件的处理，要第一时间进入事件现场。快速定位事件等级和类型并根据预警机制和防控体系周知相关人员，在现场协调配合处理事件，努力降低突发事件给学生带来的损害，及时做好突发事件的善后工作，对密切接触群体、利益相关群体做好引导和疏解，尽快恢复日常秩序。在突发事件解决后，高校应及时进行工作过程和资料的整理，进行案例复盘和培训，完善应急管理制度，加强一线人员处理问题的技巧和能力。

第四节　高校日常思想政治教育的队伍建设

"政治路线确定之后，干部就是决定的因素。因此，有计划地培养大批的新干部，就是我们的战斗任务。"② 新时代赋予日常思想政治教育新的使命和任务，需要建设一支日常思想政治教育工作队伍，高校辅导员是日常思想政治教育工作队伍的主要力量，新时代参与日常思想政治教育工作的

① 《中国共产党第十九届中央委员会第四次全体会议文件汇编》，人民出版社，2019，第34页。
② 《毛泽东选集》（第2卷），人民出版社，1991，第526页。

主体更加丰富。质量评价要推动高校日常思想政治教育队伍形成稳定的人数规模，通过提升日常思想政治教育工作的参与度来凝聚全员育人共识，明确岗位的身份角色，拓展多样的发展渠道，实现教育工作者专业化提升和职业化发展。

一　高校日常思想政治教育队伍的规范建设

教育者是日常思想政治教育的主导者和教育主体，对教育过程的顺利运行和质量效果有着重要的影响。

1. 完善建设制度，提升队伍建设的规范化

辅导员工作制度是中国高校开展思想政治教育的成功经验。中华人民共和国成立后，高校开始探索建立政治辅导员制度，辅导员一直是开展学生日常思想政治教育的主要力量。在 2004 年《关于进一步加强和改进大学生思想政治教育的意见》的推动下，教育部于 2006 年配套发布《普通高等学校辅导员队伍建设规定》，成为辅导员队伍建设的第一个完整文件，明确了辅导员队伍在高校的定位和在日常思想政治教育中的地位，作为一项明确的职业对其提出了工作要求、职责内容、配备选拔、管理考核和培养发展，高校在辅导员队伍建设的选拔、使用、培养、发展等环节形成了一套普遍认可的做法。辅导员队伍在高校党务工作和行政管理的群体中具备了职业的独立性，确保辅导员队伍按照日常思想政治教育的要求开展工作，明确了辅导员作为教育者的关键身份，为其专业化发展提供了身份依据。2016 年全国高校思想政治工作会议召开后，教育部对《普通高等学校辅导员队伍建设规定》进行了修订完善，保持了制度的连续性和发展性，规范了高校辅导员队伍建设的体制机制，是评价高校辅导员队伍建设情况的依据。

高校要建立多主体参与日常思想政治教育的规范要求。教师开展学生思想政治教育是高校的优良传统。改革开放后，高校恢复思想政治教育秩序时就提出，"学生尊重知识，尤其尊重把知识传授给他们的教师，这是教师做思想政治工作的有利局面"，因此"业务课教师也要做思想政治工作……提倡既教书又教人"[①]。辅导员逐渐专职化与专业教师兼任班主任，成为高校普遍

---

① 教育部思想政治工作司组编《加强和改进大学生思想政治教育重要文献选编（1978—2014）》，知识产权出版社，2015，第 9 页。

设置的专兼职工作队伍模式。专业教师兼任班主任不仅有利于专业教师"密切联系群众，使思想政治工作与业务工作结合"，也有利于"培养和造就符合'四化'要求的干部"①。高校的所有岗位都有育人职责，都要"守好一段渠，种好责任田"②，要整体设计各类教育主体，包括领导干部、专业教师、管理人员、服务人员参与日常思想政治教育的形式与内容，丰富社会力量参与教育的载体和渠道。

2. 形成合理规模，提升队伍建设的参与度

2016年全国高校思想政治工作会议提出，高校思想政治工作需要"一支专职为主、专兼结合、数量充足、素质优良的工作力量"③。日常思想政治教育的专业化需要专职化的教育者来承担，中共中央、国务院出台的《关于加强和改进新形势下高校思想政治工作的意见》提出了专职辅导员配比的量化指标，高校也探索了兼职班主任、德育导师、学业导师等各类教育主体参与日常思想政治教育的常态化、制度化工作体系，形成了以专职为主、专兼结合的队伍建设模式。

合理建设日常思想政治教育队伍，要保持合理的专兼职队伍人数，不断增加具有日常思想政治教育经历人员的规模。日常思想政治教育队伍的规模，需要科学测算，人数偏少不利于队伍的稳定性，影响教育的质量和效果；过多可能面临"人数越多，效果增加趋缓甚至衰减"的规模效应递减情形，挤占其他队伍的资源，对其他队伍形成"挤出效应"，背离协同育人的目标。高校的思想政治教育具有规律性，是由多方力量共同作用、多个系统共同配合完成的。日常思想政治教育的队伍规模，要根据教育政策提出的标准为参考，以日常思想政治教育任务的完成为底线，满足合理的人数规模。要根据不同教育主体的优势特征和岗位职责，赋予合适的日常思想政治教育要求，逐渐增强和凝聚育人共识，吸引更多力量参与教育工作，形成良性循环。2020年，中共中央、国务院印发《深化新时代教育评价改革总体方案》，强化一线学生工作，对学校党政管理干部和青年教师提出了承担学生工作的要求，并将履职情况纳入党政管理干部选拔任用和青

① 教育部思想政治工作司组编《加强和改进大学生思想政治教育重要文献选编（1978—2014）》，知识产权出版社，2015，第104页。
② 《习近平谈治国理政》（第2卷），外文出版社，2017，第378页。
③ 《十八大以来重要文献选编》（下），中央文献出版社，2018，第487页。

年教师职称晋升体系。①

3. 培育优秀典型，树立队伍建设的品牌性

队伍建设的典型表现在优秀教育者的培养。从日常思想政治教育主客体的角度来看，教育主体的高质量发展，是教育主客体在教育过程中良好互动的结果。优秀典型的培育，是从特定的教育结果，回溯和总结高质量的教育过程。思想政治教育活动中，教育者提出和主张的"教育要求与受教育者思想品德之间保持一种动态的平衡关系"②，教育者与受教育者就教育要求和思想品德之间的矛盾形成"满足一定要求—提出新的要求—再满足新的教育要求—再提出新的要求"的波浪式、螺旋式发展过程。受教育者思想品德的满足，对教育者提出了更高的要求，客观上推动了教育者自身能力素质的提升。

培育优秀典型，要形成可参考的工作模式。高校在建设日常思想政治教育队伍的过程中，需要构建具有迁移价值的工作模式，为其他教育者提供借鉴参考。培育优秀典型，要提供适应社会需要和学生发展的教育产品，教育者在开展教育的过程中，会形成一系列传递教育信息、富含教育价值、体现教育成果的教育产品，如研究论文、调查报告、辅导手册、工作案例等，沉淀为日常思想政治教育工作的常态化、制度化成果。培育优秀典型，要树立队伍建设的品牌意识。日常思想政治教育队伍的建设，是高校的普遍性与不同高校间特殊性的结合，队伍建设的品牌要兼具明确的规定性和良好的延展性，能够满足工作要求，适应日常思想政治教育应急、突发、变化等不同形势需要，品牌不是为了追求特色而树立，而是高校为了树立队伍建设的主体意识，积极寻找适合自身建设模式和发展道路的应有之义。

二　高校日常思想政治教育者的身份角色

高校日常思想政治教育者的身份角色，规定了日常思想政治教育者"是谁"和"要做什么"，提供了身份认知的主体性依据，是思想政治教育专业化发展推动的教育者身份自觉。

---

① 《中共中央国务院印发深化新时代教育评价改革总体方案》，《人民日报》2020 年 10 月 14 日。
② 陈万柏、张耀灿主编《思想政治教育学原理》（第三版），高等教育出版社，2015，第146 页。

1. 教师与管理者的双重身份

日常思想政治教育者具有教师与管理者的双重身份，兼具教育和管理的双重任务。改革开放后，在思想政治教育的专业化探讨中提出了思想政治教育工作者的身份困惑。专职思想政治教育工作人员提出了专业化身份与发展的需要。1987 年，中共中央发布的《关于改进和加强高等学校思想政治工作的决定》中规定"从事学生思想政治教育的专职人员，是教师队伍的组成部分，应列入教师编制，实行教师职务聘任制"[1]。这一规定明确了思想政治教育工作者的教师身份，按照教师标准评聘考核，参与教学和科研工作。

2006 年，作为《关于进一步加强和改进大学生思想政治教育的意见》的配套文件，教育部出台《普通高等学校辅导员队伍建设规定》（教育部令第 24 号），将专职辅导员定义为专职从事大学生思想政治教育工作的人员，提出高校应把"辅导员队伍建设作为教师和管理队伍建设的重要内容"[2]，明确了辅导员具有教师和管理者的双重身份。这一身份界定在高校思想政治教育的文件中延续下来，2016 年，中共中央、国务院发布的《关于加强和改进新形势下高校思想政治工作的意见》再次强调"高校思想政治工作队伍和党务工作队伍具有教师和管理人员的双重身份，要纳入高校人才队伍建设总体规划"[3]。

辅导员具有教师和管理者的双重身份，是思想政治教育专业化定位和专家化发展的需要。专任教师参与日常思想政治教育工作，也具有教师与管理者的双重身份，需要对教育载体、教育过程、教育对象和教育结果进行管理，完成教育与管理的双重任务。

2. 新时代日常思想政治教育者的角色定位

日常思想政治教育者的角色定位，体现了一定时期对其功能和作用发挥的重点要求。20 世纪 90 年代，国家教委出台《中国普通高等学校德育大纲（试行）》，具体规定了高校德育工作体系，对从事日常思想政治教育工

---

[1] 教育部思想政治工作司组编《加强和改进大学生思想政治教育重要文献选编（1978—2008）》，中国人民大学出版社，2008，第 103 页。

[2] 教育部思想政治工作司组编《加强和改进大学生思想政治教育重要文献选编（1978—2008）》，中国人民大学出版社，2008，第 492 页。

[3] 《十八大以来重要文献选编》（下），中央文献出版社，2018，第 487 页。

作的辅导员和班主任提出了"日常思想政治教育的直接组织者和协调者"①
的定位。这一表述在此后的《普通高等学校辅导员队伍建设规定》中完善
表述为"辅导员……是高等学校学生日常思想政治教育和管理工作的组织
者、实施者、指导者"②。"组织者"体现了日常思想政治教育者对思想政治
教育工作提供组织保证，在实践中负责日常组织协调；"实施者"体现了日
常思想政治教育者按照一定的要求在一线从事教育、开展工作；"指导者"
体现了日常思想政治教育者对教育对象的主导性、引导性。三者共同决定
了日常思想政治教育主客体的关系。

日常思想政治教育者的角色目标是对角色定位的发展性认识。思想政
治教育工作者是做人的工作，要成为"学生成长成才的人生导师和健康生
活的知心朋友"③。日常思想政治教育者中，不论是辅导员还是专业教师，
不论是领导干部还是一线员工，参与日常思想政治教育，就不仅仅是传递
知识、技能、方法，更是将育德作为育人的中心，开展思想引导和价值观
塑造，培育学生的品格、品行、品位和品德，教会学生一生受用的道理，
成为学生成长成才的人生导师。日常思想政治教育者，要准确把握学生成
长发展的需要，充分发挥日常思想政治教育的优势，贴近实际、贴近生活、
贴近学生开展教育工作，及时回应学生学习、生活中遇到的困惑，培养理
性平和的健康心态，真正做到围绕学生、关照学生、服务学生。

3. 日常思想政治教育者的身份保障

政策的规定性明确了日常思想政治教育者的权利和义务，保障了日常
思想政治教育者的身份权益。2006 年和 2017 年，教育部根据中央文件精
神，分别制定和修订了《普通高等学校辅导员队伍建设规定》，以中华人民
共和国教育部令这一部门最高级别的政策法规形式予以发布，为配备选聘、
管理考核、发展培养等多方面提供了政策依据，界定了辅导员从事日常思
想政治教育和管理的职责内容，明确了辅导员日常思想政治教育和管理的

---

① 教育部思想政治工作司组编《加强和改进大学生思想政治教育重要文献选编（1978—
2008）》，中国人民大学出版社，2008，第 220 页。

② 《普通高等学校辅导员队伍建设规定》（教育部令第 43 号），教育部网站，http：//www.
moe. gov. cn/srcsite/A02/s5911/moe_621/201709/t20170929_315781. html。

③ 《普通高等学校辅导员队伍建设规定》（教育部令第 43 号），教育部网站，http：//www.
moe. gov. cn/srcsite/A02/s5911/moe_621/201709/t20170929_315781. html。

具体任务，详细阐释了双重身份的内涵和作用发挥的渠道，提出青年教师职务晋升要有参与日常思想政治教育工作的经历并考核合格。政策出台后，地方和高校分别制订了本地本校辅导员队伍建设方案，或将政策的具体要求纳入学校人才规划的文件中。

身份认同的提升能够增强日常思想政治教育者的主体性。日常思想政治教育者对其身份的认识和定位，是协调和凝聚全体教育主体开展教育的共识基础，直接影响教育者的作用发挥。随着国家对思想政治教育工作的重视和资源的投入，从事思想政治教育工作的辅导员人数由少到多，按照师生比 1：200 的政策配备要求，高校辅导员已经成为一支规模庞大的教师队伍。当前，参与日常思想政治教育工作的人员越来越多，日常思想政治教育者要有清醒的身份意识和明确的角色定位，建立自觉的身份认同，培养职业习惯和行为。高校要加强日常思想政治教育者的跟踪研究，对其工作职责、工作完成度、工作满意度进行综合考量，对照队伍发展状况，不断提升日常思想政治教育者的身份认同。

三　高校日常思想政治教育者的核心素质

日常思想政治教育者要顺利地履行自己的职责，需要具备一定的素质。日常思想政治教育工作者的核心素质，由日常思想政治教育的意识形态属性、履职需要、个人素质决定，在实践中形成了政治性、职业性和专业性三个方面的要求。[①] 核心素质的要求体现在教育者的准入标准、考核要求、履职表现、质量评价等方面。

1. 日常思想政治教育者的政治素质

日常思想政治教育是统治阶级实施的意识形态灌输，要求教育者具备较高的政治素质。日常思想政治教育的阶级性特点，决定了政治素质是教育者应当具备的最基本素质。在历史上，辅导员曾经以政治辅导员、政工干部等称谓开展学生工作，表明了政治属性是辅导员最重要、最显著的身

[①] 有专家提出，思想政治教育者的素质包含政治、思想、道德、知识、能力、生理、心理等素质。参见陈万柏、张耀灿主编《思想政治教育学原理》（第三版），高等教育出版社，2015，第 155~157 页。也有专家认为高校辅导员的素质可以归结为管理能力素质、专业知识素质和个人思想政治素质。参见彭庆红《高校辅导员素质结构模型的构建》，《清华大学教育研究》2006 年第 3 期。

份属性。日常思想政治教育的意识形态本质说明教育者从事的是意识形态教育，具有鲜明的政治立场、政治观点、政治主张，传递统治阶级的思想、政治和道德要求。

2016年全国高校思想政治工作会议上强调"提升教师思想政治素质"①，将教师思想政治工作与学生思想政治教育同时强调、同时部署，表明教育者的政治素质对教育对象有重要的影响。《普通高等学校辅导员队伍建设规定》提出辅导员任职的首要条件便是"具有较高的政治素质和坚定的理想信念，坚决贯彻执行党的基本路线和各项方针政策，有较强的政治敏感性和政治辨别力"②，指明了日常思想政治教育政治素质的具体内容——具备坚定的理想信念，坚持共产主义的远大理想与中国特色社会主义的共同理想；具备正确的政治立场，坚持党的理论指导和党对高校的全面领导；具备较强的政治敏锐性，加强日常思想政治教育中的政治敏锐度，明辨政治是非，善于将政治自觉转化为思想自觉、行动自觉。

2. 日常思想政治教育者的职业要求

职业是基于一定专业性质、参与社会创造、根据社会分工的不同划分的工作类型。日常思想政治教育者的职业属性界定了职业道德的基本原则、纪律规范和工作伦理。作为教师队伍的重要一员，对教师的道德要求同样适用于日常思想政治教育工作者。教育部出台的《高等学校辅导员职业能力标准（暂行）》中提出高校辅导员要把"爱国守法、敬业爱生、育人为本、终身学习、为人师表作为职业守则"③，为日常思想政治教育者任职提供的道德标准。

《高等学校辅导员职业能力标准（暂行）》的出台，确立了辅导员职业概念，建立了辅导员职业相对独立的知识和理论体系，明确了辅导员的岗位职责和工作边界，增强了辅导员的职业自信心和职业归属感，也为各教育主体参与日常思想政治教育提供了职业标准的参考，增强了广大师生和全社会对辅导员工作的职业认可，提升了辅导员的职业地位和职业公信力。

近年来，各地教育部门和各高校通过举办辅导员职业能力大赛，进一

---

① 《十八大以来重要文献选编》（下），中央文献出版社，2018，第486页。
② 《普通高等学校辅导员队伍建设规定》（教育部令第43号），教育部网站，http：//www.moe.gov.cn/srcsite/A02/s5911/moe_621/201709/t20170929_315781.html。
③ 《大学辅导员有了职业标准》，《人民日报》2014年4月1日。

步强化辅导员的职业身份和职业意识，改进履职的技巧与能力，提升了辅导员的职业认同和职业文化素养。质量评价通过凝练标准、提供导向、反馈改进的方式，为参与日常思想政治教育的各类群体提供职业化规范。

3. 日常思想政治教育者的专业能力

日常思想政治教育者的专业能力，是个人综合素质运用于日常思想政治教育工作的体现。做好日常思想政治教育工作，要求教育者具备扎实的知识储备、综合运用不同知识的能力和良好的身心素质。

思想政治教育的指导思想和学科属性，要求教育者具备比较系统的马克思主义理论知识。能够用马克思主义的一般观点分析问题和指导工作，熟悉马克思主义中国化的理论和中国共产党史、中华人民共和国史、改革开放史和社会主义发展史的相关知识。思想政治教育的学科归属，要求教育者具备思想政治教育的系统理论和科学方法，由于日常思想政治教育者的学科背景不同，可以运用不同学科理论、知识和方法与思想政治教育相结合，综合运用于教育实践。思想政治教育的实务工作和业务内容，要求教育者具备一定的法律意识、生活常识、信息技术知识等，便于开展实际工作。

教育者的能力水平，表现为教育者根据日常思想政治教育工作的要求和职业需要不断学习，将个人的知识技能储备转化为教育的积极因素，帮助教育者从适应到胜任，提升教育对象的接受度和认可度的情形。日常思想政治教育的知识，要在教育过程中综合运用，才能转化为教育的效能。《高等学校辅导员职业能力标准（暂行）》中详细规定了针对不同工作内容的能力要求，主要包括观察分析、交流沟通、组织管理、关系协调、应急处理等专业能力。

良好的身心素质，是教育者顺利完成教育任务的保障。对教育者而言，大学生的需要在时时处处事事中发生，在时间上没有界限，网络社会中空间的界限也逐渐模糊，突发事件更是具有偶发性和随机性的特征，同时，日常思想政治教育中会面对各种各样的负面情绪，因此，教育者要具有良好的身体素质，保持稳定的心理状态，培育坚忍的意志。此外，教育的目标是培养德智体美劳全面发展的高素质人才，教育者自身保持良好的身心素质，也是在认识上率先垂范，在行动上做出榜样，通过自身的示范发挥教育的作用。

四　高校日常思想政治教育者的发展路径

日常思想政治教育者的发展，以专业化为支撑，要求建立专业标准，确立专业的身份地位；以职业化为保障，要求建立职业行为规范，形成职业化制度体系。专业化是职业化的根本，职业化是专业化的路径。

1. 日常思想政治教育的专业化

日常思想政治教育发展过程中，教育者逐渐将外部要求转化为内部规定，形成了思想政治教育工作的理性思考和学科思维，开始了专业化的探索，得到了包括马克思主义理论在内的诸多学科的专业支撑。

日常思想政治教育的专业化需要建立相对完整的专业体系，包括专业身份、专业理论、实践平台、专业组织等。日常思想政治教育已经形成了较为完整的实践体系，教育理论、专业研究、理论与实践有效衔接都需要随着实践的发展不断更新。日常思想政治教育的专业化正拥有前所未有的契机，中共中央召开了全国高校思想政治工作会议和学校思想政治理论课教师座谈会，全国重点马克思主义学院开始建设，推动了思想政治工作体系的重构和思想政治教育理论的深化，高校辅导员队伍的发展壮大为专业化队伍组建、专业化组织建设提供了源源不断的有生力量；国家正在大力推进中国特色哲学社会科学学科体系建设，也为日常思想政治教育专业化提供了更加广阔的学科学术支撑和交叉融合的平台。

2. 日常思想政治教育的职业化

日常思想政治教育的职业化，是教育工作的职业规范与教育者的职业化发展两者的统一。日常思想政治教育工作的职业规范，是一定时期对日常思想政治教育的需要，是从社会分工的角度，赋予日常思想政治教育的职业内涵、职业标准、职业素养、职业文化等，教育者的职业化是其能力对教育工作职业规范的满足过程。

教育部门的政策体系是职业化的制度保障。2014 年，教育部在中共中央关于高校思想政治教育要求的基础上，出台了《高等学校辅导员职业能力标准（暂行）》，明确了高校辅导员的职业概况、基本要求、职业等级、职业能力标准等，辅导员明确了职业身份、工作内容、评价标准，建立了高校辅导员职业规范体系。

高校的实践体系是职业化的组织保障。在教育部发布的《普通高等学校辅导员队伍建设规定》指导下，参考《高等学校辅导员职业能力标准（暂行）》，高校建立了适合自身的辅导员队伍建设标准和工作体系，从专职的角度来看，辅导员成为高校日常思想政治教育者的代名词，作为职业化身份，辅导员获得了高校与社会的认可。

3. 日常思想政治教育者的专业化和职业化发展

全国高校思想政治工作会议提出高校建设全员全过程全方位育人体系，日常思想政治教育者以辅导员为主体，高校党务工作者、专业教师、管理干部乃至校内外各种教育主体纷纷参与，依据专业化和职业化的发展需要，根据教育者的不同类型提出分类标准，在职业中谋求专业化提升，在专业中加强职业化能力，在高校人才队伍建设中定位和构建日常思想政治教育者的专业化和职业化发展路径。

从专业化发展的角度来看，辅导员是日常思想政治教育的组织者、实施者和指导者，是人数最多、身份最为稳定的教育主体。当前，辅导员的专业素质、研究能力还相对薄弱，缺少专业化组织的支撑。[①] 专业化质量不高，容易引发实践中的无所适从，导致辅导员的专业归属飘忽不定，影响辅导员的发展。同时，来自不同专业的教育协同力量对思想政治教育的基本理论、对如何运用本专业参与日常教育知之甚少，降低了其参与的可行性。日常思想政治教育者的专业化发展，不仅是处在其中的辅导员的主体确认和自身发展的要求，也为参与日常思想政治教育工作的各类人员提出明确的思想政治教育素质和专业性的需求。[②] 高校要建立不同群体参与日常思想政治教育的基本要求，在日常思想政治教育体系中提供实践平台，建立专业化发展体系，根据专业来源、工作实际和发展需要明确专业归属，加强理论培训、专业深造、教学科研、专业晋升一体化的政策体系建设。

---

① 不少专家指出，辅导员自身的专业素质（包括自身学历）、专业积累、运用专业开展研究的能力、专业组织缺失等是影响其专业化的重要因素。参见李永山《高校辅导员专业化发展问题及其思考》，《思想教育研究》2008 年第 1 期；冯刚《高校辅导员队伍专业化、职业化建设的发展路径——〈普通高等学校辅导员队伍建设规定〉颁布十年的回顾与展望》，《思想理论教育》2016 年第 11 期。

② 有学者提出，随着对德育理性认识的推进，教师作为德育工作者经历了教育与德育不分、德育逐渐专门化两个阶段，未来德育的专业化发展将推动"教师德育专业化"阶段的到来，即德育作为专业性要求将融入普通教育的德育要求，同时为专门德育教师提供专业化支撑。参见檀传宝《再论"教师德育专业化"》，《教育研究》2012 年第 10 期。

从职业化发展的角度来看，日常思想政治教育的职业内涵、职责范围还存在不清晰、不规范的情况，以辅导员为代表的教育者在实践中往往缺乏明确的职业规划和指导，对职责范围缺少完整的了解，经常是布置什么做什么，基于岗位职责内容的专业性累积不足。除了负责日常思想政治教育外，辅导员还承担着学校或学院一定的行政管理任务，冲淡了辅导员的职业归属和职业认同。教育者在履职过程中还缺乏阶段性规划，也就没有明确的目标和成果，影响了辅导员的积极性，容易滋生消极的情绪。同时，由于对教育者的贡献和付出难以度量，存在评价的困难，也挫伤了不同教育主体参与思想政治教育的积极性，不利于教育队伍的稳定。全国高校思想政治工作会议提出"拓展选拔视野，抓好教育培训，强化实践锻炼，健全激励机制……保证这支队伍后继有人，源源不断"①。高校要建立日常思想政治教育的职业规范体系，梳理岗位职责，加强人岗匹配，将日常思想政治教育的参与者纳入不同教育主体的职业发展体系中，体现专业认可，健全职级、职称、职务多线的职业发展体系，健全职业评价机制，培养日常思想政治教育领域的专家。

从以上分析可以看出，高校日常思想政治教育工作中，体制机制是基础，工作载体是条件，实施效果是标志，队伍建设是保障，它们是观察和分析高校日常思想政治教育工作质量的重要面向，也是质量评价的主要内容。

---

① 《习近平谈治国理政》（第 2 卷），外文出版社，2017，第 380 页。

第三章　高校日常思想政治教育工作质量评价的类型方法

　　方法是人们在认识世界和改造世界过程中所采取的手段，是"被列为工具，是站在主观方面的手段，主观方面通过它而与客体相关"①。质量评价的类型方法反映了认识和理解日常思想政治教育工作质量的可能性、切入点和显示度。随着日常思想政治教育工作的体系化，评价内容不断丰富，越来越多的科学方法开始运用于质量评价中。

　　日常思想政治教育工作的实践性提供了评价的可行性。随着科学的发展，定量研究和定性研究广泛运用于质量评价实务中，成为收集和分析日常思想政治教育工作质量信息的重要工具。按照评价的不同目的，高校日常思想政治教育工作质量评价可以分为合格评价、效果评价、项目评价等实施类型。在日常思想政治教育工作质量评价实践中，对教育主客体、教育过程、教育载体、教育文本等要素的研究，逐渐形成了调查研究、实地观察、实验观察和资料分析等常用的技术方法，多样化的评价类型和方法丰富了质量评价的选择。

第一节　高校日常思想政治教育工作质量评价的基本方法

　　质量评价是评价主体运用合适的工具获取评价客体相关信息的过程，目的在于准确地呈现评价客体的状况、性质与价值，具有客观性和科学性的取向。评价主体一般以机构或专家的身份出现，本质上是人对相关信息的思考、分析和判断，带有一定的经验性和主观性。质量评价的范式，以

---

① 黑格尔：《逻辑学》（下卷），杨一之译，商务印书馆，1982，第532页。

日常思想政治教育工作质量的可测性为前提，兼顾科学测量与价值判断的
需要。

一 质量评价的可行性

高校日常思想政治教育工作具备测量与评价的可行性。思想政治教育
是"一定的阶级或政治集团，为实现一定的政治目标，有目的地对人们施
加意识形态的影响，一起转变人们的思想，进而指导人们行动的社会行
为"①，思想政治教育是基于生产力水平的特定生产关系，反映了一定的生
产力发展水平，具有可观察的特点，能够被认识、了解，从而进行分析、
评价。日常思想政治教育工作在高校中广泛开展，作为一项普遍性劳动和
特殊性实践，具备了观察、测量、判断的可行性。

1. 日常思想政治教育工作是可评价的劳动实践

高校日常思想政治教育工作是一项普遍性劳动，是在一定的环境中，
运用一定的资源，借由某种工具的普遍性进行实践，实践中特定的环境、
资源、工具具有客观的物质性，能够借由一定的方法来认识和把握。日常
思想政治教育工作，虽然是思想教育、政治教育和道德教育，但是人的思
想状况、政治素质和道德水平也是在一定物质条件基础上的生产关系的综
合，是客观物质世界的精神反映，遵循一定的规律，有着内在的逻辑，可
以通过一定的方式收集思想政治教育的信息，借助测量指标进行度量或统
计，也可以作为人的实践活动，借由人的经验来判断。

高校日常思想政治教育工作是一种特殊的实践，提供了可供测量的实
践要素。日常思想政治教育的具体实践，有的会形成明确的产品，如制度
文件、教育方案、活动记录、思想报告等；有的会通过外化的言行呈现，
如发表某个演讲、表达某种情绪；等等。这些产品或言行都有一定的外部
客观性。对实践要素的科学研究不断发展，深化了对日常思想政治教育工
作质量的认识。

高校日常思想政治教育工作，有着鲜明的价值导向，具备价值判断的
可能。日常思想政治教育工作的价值，主要体现在教育者的价值传导和受
教育者的价值实现两个方面，质量评价主要指向这两部分价值的满足情况。

---

① 陆庆壬主编《思想政治教育学原理》，复旦大学出版社，1986，第4页。

教育者的价值传导表现在高校围绕中国共产党在各历史阶段的中心任务，定位育人目标，构建育人体系，培养时代新人。中华人民共和国成立之初，高校就引导青年尤其是大学生认可、认同社会主义，自觉投身社会主义革命和建设事业。改革开放后，高校通过培养"四有新人"服务中国特色社会主义的建设。21 世纪以来，高校贯彻落实人才战略，不断培养社会主义建设者和接班人，确保中国特色社会主义事业兴旺发达。新时代提出了培养德智体美劳全面发展的社会主义合格建设者和可靠接班人的重要任务，高校围绕这一任务如何规划、构建、开展日常思想政治教育工作，是新时代高校传导什么价值的重要表现。从受教育者的价值实现角度来看，高校日常思想政治教育工作效果直接体现在受教育者个人价值与社会价值的实现。马克思指出，"'价值'这个普遍的概念是从人们对待满足他们需要的外界物的关系中产生的"①，它是"人在把成为满足他的需要的资料的外界物……进行估价，赋予它们以价值或使它们具有'价值'属性"②。日常思想政治教育工作的价值，可以通过大学生的世界观、人生观、价值观来反映，要分析大学生在接受教育和言行转化的过程中，如何看待自己与他人、自己与集体、自己与国家的关系，如何将教育者的价值转化为自身的价值，在实践中如何处理这些关系。

2. 质量评价与生产力发展水平相适应

高校日常思想政治教育工作质量评价，受到社会发展水平与高等教育发展阶段的直接影响，质量评价要客观体现当前水平。在历史上，教育者和教育主管部门一直都在寻找合适的评价与选才方法，曾经使用"察举""科举"等方式进行选才或评价，评价所用的方法类型与技术手段，代表了当时的社会发展水平。对当前日常思想政治教育工作开展质量评价，要遵循实际情况，不盲目拔高或贬低。

进入新时代，生产力发展水平显著提升。科学实验的发展促进了评价的精细化和实证化，科学测量通过实证的方式提升了评价的科学性，更呈现了日常思想政治教育工作内部要素及其关系的相关性，在一定程度上揭示了教育工作与质量之间的规律性，增强了评价的准确性与针对性。生活

---

① 《马克思恩格斯全集》（第 19 卷），人民出版社，1963，第 406 页。
② 《马克思恩格斯全集》（第 19 卷），人民出版社，1963，第 409 页。

世界理论研究深化了对人的价值意蕴、价值实现路径、价值表现形式的认识，拓展了日常思想政治教育工作价值判断的维度，价值判断不再局限于"好"与"坏"的简单两分，更加强调质量评价的互动性、协调性、建设性功能，质量评价不仅协调评价客体满足评价主体的要求，也协调两者形成"以评促建"的良性关系，丰富了质量评价的目的与价值。在日常思想政治教育工作质量评价中要注重结果、过程、增值、综合等评价角度，评价类型方法的选取要与评价的目相适应，更加注重质量发展的成长性、质量标准的指导性和质量表现的多样性。

3. 日常思想政治教育工作的可测性有其限度

高校日常思想政治教育工作质量评价受到客观条件的制约，因此其可行性中也包含着有限性。

质量评价科学方法的适用范围存在局限性。尽管科学的发展提升了科学测量和价值判断的能力和水平，提供了丰富的工具和手段，然而现阶段日常思想政治教育工作仍然存在诸多难以用科学解答的疑问，对于人的认知、教育过程、价值形成等问题，从科学角度还没有完全揭示。同时任何评价方法都有一定的适用范围，针对具体的评价目的和问题，理论体系中还需要一定的假设、抽样、演绎和归纳，这也使质量评价的任何一种方法都难以对日常思想政治教育工作进行完整的复述，针对不同评价内容的不同特点，需要选取合适的评价方法，选择何种评价方法来进行质量评价主要取决于对评价对象本质把握的程度和评价目的的整体需求。早在20世纪80年代，就有专家提出思想政治教育的评估方法是"动机与效果的统一、定量与定性的统一、动态与静态的统一、表扬与批评的统一"[1]，有的提出思想政治教育评估可以使用"比较评估法和达标评估法、群体评估法和个体评估法、自我评估法和他人评估法、定性评估法和定量评估法"[2]，还有的提出"常规工作评价与重点任务督查相结合、常态合格评价与阶段总结评优相结合、内部多方评价与外部专项评价相结合"[3]。有专家将评估研究作

---

[1] 陆庆壬主编《思想政治教育学原理》，复旦大学出版社，1986，第252~256页。

[2] 《思想政治教育学原理》编写组编《思想政治教育学原理》，高等教育出版社，2016，第363~366页。

[3] 冯刚、严帅：《新时代大学生思想政治教育工作质量评价的方法和路径》，《国家教育行政学院学报》2019年第5期。

为一种单独的方法列举出来，没有简单地归入定性或定量研究，也没有轻易地为这种研究的归类下定论，说明质量评价的某一种类型和方法，是可行性和有限度的辩证结合，评估往往是综合运用多种科学方法的过程。[①]

日常思想政治教育工作的非物质性增加了评价的难度。日常思想政治教育工作是做人的工作，工作的主客体是具体的人，人的思想、感情、意识等要素具有外化的可测性，但对人的评价仍然存在一定的难度。在日常思想政治教育工作中，除了工作的主客体，还包含教育的工作载体、组织形式、体制机制等要素，尽管这些要素有一定的物质的、客观的表达方式，然而日常思想政治教育工作体系，本质上是人的关系的建构、协调与改进，人的关系的动态性增加了评价的复杂性。质量评价的开展是评价主体施加于评价客体的过程，评价的主客体归根到底都是人，评价需要兼顾主观经验与客观依据，需要在科学测量的基础上做出合理的价值判断，对评价方法的信度和效度提出了更高要求。

质量评价的理论范式和技术路径框定了评价的限度，是可行与执行之间的平衡。质量评价的开展要以主客体的现实需要为限度。从评价主体角度来看，质量评价的重要性和必要性虽然有着广泛的共识，但评价的发起是一项耗费大量人力、时间、金钱等一系列资源的工作，评价的实施、信息的收集、数据的分析、专家的协商等都需要一定的成本，这也就决定了质量评价应当是阶段性地适度开展。从评价客体角度来看，日常思想政治教育工作有其发展的内在规律性，工作成效的积累和呈现需要一定的时间，评价不能盲目发起，否则会打乱日常工作的节奏。从评价目的角度来看，质量评价是对日常思想政治教育工作总体特征、发展水平、主要问题和未来趋势的判断，评价的目的是提升质量，在具体的测量、分析和判断中，评价的目的优先于评价的精度，允许存在一定的容错性和容错度。[②]

二 质量评价中的定量研究

科学主义理念进入评价领域后，推动了包括科学实验、量化测试、系

---

① 艾尔·巴比:《社会研究方法》(第十一版)，邱泽奇译，华夏出版社，2009，第 373 页。

② 刘建军:《高校思想政治教育工作质量评价的必要性、可行性及其限度》，《学校党建与思想教育》2018 年第 11 期。

统模型等在内的定量评价的发展，形成了实证主义的研究范式。实证主义的研究范式主张质量评价的主客体是相互独立的，用实证研究得到的数据来分析结果，数据呈现了客体的总体分布特征，评价的主要目的是根据数据得出科学的结论。

1. 教育评价引入定量方法

实证主义认为现实能够分割为独立的变量和过程，可以独立地观察和测量。早在 1873 年，马克思在给恩格斯的信中写道："为了分析危机，我不止一次地想计算出这些作为不规则曲线的升和降，并曾想用数学方式从中得出危机的主要规律（而且现在我还认为，如有足够的经过检验的材料，这是可能的）。"① 恩格斯曾经指出，"这些细节和统计数字不仅在贸易和政治经济方面，而且在国家政策方面都是采取一切明智措施的基础"②。对于数据的收集、研究和把握，拓展了原来哲学思辨的关联维度，成为强大的分析工具。③

19 世纪末，对学生特征的测量开启了教育领域定量评价的研究。学校教育教学采用实验、观察、统计等方法，制定或出台了基于考试分数的评价制度、基于数学的智力测试、基于统计的学业能力测评量表等，对青少年学业能力的评价推动了青少年生理和心理研究的发展。有学者把这一时期的评估概括为第一代评估，称之为测量时代，测量时代中"评估者的角色是技术性的，他（她）应当完全掌握可利用的工具，那样，任何制定的调查变量都可以被测量。如果合适的工具不存在，那么，评估者还要应用必要的专门技术加以创造"④。中国开展教育测量的实践几乎同步进行，"1914 年，据传就有人在广东针对 500 名儿童开展了儿童记忆和比喻理解的测量。1917 年，在蔡元培的指导下北京大学成立了中国第一个心理学实验室。1918 年，北京清华学校美籍教师瓦尔科特在校内尝试着用推孟修订的最新的斯坦福比奈智力量表对该校高等科四年级的学生进行了测量"⑤。教

---

① 《马克思恩格斯全集》（第 33 卷），人民出版社，1973，第 87 页。
② 《马克思恩格斯全集》（第 13 卷），人民出版社，1998，第 704 页。
③ 甚至"一些自然科学家或哲学家开始认为精确的科学是伟大的，而思辨的哲学是渺小的"。参见孙正聿《哲学通论》，吉林人民出版社，2007，第 451 页。
④ 埃贡·G. 古贝、伊冯娜·S. 林肯：《第四代评估》，秦霖、蒋燕玲等译，中国人民大学出版社，2008，第 5 页。
⑤ 孙崇文、伍伟民、赵慧：《中国教育评估史稿》，高等教育出版社，2010，第 106~107 页。

育测量是实证主义进入教育领域的初次尝试，满足了人们对教育增值的期待，推动了教育评价的快速发展。

2. 科学测量成为掌握学生学情的重要方法

教育测量所倡导的实证方法也应用于高校学生事务中，主要用来测评学生学习状况和学习满意度，即学情调查。

国内外大学生在校学业成就评估和满意度调查的兴起与当时高等教育发展状况，尤其与教育财政状况密切相关。国外以美国为代表，在 20 世纪 60 年代美国政府削减了对高校的财政拨款，学费成为支撑高校运行的重要资金来源，对学生在校学习、生活主观体验的测评有助于提升大学生的学习体验。如 1966 年美国教育委员会开始使用 CIRP-FS 问卷（Cooperation Institutional Research Program-Freshman Survey）开展新生调查，后续发展出应用广泛的大学生调查问卷（College Student Survey，CSS），该问卷由加利福尼亚大学高等教育研究机构 1993 年编制，问卷内容包括学生参加课外活动的情况、与教师交流的反馈、对大学管理服务的评价以及对校园生活的看法等四个方面。美国 Noel-Levitz 公司 2000 年编制了全美大学生满意度调查（National Student Satisfaction Study，NSSS），调查内容包括在校氛围、校园服务、对个人的关注、教育有效性、安全保障、服务质量等。此外还有专门针对毕业生、校友、雇主的调查。英国政府也在 2005 年组织了全英大学生满意度调查（National Student Survey，NSS）。

国内的学情测评兴起于 21 世纪初。1999 年，中国决定在原有高等教育招生计划的基础上进行扩招，同时高等教育学费开始改革，大学生学费增加，大量的适龄青年进入大学，学生的学习体验和学习效果成为高校关注的重要问题，学生的学习状况、需求满足情况和高校的办学条件、教学水平等推动了国内大学生学习状况测评的开展。国内高校也借鉴和改进了国外相关测评问卷，包括北京大学、清华大学、北京师范大学等在内的多所高校开展了地区或全国性的学情调查。①

学情调查是从教育供给的角度来评价高校工作情况，更多地把高校作为教育产品的提供者，容易引发讨好学生的政策导向，在一定程度上忽略

---

① 王小青、王九民：《中国大学生学业成就评估研究：二十年的回顾（1998—2017 年）》，《苏州大学学报》（教育科学版）2018 年第 3 期。

了高校作为教育者的关键角色。① 对比国内、国外的学情调查发现，美国、英国等发达国家都由政府牵头在全国范围内开展过学情调查，便于建立全国性数据库，进而为开展实证分析，快速提供咨询、研判与决策服务。国内以高校科研机构的第三方研究为主，学情调查的起步相对较晚且积累较少，面临着研究对象规模庞大、信息获取困难、数据平台不开放的问题，影响了科学测量的大规模开展。②

3. 定量方法运用于日常思想政治教育工作质量评价的优势

高校日常思想政治教育工作是一项全员参与的系统性实践，定量方法为其提供便于操作的评价工具。定量方法把系统性实践拆解为若干要素，赋予相应的事实判断以及数据形式，有助于化繁为简，化整为零，聚焦重点，还可以反映同一时间不同指标的数据，便于一次性反映多个方面的情况，进一步可以建立不同指标间的变量关系模型，深入分析不同指标要素之间的影响与关联。有研究分析了思想政治教育相关问题的量表制作、问卷设计和样本抽样及分析的过程，提供了思想政治教育统计研究的方法。③

定量方法在收集人的感知、情绪、态度、反馈等的研究中积累了丰富的经验。日常思想政治教育工作强调"内化于心，外化于行"，知识的习得是日常思想政治教育工作的一个部分或阶段，实验研究从人的思想内化过程进行分析，了解"知、情、意、行"各种形态在"人"的内部如何发生与完成。

教育测量通过外部数据的收集分析来评价质量，在收集工作的投入、状况、效果时提供了成熟的分析框架，形成不同时间同一指标的数据集合，便于从多个时间尺度来分析该指标的演进特点、规律、趋势。有学者编制了思想政治理论课教育教学质量监测问卷，提供了教学反馈和改进的方法。④

---

① 参见黄雨恒、郭菲、史静寰《大学生满意度调查能告诉我们什么》，《北京大学教育评论》2016 年第 4 期。
② 教育部下辖的中国高等教育学生信息网（CHSI）在网上发布了院校满意度和专业满意度调查问卷，对实名注册的大学生开放，已经收集了 300 余万名大学生对院校的满意度调查数据和 600 余万名大学生对本专业各专业的满意度调查数据，便于高考考生选择学校和专业，一定程度上发挥了全国性的大学生满意度调查的作用。
③ 参见戴钢书《思想政治教育统计研究方法论》，人民出版社，2005。
④ 张耀灿等：《高校思想政治理论课教育教学质量监测体系研究》，经济科学出版社，2014。

三 质量评价中的定性研究

教育测量发展到一定阶段，国内外都开始反思教育评价中过分强调量化的情况。质量评价是以评价的方法来描述和判断工作质量，目的是改进工作，提升质量。而实践中对测量技术的追求，往往盖过了质量改进的初衷，这些反思促使教育评价回归人的发展需要和教育本来的目标。

1. 教育测量引发的价值反思

定量研究的方法是在学理假定基础上形成的研究模型，这些研究模型逻辑自洽，但在方法使用过程中，难以对当时社会的具体情境做出说明，机械性的方法套用往往忽略时代和群体特征、简化社会要素，导致评价方法无法解释现实问题、满足现实需要。

20 世纪 30 年代前后，美国在教育领域开始进行"八年研究"，对以学分制为代表的量化评价方式进行改革。"八年研究"提出，以往中学教育缺乏清晰、明确、核心的目的，不能使学生作为美国公民衷心地感激他们继承的传统，因此将以往修满规定课程和学分即能进入大学的学分制，部分地改革为通过校长推荐和根据学生学习记录的学业表现，决定其是否能够进入大学学习。[1] 教育测量从以往唯一的评价依据，开始转变为评价的参考指标之一，更多的评价方法被用于教育评价。

几乎在同一时期，国内教育界也对教育测量的模式进行了反思，认为测量工具应当结合国情进行改造，更要关注国家教育方向的选择。如陶行知提出，"此种工具是不能从外国运的（就是运来也不适用）"[2]，对教育测量采用"拿来主义"的方式提出了异议。1925 年，陶行知在多年的教育实践后指出，将其所师从的杜威的实用主义教育理论简单地移植到中国，只能导致南橘北枳的结局，"是不会结出成功之果的"，要"透彻地研究自己的需要和问题"，努力探索"真正适合中国国情并为中国服务"的教育之

---

[1] Aikin, W. M. *The Story of the Eight-year Study*. New York: Harper & Brothers, 1942, p.2, 转引自程晋宽、方蒸蒸《教育改革的制度创新为什么这么难——基于"八年研究"与"特许学校"制度同构的分析》，《南京师大学报》（社会科学版）2019 年第 3 期。

[2] 陶行知：《教育与科学方法》，载《陶行知全集》（第 1 卷），四川教育出版社，1991，第 522~523 页。

路。① 当时中国正处于新旧社会更替的时期，对中国应当选择什么道路的讨论也涵盖了教育领域，比较有代表性的如陈独秀发表的《今日教育之方针》和《近代西洋教育》等文章。对教育现状的批判推动了对中国本土教育状况的调查和后续的教育改造运动，也推动了教育评价本土化理论与实践的不断发展。

2. 定性方法回归对评价目的的关注

伴随着对定量研究的反思和批判，定性研究更加成熟，突出地体现在质量评价中评价目的的回归，以及对质量评价功能的再思考。

有学者提出，国外以测量、描述和判断为主要方法的前三代评估模式存在一些共通的问题，如管理者与评估者之间不对等的地位造成了评价的管理主义倾向；前三代评估模式主张价值中立引发价值含糊的问题；评估主体悬置于评估以外导致过分强调科学范式。国外学者在研究教育质量评价时，更多使用评估、测评、质量保障等不涉及价值判断的词语，以强调价值中立。有学者在分析国外评估时明确提出价值中立是难以做到的。"价值在评估中是含蓄的，而实际上，'评估'（evaluation）这个词在语言学上是源于'价值'（value）的"，"如果科学并非价值中立的，那么我们怎样理解评估结果要服从不同的解释，而且'事实'本身也是在评估者（可能还不清楚）所遵从的价值体系的作用下被确定的。每个评估行为都将成为一个政治行为。的确从这种意义上讲，调查的每一个行动，无论是评估、研究或是分析，都将成为一个政治行为。"②

在反思的基础上，有学者提出建立响应式建构主义评估模式。响应式意味着评估是带着问题来寻求答案的，是对利益相关者需要的回应。建构主义倾向于认为"'真理'是在见识广博而成熟的建构者中间达成的共识，而不是与客观实在一致"③，"评估者是协商过程的组织者，他们试图在见识

---

① 陶行知：《民国十三年中国教育状况》，载《陶行知全集》（第 2 卷），湖南教育出版社，1984，第 357 页。
② 埃贡·G. 古贝、伊冯娜·S. 林肯：《第四代评估》，秦霖、蒋燕玲等译，中国人民大学出版社，2008，第 11~12 页。
③ 按照学者的提法，建构主义方法论即自然主义方法，都是定性方法中的一种取向，学者希望用建构的提法来强调其中的关系、过程、系统。参见埃贡·G. 古贝、伊冯娜·S. 林肯《第四代评估》，秦霖、蒋燕玲等译，中国人民大学出版社，2008，第 19 页。

更广和更成熟的建构中达成完美共识"①，从而使评估从"证实"转向"探索"，从"行政指令"转向"价值协调"，从"事实归因"转向"价值再建构"②。国内高等教育中也提出了"以评促建、以评促改、以评促管、评建结合、重在建设"③ 的评估工作方针，强调评估的主要目的在于促进工作落实，加强建设，深化改革，强化管理，健全质量保障体系，提高人才培养质量。

3. 定性方法运用于日常思想政治教育工作质量评价中的优势

高校日常思想政治教育工作质量评价的开展，以评价主体为代表的"人"本身就是研究工具的一部分，不可避免地受到评价主体自身观念的影响，受到质量评价的思想理论、方法范式的公理和假定、研究环境的价值和特征等影响，④ 要做到完全的价值中立既难以实现，也不现实。定性方法的使用并不回避这一问题，而是通过多种方法的综合运用来消解单一方法的局限性。有研究提出要注意在多次研究中不断剔除主观影响，增加旁证或引入不参与研究的同行专家，在具体操作中要注意通过合适的方法来获取事实数据。⑤

定性方法的优势在于既引入科学的研究方法，也更加关注人所依存的关系、社会、系统。高校日常思想政治教育工作是面对人的工作，教育者和受教育者之间的互动，蕴含着刺激、回应、反馈、改进等复杂的状态，这些互动过程可以借助一定的工具被捕捉到，从而能进行观察、测量、描述和判断。定性方法还强调整体把握、系统研究评价对象，更多关注评价对象所处的状况，对于评价的结果，不完全以寻求因果关系为目的，更侧重评价过程中讨论、协商、反馈、改进等成果运用，推动评价主客体形成建设性的高质量关系。

---

① 埃贡·G. 古贝、伊冯娜·S. 林肯：《第四代评估》，秦霖、蒋燕玲等译，中国人民大学出版社，2008，第 112 页。

② 参见刘康宁《"第四代"评估对我国高等教育外部质量保障的启示》，《国家教育行政学院学报》2010 年第 9 期。

③ 《教育部办公厅关于印发〈普通高等学校本科教学工作水平评估学校工作规范（试行）〉和〈普通高等学校本科教学工作水平评估专家组工作规范（试行）〉的通知》，教育部网站，http://www.moe.gov.cn/jyb_xxgk/gk_gbgg/moe_0/moe_1443/moe_1846/tnull_28929.html。

④ 许华琼、胡中锋：《社会科学研究中自然主义范式之反思》，《自然辩证法研究》2010 年第 8 期。

⑤ 方宝：《教育研究中的科学主义范式与自然主义范式辨析》，《江苏高教》2016 年第 4 期。

第二节　高校日常思想政治教育工作
质量评价的实施类型

质量评价是加强和改进日常思想政治教育工作的有效手段。根据评价实施的不同目的，可以分为旨在合规达标的合格评价、侧重检验成效的效果评价和深入剖析具体业务模块的项目评价三种类型，① 分别对应日常思想政治教育工作合规审查、效果提升和系统建设的需要。

一　日常思想政治教育工作的合格评价

日常思想政治教育工作的合格评价，是贯彻党的教育路线、方针、政策的制度性要求，合格是质量的基础，也是质量的一般共识。合格评价旨在推动高校建立健全日常思想政治教育工作体系，保障日常思想政治教育主客体的基本权益。

1. 合格评价是高等教育发展的保障举措

合格是指合乎一定的标准，合格评价是政府对高校评价常用的类型，一般是为了满足法律法规或质量标准的规定性要求，政府通过下设或委托的机构组织，按照合格要求，建立指标体系，据此对高校进行整体评价，评价结果应用于高校的认证、授权、拨款、奖励等具体行政行为。为了保障政府具体行政行为的权威性和公正性，需要对评价客体制定具有普适性的合格标准，实施统一标准下的质量评价。

教育部统计数据显示，截至 2019 年，全国共有高等学校 2688 所，高等教育毛入学率达到 51.6%，在学总规模达到 4002 万人。② 高等教育的在学

---

① 根据评价的目的和作用的区别，也有专家提出思想政治教育评价的基本模式可以分为选拔型、管理型、诊断型和教育型。参见王茂胜《思想政治教育评价论》，中国社会科学出版社，2006，第 210~212 页。这一分类方式侧重从高校管理实践出发，强调思想政治教育评价结果在不同场景中的运用。而本书更加侧重于质量评价对评价内容期望达到的目的和发挥的作用。

② 《2019 年全国教育事业发展统计公报》，教育部网站，http：//www.moe.gov.cn/jyb_sjzl/sjzl_fztjgb/202005/t20200520_456751.html。

人数已经跃居世界首位，高等教育进入普及化阶段。[①] 高校开展日常思想政治教育工作应当设定基本要求，建立基本供给体系，提供完备的条件保障，在体制机制、机构队伍、内容载体等方面构建横向可比较的合格标准，这些标准的满足情况是日常思想政治教育工作合乎规定的表现，高校日常思想政治教育工作的合格性，奠定了思想政治教育的基本质量。

2. 合格评价的国际比较：以英国高等教育质量保证署的规范评价为例

1997 年，英国成立了高等教育质量保证署（Quality Assurance Agency，QAA），作为受政府委托的独立非官方机构，它承担对英国所有大学的质量保证评价工作。[②] 高等教育质量保证署制定《英国高等教育质量规范》，明确提出了高等教育提供者需要做什么，高等教育质量保证署对高校的期望是什么，以及公众对高校的期望是什么。《英国高等教育质量规范》的质量指标包括三个部分：制定和维持学术标准、学生学习机会的质量、高校信息公开和信息获取的情况。最新的指标于 2018 年修订，其中学生学习机会的质量部分对促进学生的发展和成长提供了若干指导意见。依据这一质量标准体系，高等教育质量保证署邀请高校管理者、学科教师、教育专家、学生代表等组成 10 人以内的工作组，对照三个部分 200 余条期望标准，对英国本土以及所有在国际上运营的英国高校，每隔几年逐一审核，评价期望标准的达成情况，提出登记风险预期、撰写总体评价报告并在网站上公开。

对照高等教育质量保证署制定的《英国高等教育质量规范》与在网站公开的高校质量评价报告（以牛津大学质量评价报告为例，见表 3-1），从表的左侧可以清晰地看出《英国高等教育质量规范》为保证英国高校满足学生学习和生活的基本条件在制度、权益等方面提出的要求；表的右侧由

---

① 20 世纪 70 年代，教育学者马丁·特罗提出了高等教育精英型、大众型、普及型的三阶段发展论，高等教育毛入学率达到 50% 即意味着进入了高等教育的普及型阶段，在这一阶段，高校出现多样化发展的特征，"价值增值"成为考核高校的标准，社会公众作为利益相关方介入高校权力结构和决策中心。在校学生不再是持续接受教育的人群，出现大量延迟入学、休学、辍学、半工半读等复杂情形，教育与生活的界限逐渐模糊。参见马丁·特罗、徐丹、连进军《从精英到大众再到普及高等教育的反思：二战后现代社会高等教育的形态与阶段》，《大学教育科学》2009 年第 3 期。

② 参见马健生等《高等教育质量保障体系的国际比较研究》，北京师范大学出版社，2014，第 144~146 页。

实施质量评价的工作组撰写，反映了牛津大学在高校战略、实施策略、治理结构、内部制度、专业团队、资源保障、内部质量保障体系等诸多方面为满足《英国高等教育质量规范》的质量标准所做的努力。值得注意的是，评价高校是否满足质量合格标准时，不拘泥于标准达成的具体形式，对高校满足标准的路径也未做硬性要求，评价更多采取综合性、整体性的判断方法。从报告中可以发现，牛津大学在全英大学生满意度调查（NSS）的基础上，还设计了适合本校的学生晴雨表调查项目（Student Barometer），阶段性收集学生在校学习和发展的意见建议，确保质量标准在满足外部要求的同时，不断改进提升，达到高校自定的质量目标。

表 3-1　《英国高等教育质量规范》的质量标准与高校质量评价报告的对照解析

《英国高等教育质量规范》质量标准 B 部分：学生学习机会的质量 B4 章：促进学生的发展和成长	牛津大学质量评价报告内容 （摘取与左侧指标相关的报告文本）
指标 1：通过战略和操作规划，以及质量保证和提高，高校推动学生发展和成长 指标 2：高校定义、协调、监控和评估促进学生发展和成长的角色和责任，包括内部和与其他组织的合作 指标 3：对公平的承诺指导着高校促进学生的发展和成长 指标 4：高校在学生学习前和学习期间向他们提供发展和取得成就的机会 指标 5：为了促进学生的发展和成长，高校制定了政策、实践和系统来促进转变和学术进步 指标 6：高校确保所有学生都有机会发展技能，使他们在学业、个人和专业方面都有进步	2.46：大学的战略承诺促进学生的学术、个人和专业发展…… 2.47：大学致力于学生发展的多种策略，有涵盖平等、心理、防止骚扰的全面政策，有支持残疾学生的通用框架，设立学生福利和支持服务岗位负责制定整个大学内协作的政策和实践以支持学生在各阶段的需要 2.48：大学有适当的战略、结构和政策来监督和评估安排和资源，使学生能够开发其学术、个人和专业潜力…… 2.49：学生管理和服务机构（SAS）具有紧密的管理架构，监督着一系列面向学生的服务，这些服务可以相互配合，也可以与大学和谐协作，以支持学生体验。学生健康和福利小组委员会、职业服务小组委员会直接向教育委员会报告，加强对活动的监督…… 2.50：咨询服务通过训练有素的专业人员、博客和自助材料提供广泛服务，并有效地与大学员工建立联系…… 2.51：大学和学院将审查《心理健康政策》，以弥补对学生提供教育的差距……

续表

《英国高等教育质量规范》质量标准 B 部分：学生学习机会的质量 B4 章：促进学生的发展和成长	牛津大学质量评价报告内容 （摘取与左侧指标相关的报告文本）
指标 7：高校确保能够帮助学生发展和取得成就的工作人员具有适当的资格、能力、最新的信息和支持 指标 8：高校提供适当的学习资源，使学生能够发展使用这些资源的技能	2.52：学生福利和支持服务与牛津大学学生会的独立学生咨询服务有密切合作关系…… 2.53：每个学院都指定了与相关中央支持服务部门的联系人保持联络的个人，来为学生提供协调的支持网络…… 2.54：网络和课程手册为学生提供有关在学习之前和学习期间促进其发展的机会和资源的适当信息…… 2.55：通过教学和辅导来支持学术技能发展，并将与就业能力相关的技能发展整合到课程中…… 2.56：大学拥有广泛的数字资源…… 2.57：大学拥有丰富的图书馆资源和专业图书资源…… 2.58：大学的平等政策中对公平的承诺促进了学生发展，例如为残障学生提供支持…… 2.59：大学使用各种机制来评估学生满意度，包括全英大学生满意度调查（NSS），学生晴雨表调查和常规图书馆用户调查，用于指导服务并为部门审查提供建议，审查小组发现这些报告具有全面性且有信息价值。学生管理和服务机构（SAS）还召集了一个学生咨询小组使学生对大学的服务和发展计划发表意见，而审查者看到了这种咨询导致的服务变化的证据 2.60：大学成立了服务审查小组，以考虑大学提供服务的有效性和效率……总体而言，审查小组发现大学具有评估、审核和加强向学生提供服务的有效机制 2.61：审查小组认为，大学拥有程序有效且具有反思性的学生发展方式，使学生能够开发自己的学术和个人潜力。因此达到了 B4 的期望且风险水平很低

资料来源：QAA 网站（https：//www.qaa.ac.uk/）公布了其质量规范的所有文本，包括质量标准，以及历年来在高校实施评价后撰写的报告。该表由质量标准第二部分第四章（https：//dera.ioe.ac.uk/17635/1/Quality-Code-Chapter-B4.pdf）以及牛津大学质量评价报告（https：//www.qaa.ac.uk/docs/qaa/reports/university-of-oxford-her-16.pdf？sfvrsn=2b70f581_4）中相应章节翻译编制而成。

3. 日常思想政治教育工作合格评价的基本模式

日常思想政治教育工作的规定性，来源于党和政府对高校思想政治教育的系统性安排和政策性指导。党和政府结合社会发展的阶段性需要，每过一段时间对高校思想政治教育提出新的要求，出台一系列政策文件，在政策实施的同时，合格评价通过"以评促建""以评促改""以评促管"的形式协调评价客体不断满足评价主体的期待和要求。

2004 年，中共中央、国务院出台《关于进一步加强和改进大学生思想政治教育的意见》，第一次完整地设计了高校思想政治教育工作体系，标志着日常思想政治教育工作的合格规范从无到有。在中央文件的推动下，教育部和各地方政府围绕中央文件的具体落实制订了一系列实施方案，提出了质量合格的具体标准，形成了日常思想政治教育工作合格评价的基本依据。2012～2013 年，中宣部、教育部就政策文件在各地和高校的贯彻落实情况，对全国各省份教育主管部门和高校进行了全覆盖的质量评价，推动高校建立相对统一的日常思想政治教育工作领导体制、机构队伍、教育载体和保障机制。

2016 年，中共中央、国务院出台《关于加强和改进新形势下高校思想政治工作的意见》，对高校建立面向全体师生的思想政治工作体系进行了系统性指导。全国高校思想政治工作会议后，教育部和地方政府集中出台了一批配套文件，成为高校日常思想政治教育工作的制度依据。新时代高校开展的日常思想政治教育工作合格评价，将党内法规、国家法律作为构建日常思想政治教育工作体系的制度基础，以最基本的标准敦促高校贯彻落实中央会议和文件精神，评价标准具有通用性和普适性，评价结果的可比性和示范性也相对突出，因此往往作为组成部分或前置条件，广泛用于高校各种评价。

二　日常思想政治教育工作的效果评价

有别于合格评价对日常思想政治教育工作状态的判断，效果评价更加侧重日常思想政治教育工作所取得的成果和绩效，是对照国家要求和教育主客体发展需要，对教育工作目标实现程度的判断。效果评价是日常思想政治教育工作质量评价中最难以实施的评价，其难点在于思想政治教育效果的表现形式非常复杂，这就要求从多角度、多方位、多层次对效果进行评价，① 把各种效果的表现形式统一起来。

1. 效果评价是高等教育质量提升的必然

1985 年，《中共中央关于教育体制改革的决定》指出，"衡量任何学校工作的根本标准不是经济收益的多少，而是培养人才的数量和质量。紧紧掌握这一条，改革就不会迷失方向"②。对数量的追求表现在大学数量、招生规模、办学层次等量化指标的不断发展，而对质量的深入探究，提升了对人才培养效果的理解。20 世纪 90 年代初颁布的《中国教育改革和发展纲要》中提出，"高等教育的发展，要坚持走内涵发展为主的道路"③，内涵式发展的目标是"使规模适当，结构合理，质量和效益明显提高"④。高等教育在对外开放和比较借鉴的过程中，有的高校整体通过了质量管理体系认证，有的参与或加入高等教育质量保障组织，有的借鉴全面质量管理制度对照改进高校教学、科研、管理乃至思想政治教育工作，高校工作的效果评价应运而生。

合格评价是以红线、底线或基本标准来判断工作完成的"是与否"，而效果评价则提供了内容细分、便于比较、清晰呈现的标尺，能够从多个维度反映工作完成的"好与差"。社会发展的阶段性目标对效果提出了不同的要求，推动对质量评价的研究和实践的更新，"研究制定各级各类学校的基本办学条件标准和质量标准，建立和完善教育监测评估和督导制度"，才能"更好地适应经济建设和社会发展的需要"，⑤ 其中，"多出人才，出好人才，更好地为社会主义现代化建设服务"成为衡量教育改革、教育事业发展以及教育质量和办学效益的重要内容。

2. 思想政治教育效果成为高校评价的重要内容

是否有效，有何成效，是日常思想政治教育工作效果评价的两个重要命题。1994 年，中央文件提出"要建立德育工作的评估制度，并把德育工作作为评价一个地区、一所学校教育教学工作的重要内容。高等学校德育

① 陈万柏、张耀灿主编《思想政治教育学原理》（第三版），高等教育出版社，2015，第 142 页。
② 《十二大以来重要文献选编》（中），人民出版社，1986，第 734 页。
③ 《十四大以来重要文献选编》（上），人民出版社，1996，第 66 页。
④ 《十四大以来重要文献选编》（上），人民出版社，1996，第 837 页。
⑤ 《国务院发布〈关于《中国教育改革和发展纲要》的实施意见〉 落实教育优先发展战略方针 到 2000 年全国基本普及九年义务教育，基本扫除青壮年文盲》，《人民日报》1994 年 8 月 28 日。

工作应列入'211 工程'评估标准"①，德育工作纳入高校整体评价。2002年，教育部开始对高校教育教学工作进行宏观指导，开展普通高等学校本科教学水平评估，2004 年修订的评估方案中，把学生思想道德修养作为教学效果一级指标的二级指标之一，考察学生思想道德素养与文化素质水平，按照"措施完善、有效，学生思想道德、文化素质好，心理健康"的参考标准，分 A、B、C、D 四档进行判断。② 把学生思想道德修养纳入高校整体考核中，反映思想政治教育工作和学校其他工作同步规划、同时部署、统一考评的整体性、系统性设计，体现了学生思想道德修养融入教育教学全过程的制度安排。在评价实施的过程中，也有专家提出"统一的评估体系不能适应我国大众化时代高等教育多元化的需要"，作为关键指标的学生思想道德修养难以测量，"优秀率"居高不下，"专家组难以评说学生思想道德状况出现问题"，等等。③ 因此有专家提出基于人才培养层次和类型的高校，设计并实施审核评估、认证评估等不同类型的质量评价，其中，审核评估强调以"创新和特色"反映质量效果，认证评估强调通过"条件和管理"实现质量保障。

2004 年，《关于进一步加强和改进大学生思想政治教育的意见》指出，"要把大学生思想政治教育工作作为对高等学校办学质量和水平评估考核的重要指标，纳入高等学校党的建设和教育教学评估体系"④。从关注学生思想道德修养等个别要素，到强调整体性思想政治教育工作，思想政治教育工作的重要性和显现度不断提升，需要对思想政治教育工作效果开展整体评价。

3. 日常思想政治教育工作效果评价的主要形式

效果评价是高校日常思想政治教育工作经常使用的评价类型。在高校

---

① 教育部思想政治工作司组编《加强和改进大学生思想政治教育重要文献选编（1978—2008）》，中国人民大学出版社，2008，第 202 页。

② 参见《关于印发〈普通高等学校本科教学工作水平评估方案（试行）〉（调整征求意见稿）的通知》（教高司函〔2004〕90），教育部网站，http://www.moe.gov.cn/srcsite/A08/s7056/200404/t20040407_124458.html。

③ 参见陈玉琨《我国高等学校本科教学评估：问题与改革》，《复旦教育论坛》2008 年第 2 期；钟秉林《本科教学评估若干热点问题浅析——兼谈新一轮评估的制度设计和实施框架》，《高等教育研究》2009 年第 6 期。

④ 教育部思想政治工作司组编《加强和改进大学生思想政治教育重要文献选编（1978—2014）》，知识产权出版社，2015，第 270 页。

内部，以工作总结、个人小结、民主评议、学生鉴定、思想汇报、教师评语为代表的评价实践为日常思想政治教育工作效果评价积累了丰富的素材。部分地区在思想政治教育领域探索开展区域性的质量评价，如湖北省自1984年开始，由省高校思想政治教育研究会（筹备组）和原中国社会科学院青少年研究所共同组成"大学生思想品德发展过程及制约条件纵向研究"，在省内近50所高校全面铺开，从1985年到1989年连续进行了5次大规模调查，① 为地方政府了解和掌握大学生思想状况，以及研判和决策工作提供了参考。

效果评价是教育行政部门加强和改进工作质量的主要手段。20世纪90年代开始，教育部每年对高校学生开展思想政治状况滚动调查，按照教育部-各省份教育主管部门-高校-学院-学生的工作层级，调查选取若干省份，抽取部分高校，按院系分年级发放调查问卷，师生围绕一年来国内外重大时事热点、党和国家的重大战略举措和一年的工作以及个人的价值观、人生观、就业观等问题进行回答，同时分片区组织调研工作组进入各片区高校进行座谈和个别访谈，形成年度分析报告，准确把握高校工作的态势。以主体性评价探索日常思想政治教育工作的质量效果，在一定程度上能够直接反映工作的成效，体现了"以生为本"的价值导向和"学生参与"的评价取向。2014年开始，教育部委托开展"中国大学生思想政治教育发展报告"项目，② 这是第一个明确以"日常思想政治教育"工作效果作为评价内容的大规模调查。课题组自行设计了调查问卷，围绕大学生的观念与行为和大学生思想教育的开展与成效两部分，设计包括"高校党团活动、主题教育、校园文化、社团活动、网络教育、心理健康教育、社会实践、学生资助、就业教育、全员育人情况"等方面问题，通过对学生进行问卷调查的方式，每次选取不同省份的35所高校（2014年为30所）共计发放3500份问卷，通过汇总分析来呈现大学生日常思想政治教育新动态，新形势下为加强和改进大学生日常思想政治教育提供数据和学理支撑。

新时代开展日常思想政治教育工作效果评价要丰富效果维度，把握关键

---

① 参见戴钢书《思想政治教育统计研究方法论》，人民出版社，2005，第89页。
② 《中国大学生思想政治教育发展报告》各年度系列文章，参见《思想理论教育》2018年第2期，《思想教育研究》2017年第11期，《中国高等教育》2016年第8期，《思想教育研究》2015年第11期。

绩效。新时代的高等教育发展要同国家发展的现实目标和未来方向紧密结合，高校要"为人民服务，为中国共产党治国理政服务，为巩固和发展中国特色社会主义制度服务，为改革开放和社会主义现代化建设服务"[①]。立德树人成为高校的立身之本、中心任务和衡量高校办学质量的根本标准，要从日常思想政治教育工作服务于立德树人的模式、内容、方法和成绩等不同角度来评价日常思想政治教育工作的效果。进入新时代，日常思想政治教育工作的范畴、主体、载体不断丰富，质量评价要关照日常思想政治教育工作效果的多重维度。2020 年，中央全面深化改革委员会审议通过了《深化新时代教育评价改革总体方案》，提出"改进结果评价，强化过程评价，探索增值评价，健全综合评价"[②]，提供了效果评价的多种形式，不断满足新时代党和政府、高校、教师、学生、社会等多方价值实现的需要，协调满足不同主体的利益诉求。

三　日常思想政治教育工作的项目评价

日常思想政治教育工作体系由若干子体系构成，如制度体系、组织体系、队伍体系，日常思想政治教育工作整体处于主导地位，从目标、方向、价值等关键维度统率着各子体系。作为子体系的日常思想政治教育工作制度体系也不是零散地、随机地组合，而是呈现出不断系统化构建的特征。面向全域的整体评价往往难以深入覆盖全部子体系、呈现所有子系统，日常思想政治教育工作的项目评价模式应运而生，项目评价聚焦局部性、针对性、机动式的评价需要。高校日常思想政治教育工作的项目评价，是质量评价逐渐成熟、评价目的不断细分的必然，兼顾了质量评价的局限性与必要性、普遍性与特殊性、常态化与机动性。

1. 项目评价兼顾了评价实施的局限性与必要性

日常思想政治教育工作的项目评价，从评价的可行性出发，满足了精准评价的需要。从高等教育宏观层面来看，高校日常思想政治教育工作在内容上不断拓展，多方人员参与，受教育者规模增加，高校工作体系每隔一段时间就面临调整和迭代，适时地开展质量评价，是加强和改进工作的

---

① 《习近平谈治国理政》（第 2 卷），外文出版社，2017，第 377 页。
② 《中共中央国务院印发深化新时代教育评价改革总体方案》，《人民日报》2020 年 10 月 14 日。

必然要求。然而质量评价不能随时随意开展，面向全局的合格评价和效果评价意味着高昂的发起和操作成本，大规模的整体评价工作在实践中需要审慎安排。在日常工作中，教育主管部门或者决策领导者往往对思想政治教育某方面的具体工作，如思想政治教育政策举措、思想政治教育问题解决情况等更为关注，这些关注点往往也是制约和影响日常思想政治教育工作的关键点，因此需要针对工作体系中的部分要素，加强问题诊断，制订评价方案，便于教育主管部门和有关领导快速研判、决策和预警。

日常思想政治教育工作的项目评价，便于将工作任务和效果指标拆解到具体的机构和人员，深层次把握日常思想政治教育工作要素的质量状况。从责任主体角度来看，高校工作机构如组织部、宣传部、学生处、团委、教务处、科研处、人事处、后勤处、保卫处等以及基层院系都承担日常思想政治教育工作相应职责，项目评价的重点在于厘清部门机构的职责，将质量体系拆解为若干要素，落实到具体部门和岗位，成为衡量和改进具体工作的重要参考，由此明确权力和职责，激发工作效能，提升整体质量。从评价内容角度来看，教育部印发的《高校思想政治工作质量提升工程实施纲要》提出了"'十大'育人体系"①。其中，有的侧重日常思想政治教育工作实践路径，如"心理育人"强调构建教学、实践、咨询、预防、保障"五位一体"的心理健康教育工作格局。有的蕴含思想政治教育治理现代化的指向，如"管理育人"强调"加强教育立法，遵守大学章程，完善校规校纪，健全自律公约，加强法治教育"。有的聚焦当前工作的难点焦点，如"网络育人"要求不仅做到"知网用网"，还要"管网治网"，教育培养大学生成为优秀网络文化产品的创造者。日常思想政治教育工作中，不同业务模块面临的问题、发展的方向、改进的重点都有所区别，项目评价能够以小切口进入评价对象，全方位地呈现业务发展的现状，快速形成诊断方案，有针对性地提出对策建议。

2. 项目评价兼顾了不同高校的普遍性与特殊性

21 世纪以来，中国高等教育快速发展，高等教育学校数量不断攀升。教育部发布的《全国教育事业发展统计公报》显示，1998 年全国普通高等

---

① 参见教育部网站，http://www.moe.gov.cn/srcsite/A12/s7060/201712/t20171206_320698.html。

学校调整到 1022 所，到了 2003 年则达到 1552 所，2008 年超过 2000 所，2019 年达到 2688 所。① 在统一的合规要求下，建立层次类型更为丰富的评价模式，面向不同评价内容、评价主体、评价目标开展多样化的项目评价，能够提升质量评价的针对性，增强评价的功能和效果。新时代高等教育进入由大转强的内涵式发展阶段，不同高校的条件资源、属地环境、工作特色存在较大的差异，不同层次的高等学校有着不同的历史底蕴和教育积累，在育人目标和思想政治教育工作方面也各有差异。高校的层次性按照不同地域、行业类型、培养层次等有诸多的划分方式，不同层次的高校不仅环境条件等外部要素不同，而且其内在的办学理念、教育方式、培养逻辑都有所不同。2020 年，教育部公布《第五轮学科评估工作方案》，提出以一级学科为单元，加强不同学科分类评价，针对每个一级学科建立相应的指标体系，② 就体现了分层分类评价的实践趋势。

当前，思想政治教育工作更加强调整齐划一和分层分类两者统一。21 世纪前后，地方所属院校逐渐划归教育行政部门主管，高校建立了相对统一的思想政治教育工作体系。近年来，高校办学自主权不断增加，日常思想政治教育工作呈现出不同的发展模式。教育"四为"的方针要求高校服务于属地的经济社会发展，不同地区不同高校日常思想政治教育工作的效果有其地区特色。高校日常思想政治教育工作的质量，应当更多地考虑高校发展的贡献度，如与高校育人目标的契合度、与地方共同培养人才等。在全国高校思想政治工作会议之后，各省区市按照中央要求落实工作并纳入本地质量评价体系中，如贵州省开展全省普通高校思想政治教育工作检查，"修订《贵州省普通高等学校思想政治教育工作检查指标体系及标准》（试行），分管理机制、管理队伍、教学科研、教育途径、工作效果和特色项目 6 个一级指标和 21 个二级指标共 47 个项目，指标类别分为核心指标 A 共 9 项、重点指标 A 共 12 项和基本指标 B 共 26 项，按照本科和专科两个序

---

① 参见教育部发布的《全国教育事业发展统计公报》各年份数据，http：//www.moe.gov.cn/jyb_sjzl/sjzl_fztjgb/。

② 参见《第五轮学科评估工作方案》，教育部网站，http：//www.moe.gov.cn/jyb_xwfb/moe_1946/fj_2020/202011/t20201102_497819.html。

列进行考评，对优秀、良好和合格高校在不同指标上有相应量化要求"①。天津市则将思想政治工作列为考核高校领导班子的核心指标，"修订《天津市高等学校领导班子和领导干部综合考核评价实施办法》，出台《思想政治工作测评意见》和《思想政治教育年度考核办法》，明确了 10 项内容、62个量化指标，对思政工作落实不力的高校，校领导要被约谈问责。同时，还制定了领导干部联系高校制度，市委市政府领导同志每人联系 1~2 所高校，每学期上 1 次讲台、搞 1 次调研，每年办 1 件实事"②。不同地区落实思想政治工作的具体方案，体现了中央对高校一般要求与地方对高校重点要求的结合。

3. 项目评价兼顾了质量管理的常态化与机动性

项目评价已经成为高校质量管理的常用模式。改革开放以来，我国吸收借鉴了国外现代管理的理念、制度、标准，质量管理已经从观念转变为行动，广泛应用于各行各业，从上级部门的外部要求逐渐转化为高校内部质量管理需要。高校实际工作中，诸多工作是通过"项目"来实现的。高校设置了审计、内控、教学质量、督察督导等质量保障机构，从业务经费管理、部门工作流程、教育教学过程、任务落实整改等项目化的方式来保障高校内部运行的质量。

项目评价是日常思想政治教育工作的常态化举措。按照评价主体的不同，可以分为外部评价和自我评价。外部评价通常由教育行政部门主导，针对某项具体工作开展。如教育部每年针对高校学生资助工作开展年度检查，制定了详细的指标和分值，敦促高校对照建立工作体系，公开学生资助政策和流程，完成应助尽助的保障性资助，推进扶智扶志的发展性资助。资助工作的年检，是高校落实教育公平的应有之义，也是社会和学校围绕教育扶贫、脱贫攻坚等社会民生重要举措建立的协同工作体系，同时也推动着高校不断健全资助工作中信息公开、标准公平和流程公正的制度。自我评价指高校针对某项具体业务，采取质量公开的形式，提供质量素材，反映基本状况。如高校每年公开的毕业生就业质量年度报告，按照就业类

① 参见《省委教育工委、省教育厅关于修订〈贵州省普通高等学校思想政治教育工作检查指标体系及标准〉（试行）的通知》（黔教〔委〕社发〔2017〕13 号）。
② 参见《爱上思政课》，《光明日报》2017 年 8 月 15 日。

型、学生专业、学历层次反映就业率和就业去向，体现了学校育人的出口状况和学生就业的选择情况。毕业生就业质量年度报告提供了稳定的、连续的、长时段的基础数据，不仅成为学校和社会进行质量评价的依据，而且便于高校或行业进行横向比较和长期观测。2020 年，教育部首次针对"双一流"建设高校和"双一流"重点建设学科毕业生就业状况，面向毕业生和用人单位开展跟踪调查，"调查结果将应用于学科建设、教学评估、专业设置、教学改革、就业服务等方面成效评价和工作参考"[①]，反映了就业质量对人才培养质量和高校办学质量的重要意义。

　　项目评价是日常思想政治教育工作过程管理的重要模式。高校经常对日常思想政治教育工作进行研究部署，按年制订大学生思想政治教育计划，阶段性总结和表彰二级单位工作，定期组织校内辅导员或班主任考评，根据需要收集学生思想动态并进行分析研判，等等，这些工作举措、体制、机制都以项目化的方式部署、运行和考核，构成了高校日常思想政治教育工作的过程管理体系。

　　项目评价的实施突出诊断功能，总结阶段性进展，查找结构性短板。对日常思想政治教育工作的具体项目模块开展质量评价，可以借鉴质量审计（Quality Audit）的模式。质量审计是"确定质量活动和有关结果是否符合计划安排以及安排是否有效实施并达到预定目标的系统而独立的检查过程"[②]。质量审计通常分为院校审计（通过同行评估，在证据的基础上对有关高校确保本校的质量以及不断提高质量所采取的措施和机制进行审查）、内部审计（由高校机构内部人员，或社会审计机构，或专业审计公司组成审计小组）、管理审计（对高校管理及其政策、决策进行审查）等类型。[③]2019 年，北京市对所属高校拨付的学生党建工作年度经费执行情况进行质量审计，评价工作委托专业审计机构开展，要求高校提供所拨付经费执行的决策依据、决策流程、大额经费执行明细和执行效果，取代了以往提交

---

① 《教育部办公厅关于开展高校毕业生就业状况跟踪调查的通知》（教学厅函〔2020〕31号），教育部网站，http://www.moe.gov.cn/srcsite/A15/s3265/202009/t20200927_491672.html。

② 施晓光：《西方高等教育全面质量管理体系及对我国的启示》，《比较教育研究》2002 年第2 期。

③ 参见马健生等《高等教育质量保障体系的国际比较研究》，北京师范大学出版社，2014，第 20 页。

年度工作总结的评价方式。质量审计对项目运行的合理性、合规性、实效性进行总体分析与判断，是日常思想政治教育工作中开展精细化项目评价的有益探索。

第三节　高校日常思想政治教育工作 质量评价的技术路径

质量评价发起时，评价主体已经根据评价的目的和内容确定了一定的评价类型，质量评价进入实施阶段时，面对复杂的评价内容和众多不同的技术方法，需要针对不同评价内容选择收集信息的具体方法，即质量评价的技术路径。采取哪种合适的方法，取决于对评价内容的认识程度、信息收集的便利程度和评价主体的研究能力等。根据收集的信息类型，参考社会研究的科学分类，主要有调查研究、实地观察、实验观察、资料分析等技术路径。[①]

一　调查研究

调查研究是根据目的需要抽取研究对象的样本，并对样本进行预设问题（通常是问卷）的调查。马克思主义认为，人们的思想是从实践中来的，是对客观实际的科学反映，因此调查研究要从实际情况而非研究者的主观想象出发。调查研究不仅是开展质量评价的科学方法，也是中国共产党开展思想政治工作的宝贵经验。从概念上看，作为"我们党的传家宝"的"调查研究"，与作为科学研究方法的"调查研究"并不完全一致，前者作为一种哲学认识、历史经验、工作传统，内涵更为丰富，作为研究方法则包括获取调查对象信息的所有科学手段。考虑到两者在理念、目的、技术上具备共同基础因而放在一起讨论，而前者所涉及的其他技术路径，如统计分析，从科学分类的角度另行讨论。

1. 调查研究的独特优势

调查研究是马克思主义研究的经典方法，也是马克思主义中国化研究

---

① 借鉴艾尔·巴比提出的社会研究的分类方法，结合高校日常思想政治教育工作实践进行分类。参见艾尔·巴比《社会研究方法》（第十一版），邱泽奇译，华夏出版社，2009。

的优良传统。马克思、恩格斯都非常重视调查研究。1866 年，马克思就编
制了《普遍的劳动统计大纲》，包括 11 个部分。1880 年，在前者基础上，
马克思编制了《工人调查表》，包含 4 个部分 99 个问题，并邮寄了约 2.5 万
份问卷给工人，调查工人遭受雇主剥削的程度。① 恩格斯也曾对英国工人状
况和工人运动进行细致的调查研究，撰写了《英国工人阶级状况》一书。
调查研究是中国共产党人了解社情民情的重要方法。革命时期，毛泽东开
展过多次社会调查，形成了《湖南农民运动考察报告》《寻乌调查》《兴国
调查》《长冈乡调查》等一系列调查研究报告，并且专门撰写《反对本本主
义》来说明开展调查研究的意义和重要性、阐明开展社会经济调查的方法、
强调要立足中国实际开展调查研究。调查研究也是思想政治教育工作的优
良传统，改革开放后，邓小平提出"我们要对青年进行共产主义教育。要
多做点工作，多搞点调查研究"②。习近平在党的十九大后中共中央政治局
首次民主生活会上强调"调查研究"的重要性，称调查研究是"我们党的
传家宝，是做好各项工作的基本功"③，并且提出要"学习、掌握和运用现
代科学技术的调研方法，如问卷调查、统计调查、抽样调查、专家调查、
网络调查等，并逐步把现代信息技术引入调研领域，提高调研的效率和科
学性"④。

　　调查研究可用于研究描述性、解释性和探索性的问题，通常以个体为
研究单位，在运用于群体时个体仍然作为受访者或者资料提供者。"一个典
型的调查中，研究者先选择调查对象作为样本，然后利用标准化的问卷来
进行调查。"⑤ 调查研究相比其他技术手段，具有一定的实践优势。大学生
的数量庞大，教育过程千差万别，难以直观全貌、直接分析。用调查研究
方法收集相关信息，通过严谨的概率抽样提供有代表性的样本，设计标准
化的结构性问卷，采集大学生样本的基础数据、参与情况、态度倾向、个
人反馈等信息，便于快速获取相同格式的数据，从而分析和推断全体的情
况，兼顾了操作的可行性、评价的性价比和研究的便捷性。调查研究的信

①　《马克思恩格斯全集》（第 25 卷），人民出版社，2001，第 427~436 页。
②　《邓小平文选》（第 1 卷），人民出版社，1994，第 290 页。
③　《中共中央政治局召开民主生活会》，《人民日报》2017 年 12 月 27 日。
④　习近平：《谈谈调查研究》，《学习时报》2011 年 11 月 21 日。
⑤　艾尔·巴比：《社会研究方法》（第十一版），邱泽奇译，华夏出版社，2009，第 245 页。

息和数据收集采取标准化形式，为后续数据积累、统计研究、比较分析提供了素材支撑。

2. 调查问卷的设计流程

调查研究的重点是调查问卷的设计，问卷设计可以按照如下的顺序推进。

第一步确定问题类型。问题类型主要包括封闭式问题、开放式问题和两者结合的矩阵式问题。封闭式问题要求在提供的答案中进行选择，常采取是非题、迫选题、折中是非题、多选题、文字或数字等级题等形式，开展大规模调查时，封闭式问题能够保证行动的高效率和回答的一致性。而开放式问题意味着受访者可以针对问题做出自己的回答，因此，可以在封闭式问题后用开放式问题进行补充调查，或者根据调查的特定需要进行深度访谈。此外，在需要追问某一主题时经常使用关联问题，而如果问一组具有相同答案分类的问题时则会用到矩阵问题。如由武汉大学承担的"中国大学生思想政治教育发展报告"项目的调查问卷在对日常思想政治教育中不同工作模块进行调查时就采用了矩阵问题的形式。①

第二步确定问题内容和表述形式。无论是封闭式问题还是开放式问题，都要做到受访者能够并愿意回答，比如对一名普通学生询问学校的非公开信息可能超出了其能力范围；提问时，个别问题可能涉及个人隐私，受访者会产生抗拒或躲避回答的情绪。问题表述必须简明扼要，避免模糊或否定性表述，避免在一个问题中出现多种理解，如"参加学生社团活动对大学生的影响（非常大/比较大/一般/比较小/非常小）"的表述就非常模糊，影响可以是正面的也可以是负面的，模糊的表述容易引发歧义，可以改为"参加学生社团活动对你成长发展的帮助（非常大/比较大/一般/比较小/非常小）"。日常思想政治教育工作中，经常遇到价值观的问题，在确定问题表述时，还需要注意提问的倾向性，在问题中出现弱势群体时，容易诱发受访者的道德感，做出更符合期待的回答，如"你是否愿意帮助学习成绩不好的同学"，可以调整为"你是否愿意参加学业辅导工作"，等等。

第三步形成完整的问卷。完整的问卷应当包含问卷标题、问卷说明、

---

① 参见王火利《大学生日常思想政治教育调查分析（上）》，《思想教育研究》2017 年第 11 期；徐冶琼《大学生日常思想政治教育调查分析（下）》，《思想教育研究》2017 年第 11 期。

问题项，研究者往往还需要一份问卷答案的评分或分析说明。问卷标题和说明用于向受访者提供调查研究的目的、问卷填写指导、答案使用范围等。问卷制定可以遵循一定的顺序，如由简单到复杂、由封闭到开放、按时间或逻辑顺序等。问卷形成后，要进行一定范围的测试，检验问卷的信度、效度。封闭式问卷一般通过信度、效度检验来判断问卷质量。如"中国大学生思想政治教育发展报告"项目组设计的调查问卷（2017 年），在使用前就经过了信度、效度分析。分析显示问卷的克伦巴赫系数（Cronbach's α）为 0.936，内部一致性信度良好，结构效度达到统计学要求，能够准确反映调查对象的现实状况。[①]

3. 调查数据的收集分析

问卷制作完毕后需要发放、回收与分析。问卷的发放分为访问式和自填式。传统的调查研究采取面对面的访谈形式，需要选用一批访谈员，经过培训后，方能开始访谈工作。访谈员应当熟悉了解问卷的情况，在用语规范、言行举止、提问技巧、记录方式等方面都有一定的原则要求，遵循科学研究的基本伦理。面对面访谈除了完成调查研究的规定动作外，还有一些不同于其他形式的优点，如面对面访谈"通常能达到较高的完成率"[②]，还能够在提问的过程中观察和记录受访者的直接反应、情绪变化、思考过程等，作为辅助资料丰富调查研究素材。面对面访谈的不足之处在于受到空间和时间的局限，需要较高的执行成本，如访谈员培训、出行、工作的费用。电话普及后，电话访谈成为一种重要的补充形式，即使到现在，在大规模的正式调查研究中，如人口普查和民意测验，仍然保留了访谈的调查形式。

自填式问卷源自邮寄问卷，邮寄问卷是为了减少面对面访谈的成本，信息技术和互联网的普及推动了自填式问卷的快速发展，问卷发起、发放和回收的成本显著降低，问卷编制、答案记录、数据分析的技术门槛也在不断降低，问卷成本和技术门槛的降低使质量评价不再局限于学术研究的小范围群体中，高校内外更多的人、团队、机构能够快速研制问卷并发起评价。自填式问卷得到的数据根据问题类型可以分为标准数据和文本数据，

① 参见沈壮海《专题概述：从数据看大学生日常思想政治教育的成效与进路》，《思想教育研究》2017 年第 11 期。

② 艾尔·巴比：《社会研究方法》（第十一版），邱泽奇译，华夏出版社，2009，第 275 页。

标准数据对应封闭式问题，可以通过一定方式转化为量化数据，使用 Excel 软件进行简单数据清洗、数据转换和逻辑计算，或者使用 SPSS 软件进行描述统计、假设检验、多元分析，如有专家设计了针对大学生主观幸福感的问卷，并使用 SPSS 软件对问卷进行数据分析。[1] 面对文本数据，可以使用文献研究的方法，也可以使用 NVivo 文本分析软件，如有专家使用 NVivo10 对高校教师职业倦怠进行归因分析。[2] 无论采取何种分析方法，都是为质量评价的结论和报告提供依据。

调查研究方法也存在一定的局限与不足。思想政治教育的主体是人，教育的客体也是人，在调查研究的过程中，为了形成封闭式问卷，形成标准化答案，配合计量化分析，不得不采取一致性的问题设计，在一定程度上忽略了调查对象的多样性。同时调查研究要求预先研制完整详尽的问题，简化了调查所面对的复杂情形；调查研究中经常缺乏权威性的通用问卷，导致问卷需要反复设计，可能出现省略科学检验流程的问题；调查过程中调查对象往往出现配合式应答等，这些局限与不足需要在质量评价中尽量避免或通过其他技术手段来弥补。

二 实地观察

日常思想政治教育工作的过程大多是在自然的情境下发生的，过程中的场景、互动、情绪可以直接观察。日常思想政治教育工作的过程，是高校与教育者创造性劳动的表现，在日常思想政治教育工作中应当采取哪些形式，运用哪些途径，使用哪些方式，没有完全统一的方案与答案，也难以完全转化为预制的调查问题，更多的是在过程中的探索、协调与创造。实地观察侧重在实地进行定性研究，注重观察教育过程的发生、发展、互动，有的可以在设定的环境中客观抽象地分析，排除干扰因素，设计问题或变量，通过提问或刺激的方式，帮助评价的主客体来回顾、还原、塑造

---

[1] 黄伟：《主观幸福感与大学生思想政治教育》，《求索》2011 年第 6 期。SPSS 软件还可用于思想政治教育相关性统计分析。参见戴钢书《思想政治教育统计研究方法论》，人民出版社，2005。

[2] 参见李悦池、姚小玲《高校女教师职业倦怠的归因分析——基于 NVivo10 的质性研究》，《高教探索》2017 年第 12 期。NVivo 作为文本分析软件，既可以运用于调查研究中开放式问题的文本结论分析，也可以运用于质性访谈中的文本资料分析。

教育工作的实施过程。

在日常思想政治教育工作质量评价中，经常使用实地走访、学生座谈、小组访谈等方法，这些都是实地观察的形式，在实地观察中形成的信息、数据、文本，经过研究者的选取和组合，能够从一个侧面塑造和重构思想政治教育的行为、场景和结果。[①] "实地研究很少带着需要加以检验的、已明确定义的假设。比较典型的做法是，试图先从无法预测的进程中发现有意义的东西——从初始的观察，尝试性地推展出一般结论，这些结论能够启发进一步的观察，进行这种观察，然后再修正结论等等。"[②] 在实地研究中，研究者进入日常思想政治教育工作的情境，观察和记录工作的环境、设计、发生、变化，了解和分析思想政治教育主客体的态度、角色、关系、互动，通过研究者记录、描述、分析，呈现和评价日常思想政治教育工作质量。

1. 实地观察的适用情形

实地观察依照研究者参与程度的不同，对角色的定位有所区别，适用于不同的观察目的。完全的旁观者不进入研究对象所处的情境中，以旁观者的身份观察整个过程，尽可能规避对过程的影响。而完全的介入者在观察过程中以特定的角色参与其中，在两者之间还存在不同程度的参与情况。

评价主体是否进入情境，以及参与的程度，不能一概而论。在日常思想政治教育工作质量评价中，从事质量评价的专家，往往本身也是思想政治教育工作者，从科学研究的角度，研究者介入研究过程，必然触及研究伦理，干扰研究进程，影响研究结果。研究对象意识到自身处于被关注和被观察的时候，也会刻意改变言行表达，引发刻意改变言行表达的"霍桑效应"。完全的旁观者虽然避免了过程中的介入，却缺乏了研究的共情和追问。而且只依赖研究者的知识、分析、理解，也可能对研究对象做出片面的判断。在调查研究和实验观察中，"研究者比研究对象具有更大的权力和更高的地位，拥有研究对象所不具备的特殊知识"[③]，但是"在实地研究中，这些假定都是有问题的"，"社会研究者越是面对面深入研究，就越会意识到那些潜在的研究者优越性的假定，也就越有可能考虑替代选择"[④]。

---

① 严帅：《思想政治教育质量评价研究的新特点与新趋势》，《思想教育研究》2018 年第 2 期。
② 艾尔·巴比：《社会研究方法》（第十一版），邱泽奇译，华夏出版社，2009，第 286 页。
③ 艾尔·巴比：《社会研究方法》（第十一版），邱泽奇译，华夏出版社，2009，第 291 页。
④ 艾尔·巴比：《社会研究方法》（第十一版），邱泽奇译，华夏出版社，2009，第 292 页。

实地观察能够帮助评价主体更好地指导工作实践的不同路径。质量评价中，评价主体进入现场，能够萌发"设身处地"的共情，从而更好地理解日常思想政治教育工作过程。因此在开展质量评价的时候，尽管评价对象是实地观察的客体，是实地观察的重点，也是质量评价的重点，不应被干扰，但通常评价主体会对工作过程予以询问、提示、督导、指正、总结，旨在传递教育行政部门或评价专家的理解、意见和建议，帮助评价对象完善工作体系，健全质量保障制度，为评价对象提供问题改进策略。如北京市为制定《北京普通高等学校党建和思想政治工作基本标准》而入校检查，就提出把"检查作为全面加强和改进党建和思想政治工作的重要契机，深入开展自查自评，认真梳理和总结工作，全面提升各项工作水平"，实现"以评促建、以查促改的目的"。[①]

实地观察能够帮助评价客体更好地理解和协调关系。质量评价不仅是加强和改进日常思想政治教育工作的手段，也是教育工作过程的组成部分和重要环节，因此评价的实施会对日常思想政治教育工作质量产生直接影响。有研究者提出了适合开展实地观察的社会生活类型，包括实践（practice）、情节（episodes）、邂逅（encounters）、角色（roles）、关系（relationships）、群体（groups）、组织（organizations）、聚落（settlements）、社会世界（social world）、生活形态或亚文化（life style or subcultures）等，[②]这些类型都与人的社会关系建构紧密相关，实地观察能够帮助评价客体更好地理解社会关系的形成、互动和改善的机制，在"以评促建"的评价目标导向下，通过反复的日常实践，调节人与社会要素的互动方式，形成更加优质的社会关系。

2. 实地观察的前期准备

实地观察前，要充分收集研究对象的文献资料，了解研究对象的信息情况、对研究问题的基本态度、工作的大致过程、预期的呈现效果，这些准备工作不仅能增进对研究对象的了解，而且提供了进入实地阶段的对比

---

① 参见《以标准化建设为抓手 加强高校党建和思想政治工作》，教育部网站，http://www.moe.gov.cn/jyb_xwfb/xw_fbh/moe_2069/xwfbh_2018n/xwfb_20180528/sfcl/djgzclhb/201805/t20180528_337318.html。

② 参见约翰·洛夫兰德等《分析社会情境：质性观察与分析方法》，林小英译，重庆大学出版社，2009，第101~103页。

参照，便于研究者深入追问，对比不同实践路径的预设逻辑与现实表现。

近年来，高校推进"三全育人"工作体系建设，不同的学校有着不同的实施方案，体现了其办学的特色，对不同学校开展相应评价需要观察其实施的不同载体、关键步骤、主要途径等过程要素。以入选教育部"三全育人"综合改革试点高校的复旦大学、江苏大学和北京科技大学为例，在建设方案中就呈现出不同的侧重点与特点。复旦大学聚焦思政课程、书院建设、课程思政和师资队伍建设，提出把书院建设成"全面发展的第二课堂、文化育人的生活园区、师生共享的公共空间、学生自我管理的教育平台"。对该学校开展评价的实地研究就可以以"书院"为对象，了解其作为师生学习、文化、生活共同体的建设过程，书院导师制度的实施情况，学生自管会、监委会、楼委会的组成运行以及师生的感受体会等。[1] 江苏大学聚焦协同工作体系，实施"育人保障工程""成长导航工程""素质提升工程"，其中素质提升工程通过"建设'素质教育中心'，开发建设素质类课程群，拓展完善素质类培训项目"。对该学校开展评价的实地研究就可以以"素质教育中心"为对象，实地观察课程和培训项目现场，了解在校生和毕业生在其中的参与、收获和长期影响。[2] 北京科技大学侧重实践劳动的育人传统，提出"实践立行育人计划，构建'全程化、三层次、多模块'的'大实践'育人体系"。对该学校开展评价的实地研究就可以侧重学校如何对不同类型学生开展实践教育，以及实践教育如何体现在学校着力建设的"知识＋能力＋道德"的学生综合素质评价体系中。[3]

上述学校开展日常思想政治教育工作的举措表明，用完全简单化的评价模式去套用学校的具体实践会出现不适用的情况。日常思想政治教育工作的实施开展与质量效果，是普遍性要求与独特性实践的结合。前期的评价准备能够帮助研究者快速地了解对象、选取内容、确定重点、实施评价。

---

[1] 参见《复旦大学实施"四大行动计划"推进"三全育人"综合改革试点工作》，教育部网站，http：//www.moe.gov.cn/jyb_xwfb/s6192/s133/s164/201906/t20190612_385552.html。

[2] 参见《江苏大学深入推进"三全育人"综合改革》，教育部网站，http：//www.moe.gov.cn/jyb_xwfb/s6192/s222/moe_1741/201910/t20191018_404201.html。

[3] 参见《北京科技大学全力推进"三全育人"综合改革试点工作》，高校辅导员网络学院网站，http：//www.ausc.edu.cn/news/anlifx/2019-03-29/4477.html。

3. 实地观察的具体实施

实地观察是一系列方法的统称，① 具体技术路径的选取，要根据研究对象的特征、情境和研究的便利性综合确定。

如学生主体性表达是其思想和行为自觉的表现，也是评价日常思想政治教育工作效果的重要依据。日常思想政治教育工作中，强调学生主体性、主动性、能动性的发挥。构建"学生参与""自我教育""自我管理"的工作平台，是开展实地观察的重要研究对象。国外高校质量保障体系以及学生事务的评价实践中，学生参与的制度、运行状况、学生反馈往往作为质量评价的重要内容。这不仅体现高校保障学生权利，也反映高校尝试与学生建立良性互动关系的努力。近年来，国内对于学生参与高校治理的制度逐渐从观念上重视落实到具体的实践中。2005 年《普通高等学校学生管理规定》中提出"学校应当建立和完善学生参与民主管理的组织形式，支持和保障学生依法参与学校民主管理"②，学生参与属于倡导性的举措。2017 年颁布修订的《普通高等学校学生管理规定》保留了上述提法，同时在"学生的权利与义务"章节中新增学生"在校内组织、参加学生团体，以适当方式参与学校管理，对学校与学生权益相关事务享有知情权、参与权、表达权和监督权"③。学生参与不仅是一项工作创新，更是学生权利的体现，《普通高等学校学生管理规定》的修订更新，反映了在日常思想政治教育工作的质量体系中，要更加注重大学生的权益保障，以大学生的获得感与满足感为评价标准。

在高校日常思想政治教育工作中，学生参与的状况可以实地观察具体案例的完整过程；也可以采用定性访谈的方法来了解，通过制定访谈提纲，引导学生复述参与学校管理的流程、安排、结论和感受，重点了解学校管理是否制度化、常态化设计了学生参与的环节，学生是否通过参与的方式

---

① 实地观察具体包括民族志（ethnography）、常人方法学（ethnomethodology）、扎根理论（grounded theory）、个案研究（case study）、制度民族志（institutional ethnography）、参与行动研究（participatory action research）等。参见艾尔·巴比《社会研究方法》（第十一版），邱泽奇译，华夏出版社，2009，第 292~302 页。

② 参见《普通高等学校学生管理规定》（教育部令第 21 号），教育部网站，http://www.moe.gov.cn/srcsite/A02/s5911/moe_621/200503/t20050325_81846.html。

③ 参见《普通高等学校学生管理规定》（教育部令第 41 号），教育部网站，http://www.moe.gov.cn/srcsite/A02/s5911/moe_621/201702/t20170216_296385.html。

推动了学校管理；还可以采用专题小组（焦点小组）的访谈法，选取学生参与的各方，进行系统化的提问，并就其中的细节补充追问，完整体现学生参与的工作轮廓、运行机制和实施效果。日常思想政治教育工作中，学生座谈会、主题班会、学生党支部组织生活会等都可以设计为专题小组访谈，即时地收集学生关于某项议题的意见和建议，及时对日常思想政治教育工作做出反馈和改进。

三　实验观察

实验观察是通过严格的实验设计和实验控制，来检验与印证预设是否成立或如何发生的研究方法。实验观察方法进入教育学和心理学领域后，推动了教育测量和心理实验的快速发展。实验观察能够科学把握实验对象的变化，进行严谨的归因分析。实验结果能够复现，对"人"与"过程"的观察优势相对突出。

1. 实验观察注重对"人"的研究

高校日常思想政治教育工作质量评价要求聚焦"人"。学生所受的教育来自家庭、社会和学校多方面，每一个方面对学生的影响机制是什么，作用效果是什么，在科学研究中尚未有完整的结论。青少年阶段是人生的"拔节孕穗期"，是价值观成形的关键时期，充分说明了在此阶段开展思想政治教育的重要意义，然而思想政治教育如何作用于大学生，理论中总结了知、情、意、行的逻辑，但其中的科学机制仍有待研究和揭示。如果将这个问题反过来看，在高等教育质量评价领域中，学生对学校的贡献表现在哪些方面，已经形成了一些经验性的办法。如在高校排名中经常将优秀校友作为重要衡量指标，在大学的科研成果中能清晰地看到学生的贡献程度，等等。高校与大学生的发展成就存在交互性，大学生的发展成就是高校办学质量的重要表现，高校办学质量也是大学生成长与发展的重要助推器。高校为大学生的成长做了哪些贡献，高校立德树人的价值如何体现，尤其是学生思想的变化、观念的形成、价值的取向、实践的转化等日常思想政治教育工作的预期效果，还十分模糊。如果通过某种机制能把思想政治教育引领学生思想和行为的逻辑关系呈现出来，把解决实际问题之后思想问题迎刃而解的内在机理展现出来，日常思想政治教育工作的意义和效果也就不言而喻了。

实验观察的优点恰恰在于通过多次测试的方式，对比实验组与控制组的差别，并对教育投入的刺激引发的差异化结果进行归因分析，如果实验观察的对象"没有受到其他刺激，就可以认为，特征的改变归因于实验刺激"①。事实上，大学生思想政治教育的实验观察研究表明，施加思想政治教育的"某种刺激"，能够引发大学生价值认同与接受、人际交往、学业情绪、网瘾矫正的显著变化。② 这些研究结论来源于实验观察中严谨的逻辑归因，因而实验观察用于分析日常思想政治教育工作的效果是可行的。当然，刺激产生作用还只能通过语言、行为或电波反应等外显表征来捕获，身体内部运行的原理尚未完全掌握。同时实验观察需要严格的条件约束，在实验中能显著观测到的变化，与大学生现实生活中的实际情况，还有一定的距离。

2. 实验观察聚焦过程规律

思想政治教育有着基本的规律，如思想品德的形成规律就包括社会存在与社会意识关系的一般规律，以及能动反映论和灌输论所揭示的正确思想形成发展的规律。③ 高校日常思想政治教育工作是大学生在校学习、生活的一部分，或者说部分过程，实验观察推进了对过程内在机理的认识，能够揭示工作过程中各要素"本质的关系或本质之间的关系"④，随着实践研究的深入，对过程内在要素的运行机制也就了解更多。

道德心理学领域中对道德认知的工作机制就经历了若干发展阶段，形成了每个阶段道德认知测量的实验方法（见表3-2），深化了对道德认知规律的把握，实现了从最初简单的访谈方式到制定认知量表，再到设计认知实验的发展。当前，在脑成像技术的辅助下，对道德认知的分析将人的

---

① 艾尔·巴比：《社会研究方法》（第十一版），邱泽奇译，华夏出版社，2009，第240页。
② 参见赵秋野、王金凤《基于联想实验的大学生社会主义核心价值观认同与接受研究》，《上海交通大学学报》（哲学社会科学版）2019年第6期；马得勇、兰晓航《精英框架对大学生有影响吗——以实验为基础的实证分析》，《清华大学学报》（哲学社会科学版）2016年第3期；梁丽《团体辅导对提升大学生人际交往水平的实验研究》，《学校党建与思想教育》2012年第31期；马惠霞、林琳、苏世将《不同教学方法激发与调节大学生学业情绪的教育实验》，《心理发展与教育》2010年第4期；刘纯姣《思想教育和心理辅导矫正大学生网瘾实验研究》，《学校党建与思想教育》2010年第19期。
③ 参见张耀灿、郑永廷、吴潜涛、骆郁廷等《现代思想政治教育学》，人民出版社，2006，第123~127页。
④ 《列宁全集》（第55卷），人民出版社，2017，第128页。

"内化过程"聚焦到"脑认知的过程",对思想政治教育"入耳入脑入心"的认知形成规律、心理接受规律以及认同规律等微观问题进行精细化研究,推动思想政治教育的效果评价从思辨范式转为实证范式。[①] 道德认知测量实验通过脑电波的反馈或脑成像技术,发现了外部刺激影响道德感的生成和道德认知的变化,呈现了过程中的要素关系和作用机制。

表 3-2　道德认知测量实验的发展过程、实验类型与操作方法说明

发展过程	实验类型	操作方法
开展道德认知访谈	皮亚杰对偶故事	受访者应对一些棘手的任务(皮亚杰称之为"对偶故事")时,研究者观察访谈过程,将受访者的道德判断及其解释过程作为考察其道德发展水平的指标
	科尔伯格道德两难故事	编制了九个两难故事以及一系列相关问题,让受测者做出判断并陈述理由,最后由研究者根据标准的评分体系对受测者的道德推理进行评分,对评分结果进行阶段归档或计算
研制道德认知量表	莱斯特的确定问题测验(DIT/DIT2)	运用李克特量表,将"两难故事"改为问卷形式,每个故事设 3 个计分点,每个问题采取 5 点计分法,所有问题加权得出分析结果,其中最重要的是"原则性道德分数"
	林德的道德判断测验(MJT)	基于 DIT 理论,提出了测量道德行为的情感和认知两个"面"的"双面理论",根据论点的道德质量而非与自己立场是否一致做出判断,同时测量道德认知和道德情感分数
设计道德认知实验	Haidt 社会直觉模型	道德判断分为直觉和推理两个系统。前者更加的快速、自动化,无须主观意志努力;后者是缓慢的、涉及意识层面的,需要主观意志努力
	内隐联想测验(IAT)	内隐联结允许做出自动反应的心理表征,无须强烈的刺激即可以启动,尤其在那些标准不明或结构不清的行为情境中,作用尤为明显,情境中的道德判断就会受到内隐过程的影响

[①] 杨东杰、曹培强、李奕璇、胡锐:《认知科学视阈下思想政治教育实效性测评探索》,《新疆师范大学学报》(哲学社会科学版) 2022 年第 5 期。学者使用红外脑功能成像系统,采集了脑电波、脑成像数据,并结合生理多参数监测系统采集学生在课堂学习中的信号数据,构成了课堂教学的定量评价指标。

发展过程	实验类型	操作方法
开展脑认知实验	FMRI 应用于道德生理机制研究	认知神经心理学的研究表明，运行脑成像技术，与情绪相关的脑区在道德判断中会被不同程度地激活

资料来源：参见戴钢书《思想政治教育统计研究方法论》，人民出版社，2005，第 59~60 页；黄华、赵飞《道德认知的测量》，《道德与文明》2011 年第 3 期；王云强《后科尔伯格时代的道德心理学：审视与反思》，《南京师大学报》（社会科学版）2015 年第 5 期；屈陆、戴钢书《思想政治教育认知形成的基本规律》，《思想教育研究》2017 年第 1 期。

3. 实验观察的应用展望

相较于调查研究、实地观察等形式，实验观察所需的研究经费较高、操作的专业性较强，所能收集到的反馈信息规模较小，因此在当前日常思想政治教育工作质量评价的研究与实践中，实验观察的大范围运用还存在一定限制。日常思想政治教育工作过程包含教育者实施教育以及受教育者接受教育两个部分，实验观察关注受教育者接受教育的过程，采取直接研究而非间接推论的方式，是日常思想政治教育工作质量评价不可忽视的重要技术路径。

思想政治教育过程规律，如"教育要求与受教育者思想政治素质发展之间保持适度张力的规律、教育与自我教育相统一的规律、协调与控制各种影响因素使之同向发挥作用的规律"[1]，反映了思想政治教育发生、发展、变化诸多过程的本质。在日常思想政治教育工作质量评价中使用实验观察的方法，就是深入地研究受教育者，通过分析人的认知、情绪、意识、行动各自的生成逻辑和关联机制，揭示思想政治素质形成和发展的规律。规律的揭示要转化为指导工作的依据和评价工作的标准。如"教育要求与受教育者思想政治素质发展之间保持适度张力"，教育要求是什么，受教育者思想政治素质发展的表现是什么，什么程度的张力才是适度的，适度与否怎样在质量评价中得到体现，超过限度会引发什么后果，这些都需要在对教育过程的实验研究中进行更加细致的分析。

四　资料分析

日常思想政治教育工作中沉淀了大量资料，是对教育体制机制和实施

---

[1] 参见张耀灿、郑永廷、吴潜涛、骆郁廷等《现代思想政治教育学》，人民出版社，2006，第 353~359 页。

过程的记录，蕴含了教育主客体对具体工作内容的理解。资料分析既是启动质量评价前的基础工作，也是质量评价的重要方法。

1. 日常工作的资料分析

日常思想政治教育工作的主体、客体、环节、流程、结果等诸多方面都会沉淀大量的信息，以文本、数据、音视频等方式储存下来，形成洞察、分析、决策和判断的依据。① 高校在贯彻落实党和国家关于思想政治教育工作的要求中形成了大量的政策文本，表现在学校规划、会议记录、年度计划、实施方案、工作通知、总结材料中，可以采用理论构建、文本对照、逻辑梳理、编码分析的方法，得出研究结论，形成评价依据。

中国特色社会主义高校是党和国家教育方针政策的实践者。对于党和国家在教育领域的重大决定，是否研究部署，是否开会讨论，是否发布文件，是否形成制度等方面的决策，反映了高校对思想政治教育工作的态度、思考和设计。对高校基础工作状况的把握，也往往从学校的制度文件入手。如全国高校思想政治工作会议上提出，要落实意识形态工作责任制，"建立问题清单、任务清单、责任清单"，在日常思想政治教育工作中也有多个涉及意识形态工作责任制的要点，如教师开展工作的基本规范是什么，学校处理意识形态问题的流程是什么。这些政策文本，是开展日常思想政治教育工作的制度依据，也是质量评价的一手资料。

以意识形态工作责任这一工作为例进行分析。首先，意识形态工作责任制中，高校党委、机关部门、基层院系、领导干部、教师、学生都是具体的责任主体，在制定文件时，相关责任主体是否参与讨论，经过调查研究和充分探讨，决定了政策文本的共识基础。其次，政策文本要具备操作的可能，如意识形态工作责任制的内容中，大家对"一把手负责"十分了解，却对于每个个体应承担的责任知之甚少，高校制定的文件应避免"大而无当"，让各方都能在其中找到自己的定位、职责、权利、义务，越是清晰，就越有操作的价值，文件才不会束之高阁。最后，在质量评价环节，可以结合日常思想政治教育工作中有关意识形态的相关案例，了解处理的流程、依据、结果和相关主体的反馈，不仅是考察制度如何付诸实践，更是审核文件是否得到了恰当的使用、工作是否在规定的要求下开展、责任人是否履行了

① 严帅：《思想政治教育质量评价研究的新特点与新趋势》，《思想教育研究》2018 年第 2 期。

相关的责任。经由这些分析，资料不仅成为体现日常思想政治教育工作"有没有"的依据，而且成为质量"好不好"的反映。

2. 学生档案的文本分析

把学习者的学习过程、学习成果记录下来，形成评价学习者自身和学习状况的依据，是教育中经常使用的方法。学生的成长伴随着学习成果的产生及其评价、鉴定、测量，这些资料是学生受教育过程中的典型成果，也反映了学生的增值过程。"档案袋评价"（portfolio assessment）是美国在20世纪80年代推行的教育评价方法，通过"归纳学习者的学习、表现与交流及学习者自己编辑的作品"，同时也形成对学习者和教师进行多元评价的素材。① 依托学生档案开展评价有三重意义：一是记录学生的能力素质和成果绩效，二是通过持续记录反映学生的成长路径，三是通过档案资料对学生和教育过程的质量进行评价。

档案是中国社会中经常用到的资料。以大学生为例，每个大学生都有个人档案，档案中收录了学生学习成长的若干文本，如入党入团材料、教师评价、学习记录等，学生就业后，个人档案流转到工作单位并不断充实。限于管理规定，大学生很少有机会直接看到自己的档案，但是"档案袋评价"在现实情境中已经广泛使用。在学生求职过程中，档案审查成为评价学生是否合格的重要环节。

"档案袋评价"最初应用于教学体系中，旨在引导学校在成绩、学分以外记录更多学生受教育的过程、成果，丰富"第一课堂成绩单"，对学生培养方案提供更多注脚，从而评价教学质量。随着思想政治教育体系的丰富和拓展，学生在校的成长需要用更广阔的视野来衡量。学生在升学、求职、面试各个场景中准备的个人简历，除了课程成绩外，往往会罗列社会实践、荣誉奖励、学生干部经历等，这些都反映了学生参与思想政治教育的"第二课堂"后对"第二课堂成绩单"的现实需要。2018年，共青团中央和教育部联合印发《关于在高校实施共青团"第二课堂成绩单"制度的意见》，"第二课堂成绩单"围绕"思想素质养成、政治觉悟提升、文艺体育项目、志愿公益服务、创新创业创造、实践实习实训、技能特长培养等内容设计

---

① 钟启泉：《建构主义"学习观"与"档案袋评价"》，《课程·教材·教法》2004年第10期。

课程项目体系"①，记录学习过程和成果，设定学分、学时或积分，根据参与情况对学生综合能力进行描述性判断，形成评价报告。同时搭建"第二课堂成绩单"数据信息平台，形成动态管理平台，开展质量监测评估，优化学生培养过程。推动将"第二课堂成绩单"纳入学生个人档案，作为学生"综合素质测评、评奖评优、升本推研、推优入党等的重要评价"，作为社会用人单位选人用人的科学参考。"第二课堂成绩单"是"档案袋评价"在思想政治教育领域的重要运用，日常思想政治教育工作的过程和成果更是"第二课堂成绩单"的重点内容，"第二课堂成绩单"体现了学生的主体参与性、获得感、满意度和成长，改变了传统评价中取向工具化、指标静态化、方式单一化等危害，为学生成长提供发展性、动态性、多元性的关注和记录，②便于观察学生思想道德素质起点和结果之间的增值情况。

3. 学生行为的统计分析

在日常思想政治教育工作质量评价中使用统计方法或大数据分析，已经从理论走向实践。日常思想政治教育工作的数据管理不仅推动高校建立内部质量保障体系，而且为政府和第三方机构开展评价提供了便利。

实践活动是人有目的、有计划的活动，人的思想的能动性就表现在对目的和计划的指导中。行为是思想的外化形式，"法律存在于法典中，日常生活发生的许多事情表现在统计数字中或者记录在历史材料中。'时髦'可以从人们的穿戴中反映出来，'嗜好'可以见诸文学艺术等等"③。正是有了这些外化的客观存在，研究者才能洞悉内在的规律。

在日常思想政治教育工作质量评价中，经常用到统计分析的方法对数据进行研究。如通过调查研究和实验观察的数据，可以得出学生对设定主题的态度、价值、思考、行动，这些数据结合其他变量，通过相关性或回归分析，能够对设定主题做出进一步解释，从而分析和改进工作。近年来，高校借助学生在校内的消费数据，辅以学生经济情况调查问卷，细化了学生经济情况的实证依据，便于实施学生精准资助，改进了学生资助工作中个人申请、答辩评审等传统环节，保护了学生的隐私，照顾了学生的感受，

---

① 《团中央、教育部印发〈关于在高校实施共青团"第二课堂成绩单"制度的意见〉》，《中国青年报》2018 年 7 月 5 日。

② 徐蓉、王潇：《论高校思想政治教育的增值评价》，《教学与研究》2021 年第 12 期。

③ 迪尔凯姆：《社会学研究方法论》，胡伟译，华夏出版社，1988，第 25 页。

提升了学生的获得感。

2017 年，中共中央政治局就实施国家大数据战略进行集体学习，特别强调大数据对社会治理的重要影响，提出推动实施国家大数据战略，加快完善数字基础设施，推进数据资源整合和开放共享。① 大数据战略在高校中的实践，是高校内部信息数据"一张表"工作的延续。大数据分析以统计学的理论为基础，拓展了数据获取的途径，提升了数据信息的容量，持续的数据沉淀为时间序列分析提供了可能。大数据分析丰富了高校主客体的行为描述模式，在以往的工作中研究者需要直接的观察与调查才能获取信息数据，进行行为研究，得出评价结论。而高校数据平台建设所依托的大数据分析，将信息收集的任务从研究者转移给机器，极大地提升了工作效率，增加了信息类型，扩大了数据规模。从大数据分析运用于质量评价的实践来看，有的高校形成了"'学生画像'大数据评价系统、'教师画像'大数据评价系统、教育中介大数据评价系统、教育管理服务大数据评价系统"②，类似的"学生画像""教师画像""教学画像""科研画像""学校画像"在众多高校中开始实行，而相应的数据平台建设也同步推进。运用大数据分析开展评价工作，是高校数据聚合的场景运用，已经成为帮助高校决策和进行过程管理的常用方法。

使用大数据分析的方法开展质量评价，要找准日常思想政治教育工作中的"问题"，建立常态化观测要点，不断研发日常思想政治教育工作质量评价的具体模式，在评价实践中验证质量评价的理论与模型。依托高校数据平台建设，形成高校内部和高校之间通用数据库，探索学校间、地区间可比的评价模式，形成全国与地区、地区与所属高校之间双向互动的数据监测平台。

总之，质量评价的方法和类型多种多样，需要参考多个学科理论，使用各种技术手段，综合运用合格评价、效果评价和项目评价等评价类型，才能清晰描述高校日常思想政治教育的发生过程、立体呈现其运行机制，从而总结其质量与成效。

---

① 《审时度势精心谋划超前布局力争主动　实施国家大数据战略加快建设数字中国》，《人民日报》2017 年 12 月 10 日。

② 李怀杰：《思想政治教育大数据评价及其实践路径》，《思想理论教育》2017 年第 6 期。

第四章　高校日常思想政治教育工作质量评价的指标体系

　　日常思想政治教育工作质量评价的指标，发挥着凝聚质量共识与标准通约的功能，聚焦日常思想政治教育工作的阶段性任务和现实问题。指标的确立要以政策法规为依据，以满足日常需要为准绳，以促进工作为目标，注重指标的准确性、科学性和指导性。指标体系的构建要逐步确定组织架构、核心指标、指标权重和观测要点等，是一系列标准的结构性组合，可以将一些稳定成熟、信度与效度高、通用性强的评价指标设定为日常思想政治教育工作质量的常态化观测要点。

第一节　高校日常思想政治教育工作质量评价指标的功能

　　指标体系是沟通评价内容与评价方法的桥梁。高校日常思想政治教育工作质量评价的内容往往是宏观的、原则性的，而质量评价方法对各要素有着科学性、标准化的要求，评价内容经由评价指标的转化，才能适用于评价的具体方法中。缺乏评价标准，评价便无法开展。

一　高校日常思想政治教育工作质量的客观反映

　　质量评价总是以一定的标准去判断日常思想政治教育工作的质量。指标的选取和确定意味着日常思想政治教育工作明确了目标与方向。高校日常思想政治教育工作的质量是与一定社会、阶级和政党的要求相适应的，在历史发展的过程中，质量标准在宏观的表述中不断深化细化，从零散的标准到系统化建构指标体系，发挥着引领方向、激发动力、规范行为的导向作用。

1. 质量标准反映社会发展客观现实情况

质量标准与社会发展水平相适应。汉代通过察举的方式选拔官吏，设置了"孝廉""光禄""贤良方正"等科目，将德行的标准具体化；魏晋南北朝采取九品中正制，使用评价的方式对候选人进行考核和遴选；科举制度建立后，将德行的要求与标准内化为考试的教材与内容。中国历史上德行的标准更多是导向性的，需要通过日常的行为表现、旁人的观察评说等形式具体呈现。隋代王通提出"度其言，察其志，考其行，辩其德"的评价标准，① 对"言""志""行""德"的综合评价理念体现了评价标准是多维度而非单一的。

质量标准是评价内容现实状况的反映。日常思想政治教育工作是做人的工作，人的思想是复杂且难以估量的，然而教育主客体之间的相互作用以及围绕教育过程的设计都是可以感知的客观存在。实践是检验真理的唯一标准，"真理的标准只能是社会的实践"②。对高校日常思想政治教育实践的认识和把握程度，决定了标准能够反映的高校日常思想政治教育价值的程度。只有建立内容全面、指标合理、方法科学的评价体系，③ 才能准确反映现实状况。高校日常思想政治教育工作质量的标准，包含政策设计、开展过程与工作成效等不同维度。只关注政策设计，会忽视了开展过程中的丰富创造，流于政策文本表面；只关注开展过程，则会失去日常思想政治教育工作的目标与方向，陷入事务主义；只关注工作成效，往往会忽略政策设计的战略意义和质量形成的复杂过程，窄化了人的价值实现的多种形式。

日常思想政治教育工作是一项复杂的系统化工程，单一的标尺无法衡量所有的环节和要素，指标只有建立在准确的基础上，标准才能够真正成为科学的依据，评价也才能够实现公正、公平、客观的效果。长期以来，高校日常思想政治教育工作相关的质量评价，因关乎高校办学的政治导向和办学效果，其重要性、必要性和实效性似乎不言自明，高校在认识上"高度重视"，在实践上"狠抓落实"，在效果上"高标准，严要求"。这一方面反映高校能够普遍认识到思想政治工作的"生命线"地位，贯彻落实

---

① 张沛撰《中说校注》，中华书局，2013，第 232~233 页。
② 《毛泽东选集》（第 1 卷），人民出版社，1991，第 284 页。
③ 《十八大以来重要文献选编》（下），中央文献出版社，2018，第 490 页。

上级部门的规划和部署，不断加强和改进日常思想政治教育工作，培养合格的建设者和可靠的接班人；另一方面也反映出高校对于日常思想政治教育工作质量评价缺少客观尺度，缺乏观测指标，容易失之于宏大的叙述中。在质量评价实践中，经常会遇到评价过于主观、标准脱离现实、结果需要调和等情形，这就意味着在确定标准的过程中，如果过于依赖经验认识，甚至为了迎合或迁就而制定笼统、片面乃至错误的标准，评价就会缺乏客观性、准确性，无法对真正的现实问题做出回应，评价起来左右掣肘，不同人开展评价的过程不具备可重复性，评价结果存在较大差异，难以验证，失去了评价的公信力和权威性，等等。新时代日常思想政治教育工作的质量评价，已经逐渐从外部的要求转化为高校自身办学治校的保障与手段，评价标准要准确地反映日常思想政治教育的价值、目标、状况，才能准确地推进指导评价的实施。

2. 高校思想政治教育工作质量状况的标准化过程

高等教育的发展推动思想政治教育整体性、系统化的标准建构。20 世纪 90 年代，高等教育评价实践带动了思想政治教育的评价。1994 年，中共中央出台的《关于进一步加强和改进学校德育工作的若干意见》提出"要建立德育工作的评估制度"，"高等学校德育工作应列入'211 工程'评估标准"①。1995 年国家教委颁布《中国普通高等学校德育大纲（试行）》，第一次尝试构建了高校思想政治教育工作质量的若干标准。

《中国普通高等学校德育大纲（试行）》提出了高校开展德育的目标、内容、途径、考评、队伍、保障，指明"德育工作的质量是评价学校办学水平的重要指标之一，德育工作评估是德育由软变硬，由虚变实的重要措施"②，凸显了思想政治教育质量标准对高校办学质量的重要意义。《中国普通高等学校德育大纲（试行）》提出德育评价的内容明确为以下五个方面：

（1）领导体制、机构和队伍建设情况；

（2）"两课"建设情况、"三育人"工作开展情况，日常思想政治教育工作开展情况、党团工作和学生会工作开展情况、社会实践开展情况、校

---

① 教育部思想政治工作司组编《加强和改进大学生思想政治教育重要文献选编（1978—2008）》，中国人民大学出版社，2008，第 204 页。

② 教育部思想政治工作司组编《加强和改进大学生思想政治教育重要文献选编（1978—2008）》，中国人民大学出版社，2008，第 216~224 页。

园文化建设情况；

（3）规章制度建设情况；

（4）德育投入情况；

（5）学校德育的总体效果。

五个方面构成了德育评价的总体框架，基本上涵盖了高校开展思想政治教育的体制机制、工作过程、队伍保障和效果评价。在每个方面又细化为若干观测要点，明确了指标的内涵，如对规章制度建设情况包括以下七个部分：

（1）高校德育大纲实施细则；

（2）关于高校德育大纲实施情况的评估制度与办法；

（3）德育专职教师的培训制度、职务评聘办法；

（4）德育专职教师的工作条例、业绩考评和奖励制度与措施；

（5）兼职辅导员（或年级主任）、班主任（或班导师）的岗位责任及考核、奖励办法；

（6）关于教书育人、管理育人和服务育人的制度；

（7）有关学生考评、奖惩的具体办法。

《中国普通高等学校德育大纲（试行）》的评价内容和细分要素，整体构建了德育评价的指标、观测要点，反映了高校思想政治教育工作的基本框架、总体特征、目标与方向、阶段任务，实质上成为评价高校思想政治教育工作的核心指标。在具体指标方面，《中国普通高等学校德育大纲（试行）》也提出了一些明确的主张，如高校德育经费应"占同年政府拨给的事业费和收缴的学生培养费或学杂费总数的 2%~4%"，此外，《中国普通高等学校德育大纲（试行）》还要求高校以德育目标和普通高等学校学生行为准则为依据，"建立和完善德育考评的指标体系和考评办法，按照思想、政治、品德的分享内容及其标准进行考评"，[①] 推动高校建立大学生品德和综合能力评价指标体系，用于大学生政治鉴定、评奖评优、工作分配等实际工作中。

---

① 教育部思想政治工作司组编《加强和改进大学生思想政治教育重要文献选编（1978—2008）》，中国人民大学出版社，2008，第 222 页。

应当注意到，《中国普通高等学校德育大纲（试行）》提出了"日常思想教育工作"的概念，作为思想政治教育的载体，与"马克思主义理论课和思想品德课""教书育人、管理育人、服务育人""党团工作和学生会工作""社会实践""校园文化建设"共同构成了开展高校德育的主要途径。但由于对"日常思想教育"的具体界定过于笼统，无法与其他德育途径，尤其是思想政治理论课以外的"第二课堂"相区分，日常思想教育工作的标准更多采取描述性的表达，导致质量显现度不够。由于当时的高校没有完全归口中央和地方教育行政部门管理，众多高校还隶属各个行业部门，《中国普通高等学校德育大纲（试行）》的要求未能在全部高校中贯彻执行，也没有对高校开展大规模的评价实践，相应的质量标准也就没有在实践中进行检验和完善。

3. 高校思想政治教育工作质量指标体系初步形成

2004 年，中共中央、国务院印发《关于进一步加强和改进大学生思想政治教育的意见》，作为 21 世纪高校思想政治教育的纲领性文件，明确了在高校开展思想政治教育评估的任务，并纳入高校党的建设和教育教学评估体系。2006 年，中央有关领导在听取贯彻落实《关于进一步加强和改进大学生思想政治教育的意见》督察情况汇报时指出，要"建立健全符合素质教育要求的学生综合素质和学校教育质量考核评价体系"①。同年，教育部委托北京师范大学、武汉大学、大连理工大学、西南财经大学、北京建筑工程学院和河南鹤壁职业技术学院分别牵头开展"大学生日常思想政治教育实效性研究"②；2007 年，教育部委托西南大学等高校开展"大学生思想政治教育测评体系研究"③。这些课题研究奠定了质量评价的理论基础和制订了操作方案，尤其是研究建立了测评指标体系，为教育主管部门提供了参考。

2010 年，全国教育工作会议强调要"建立以提高教育质量为导向的管

---

① 冯刚主编《改革开放 40 年高校思想政治教育编年史（1978—2018）》，北京师范大学出版社，2019，第 348 页。
② 参见《关于下达"教育部哲学社会科学研究重大课题（高校思政、党建、稳定、网络）委托研究项目"的通知》（教思政司函〔2007〕49 号）。
③ 沈壮海、段立国：《思想政治教育测评研究的回顾与展望》，《思想教育研究》2014 年第 9 期。

理制度和工作机制，制定教育质量国家标准，建立健全教育质量保障体系"[1]。为推动质量评价从研究走向实践，2012 年，中宣部、教育部印发《全国大学生思想政治教育工作测评体系（试行）》。《全国大学生思想政治教育工作测评体系（试行）》的评价内容和标准对应《关于进一步加强和改进大学生思想政治教育的意见》中的内容，并结合高校思想政治教育实际，确定了评价的 6 个一级指标，6 个一级指标下设 20 个二级指标，每个二级指标还包含若干观测要点。2012 年，中宣部、教育部在全国范围内组织开展自评，并抽查了部分地区和高校的评价情况。评价的大规模实践推动思想政治教育工作指标体系从理念、理论转化为指导工作的行动指南。

二 高校日常思想政治教育工作质量的统一认识

评价标准的确立是高校日常思想政治教育工作不断凝聚质量共识，建立标准公约的过程。标准的确立要从思想共识到行动共识，实现各类评价主体共同参与、不同评价模型实践共通的标准交互。

1. 凸显日常思想政治教育工作质量的时代要求

党的十八大以来，中央领导人在多次会议以及和高校师生的座谈会上提到育人标准。党的十九大报告和党的二十大报告都提出全面贯彻党的教育方针，落实立德树人根本任务，培养德智体美劳全面发展的社会主义建设者和接班人的总要求，[2] 2018 年，习近平总书记在北京大学师生座谈会上进一步阐释了高校育人的目标；在全国教育大会上对教育质量内涵、教育事业规律和质量提升的原则做出了深刻论述。2020 年，中共中央、国务院印发《深化新时代教育评价改革总体方案》，提出了新时代开展教育评价的总体要求和重点任务。2022 年，在党的二十大报告中强调"教育是国之大计、党之大计"，将教育放在更加突出的位置上。这些重要文件和论述进一步深化了对高校日常思想政治教育工作质量标准的认识和把握，新时代日常思想政治教育工作质量标准的根本是立德树人，关键要加强党

---

① 《胡锦涛文选》（第 3 卷），人民出版社，2016，第 425 页。

② 《十九大以来重要文献选编》（上），中央文献出版社，2019，第 32 页；习近平：《高举中国特色社会主义伟大旗帜　为全面建设社会主义现代化国家而团结奋斗——在中国共产党第二十次全国代表大会上的报告（2022 年 10 月 16 日）》，人民出版社，2022，第 34 页。

的领导。

质量标准的内容要体现党的领导。第一，要在日常思想政治教育工作中坚持党的领导。高校党委和各级党组织要认真贯彻落实党的教育方针，完成上级党组织下达的各项工作任务，为大学生思想政治教育工作举旗定航。以党的建设为引领，能够保持鲜明的政治底色。[①] 第二，要在党的建设中汲取丰富的理论滋养和实践支撑。日常思想政治教育工作是高校党的建设的具体表现，党的十九大报告首次提出加强党的建设质量的要求，日常思想政治教育工作质量也是高校党的建设质量的重要组成部分。标准的制定和评价重点的确定，突出反映了大学生思想政治教育工作中党的建设工作的具体落实情况。比如北京市制定《北京普通高等学校党建和思想政治工作基本标准》时，就把高校党的建设作为评价的重要维度纳入标准体系统一构建。党的十九大召开后北京市启动第三轮入校检查，重点关注学习宣传贯彻党的十九大精神情况，贯彻落实北京市第十二次党代会精神情况，落实全国和北京市高校思想政治工作会议精神情况，近年来中央推进全面从严治党重点任务落实情况，巡视中发现的、涉及党建和思想政治工作方面的问题整改情况，等等。[②] 第三，要丰富和深化组织育人的内涵和实效。在党的十九大报告中首次提出"组织力"的概念，着力推动党的基层组织贯彻落实党的方针、路线、政策和决策部署，能够宣传党的主张、贯彻党的决定、领导基层治理、团结动员群众、推动改革发展。党的二十大报告总结中国共产党的"政治领导力、思想引领力、群众组织力、社会号召力显著增强"[③]。全国高校思想政治工作会议上提出"七个育人"，其中就包含组织育人，要求高校依托各级各类组织，加强组织建设，在大学生思想政治教育工作中发挥党团组织、班集体、学生社会团体以及各类新型组织的凝聚力和向心力。从组织力的要求来看，用高校党的建设来统领大学生思

---

① 秦在东、王威峰：《以党的建设引领高校思想政治工作的路径思考》，《思想教育研究》2018年第9期。

② 参见《以标准化建设为抓手　加强高校党建和思想政治工作》，教育部网站，http://www.moe.gov.cn/jyb_xwfb/xw_fbh/moe_2069/xwfbh_2018n/xwfb_20180528/sfcl/djgzclhb/201805/t20180528_337318.html。

③ 习近平：《高举中国特色社会主义伟大旗帜　为全面建设社会主义现代化国家而团结奋斗——在中国共产党第二十次全国代表大会上的报告（2022年10月16日）》，人民出版社，2022，第15页。

想政治教育工作，体现出目标与任务的内在一致性。

质量标准的构建要纳入高校立德树人的总体设计中。高校的立身之本和初心使命在于立德树人，明确高校以立德树人为根本任务，把立德树人的成效作为检验学校一切工作的根本标准。高校要建设成为"立德树人、培养人才的地方，是青年人学习知识、增长才干、放飞梦想的地方"[①]。立德树人要融入高校教育的各个环节，进入高校管理的各个体系，体现在高校服务的各个岗位，日常思想政治教育工作体系要围绕立德树人构建，工作内容和评价标准都要体现立德树人的目的。

2. 形成日常思想政治教育工作质量的关键共识

改革开放以来，工业化和产业化的发展促使标准不断量化，这一走向也影响了高校思想政治教育工作，学生评价普遍以成绩、分数为标准，标准的量化简便易行，快速地达成了共识。高校日常思想政治教育工作的质量标准需要形成标准公约。科学的质量观念对标准提出了客观而统一的要求，形成了大量的标准研究、标准法规、标准机构。日常思想政治教育工作的主客体，尤其是各类主体要在实践中对质量标准进行协调、凝练、转化、传播和引导，才能逐渐形成标准共识，建立标准公约，最大限度地凝聚不同群体对日常思想政治教育工作的认识与认同。

高校日常思想政治教育工作的质量标准要对关键问题形成共识。尽管日常思想政治教育工作内容繁杂、涉及面广，受教育者规模庞大、差异明显，很难在所有问题上都建立指标化、数量化、单一化的标准，但是对于核心的、普遍的、通用的标准，必须有旗帜鲜明、坚定明确的表述。只有明确了质量的核心标准，才能在关键问题上达成共识，高校教师、管理者、服务保障人员、学生等日常思想政治教育工作主客体才能有思想认同和行动遵循的标准。

3. 实现日常思想政治教育工作质量的标准交互

标准交互是不同主体开展日常思想政治教育工作评价的基础。当前教育评价主体正在从单一的教育行政部门向多个主体转变，更多关照教师、学生、家长等主体的发展需要和利益诉求，这也符合以人民为中心的发展理念和教育服务于"四为"的目标要求。不同主体对日常思想政治教育工

---

① 习近平：《在北京大学师生座谈会上的讲话》，《人民日报》2018 年 5 月 3 日。

作的评价，是从不同的目的出发来认识和评判日常思想政治教育工作的，呈现日常思想政治教育工作质量的不同面向，要借鉴吸收各主体评价中人才培养的指标和要素，形成能够被采纳使用的通用标准。

标准交互是日常思想政治教育工作专业发展的需要。建立通用标准，实现标准交互，是日常思想政治教育工作质量评价逐渐成熟的标志。日常思想政治教育工作质量评价标准能够为其他质量研究和评价实践所使用，本科教学评估、学科评估和"双一流"评估等其他质量研究和评价实践中的关键标准也能纳入日常思想政治教育工作质量指标体系中。日常思想政治教育工作中有一些典型的工作成绩，如获得上级部门具有代表性的奖项、荣誉或表彰，培养了优秀学生等都可以作为通用标准。

标准交互是日常思想政治教育工作学科交流的需要。高校日常思想政治教育工作要与哲学社会科学领域的研究和实践加强标准交流。当前，日常思想政治教育工作所面临的难题，也是其他众多学科领域的共同难题，以往的日常思想政治教育工作标准更强调内部建构，与其他学科专业研究中的通用标准还不够多。已有标准较少被其他学科研究采纳、使用，缺少了外部验证，其他学科中积累沉淀的标准也还没有熟练运用于日常思想政治教育工作中，导致质量标准需要反复确立、频繁获取，在思想上和实践中都难以巩固。在构建中国特色的学科体系过程中，诸多学科已经形成可供借鉴参考的专业标准，有的是理论结果形成了学科的共识，有的是实践依据已经运用于高校工作中，如法学领域的法治原则以及依法治校要求，政治学领域的基层治理和政策评估，心理学领域的评价伦理和实验标准，等等，这些共识与标准可以用于健全和完善日常思想政治教育工作的质量标准。

三　高校日常思想政治教育工作质量的问题聚焦

指标是对目标任务的分解，是对整体目标的具体化、行为化和实践性的细分，是整体目标在某一方面的规定。以往的评价认为，评价主客体对评价所要解决的问题应当具有共识，问题能否聚焦决定了评价信息能否有效。随着评价内容的体系化和评价主体的多样化，评价的重点议题不断分散，有必要不断强调重点问题，将评价主客体的焦点汇聚到同样的目标与方向上来，通过评价的诊断功能，发现指标与现实之间的差距，从而协调评价主客体的价值、认识与行动。① 思想政治教育关系到"培养什么人、怎样培养人和为谁培养人"的根本问题,聚焦新时代日常思想政治教育工作质量标准的问题。

1. 回答"培养什么人"的根本问题

培养什么人,是教育的首要问题。思想政治教育服务于高校人才培养,人才培养的方向与目标决定了思想政治教育工作的基本质量。党的十九大报告和党的二十大报告都提出"培养担当民族复兴大任的时代新人"②,明确了人才培养的方向,在全国教育大会上强调全面贯彻党的教育方针,提出培养德智体美劳全面发展的社会主义建设者和接班人,明确了人才培养的目标。当前,中国社会正处于"两个一百年"奋斗目标的历史交汇期,高校要为社会主义持续发展提供人才支撑,日常思想政治教育工作要着眼和着力于人才的培养。

人才培养的方向要与社会主义的阶段目标相适应,服务于社会主义建设和发展。中华人民共和国成立初期,高校"适应社会主义革命和社会主义建设的需要,为国家培养了一百五十五万全日制大专毕业生和一万六千多名研究生,他们的绝大多数已经成为各条战线的骨干力量"③。20 世纪 90年代前后,在中国教育体制改革的过程中对高校提出了"人才培养的数量与质量"的标准,要求"高等教育要适应加快改革开放和现代化建设的需要,积极探索发展的新路子,使规模有较大发展,结构更加合理,质量和效益明显提高"④。到 20 世纪末,"人才培养的数量与质量"成为中国高等教育对社会主义建设和发展的重要贡献,"一千多万高校毕业生先后走上工作岗位。他们在生产、科研、教学、经济和社会管理等方面发挥了重大的作用,成为我国社会主义现代化建设的一支非常重要的骨干力量"⑤。在历

---

① 参见埃贡·G. 古贝、伊冯娜·S. 林肯《第四代评估》,秦霖、蒋燕玲等译,中国人民大学出版社,2008,"前言"第 5 页。

② 《十九大以来重要文献选编》(上),中央文献出版社,2019,第 30 页;习近平:《高举中国特色社会主义伟大旗帜 为全面建设社会主义现代化国家而团结奋斗——在中国共产党第二十次全国代表大会上的报告 (2022 年 10 月 16 日)》,人民出版社,2022,第 44 页。

③ 《把高校办成教育和科研中心》,《人民日报》1979 年 2 月 7 日。

④ 《十四大以来重要文献选编》(上),人民出版社,1996,第 66 页。

⑤ 共青团中央、中共中央文献研究室编《毛泽东 邓小平 江泽民论青少年和青少年工作》,中央文献出版社、中国青年出版社,2000,第 267~268 页。

史的各个时期，中国高等教育在服务社会主义建设和发展中完成了时代新人的培养任务。进入新时代，时代新人的培养定位于中华民族伟大复兴的历史使命，人才培养的规划、过程和出口要与国家社会发展需要相吻合。

人才培养的具体目标聚焦大学生德智体美劳综合素质，时代新人的"新"有了具体的指向。中华人民共和国成立初期，毛泽东就提出"要使青年身体好，学习好，工作好"[1]，将"身体好"放在首位，是因为当时生产资料极度匮乏，"青年时期是长身体的时期，如果对青年长身体不重视，那很危险"[2]。在此之前，毛泽东多次向当时的教育部部长马叙伦致信，强调学生健康问题，增加学生营养经费，[3]"学习好，工作好"要以"身体好"为保障和前提。素质的指向提出了教育要解决的实际问题。对青年大学生的要求，从"德智体"的三好发展到新时代"德智体美劳"全面发展，体现了对人的全面发展越发深刻的认识。"改革开放和社会主义现代化建设、促进人的全面发展和社会全面进步对教育和学习提出了新的更高的要求。"[4]体育锻炼不仅能增强体质，更能发挥健全人格和锤炼意志的作用。要让学生通过美育纯洁道德、丰富精神，发挥劳动教育树德、增智、强体、育美的重要功能，从学生的发展和对社会的贡献两方面深化日常思想政治教育工作的实践标准。"德智体美劳"五育并举的新时代要求，对高校日常思想政治教育提出了新的理论指导和实践方略，也从理念和目标上更新了日常思想政治教育工作的质量与效果标准。[5]

2. 解决"怎样培养人"的关键问题

怎样培养人，是人才培养的方法论问题。全国高校思想政治工作会议上提出了"思想政治工作针对性和吸引力还不强"的问题，现实中脱离实际的倾向仍然存在，"天边的道理"无法解释"身边的情形"，工作的开展

---

① 《毛泽东文集》（第 6 卷），人民出版社，1999，第 278 页。

② 《毛泽东文集》（第 6 卷），人民出版社，1999，第 277 页。

③ 《毛泽东书信选集》，中央文献出版社，2003，第 351、370 页。

④ 《坚持中国特色社会主义教育发展道路　培养德智体美劳全面发展的社会主义建设者和接班人》，《人民日报》2018 年 9 月 11 日。

⑤ 参见王茂胜、张凡《"五育并举"视域下高校思想政治工作的评价要求》，《思想理论教育》2021 年第 11 期。学者提出，"德智体美劳"五育并举是我国新发展阶段对育人工作提出的新要求，要对标教育评价改革新理念、新要求，推动高校思想政治工作评价进一步优化，具体包括评价目的更为精准、主体更加多元、客体更加多面，评价的根本标准是立德树人的成效。

与效果的优劣之间的关系不明确；教育形式和教育途径比较单一，存在轰轰烈烈走过场的"形式主义"现象；在日常管理和服务中缺乏教育的设计，面对学生的实际问题或不作回应，或忽略了学生的思想困惑和利益诉求。这些情形都降低了思想政治教育的功能和效用。

日常思想政治教育工作质量标准，要超越教育活动的数量化，不断提升质量与效果。日常思想政治教育工作已经形成了较为完整的供给体系，高校的各项活动在数量上已经趋于饱和。质量标准不仅以覆盖面、参与度为考量，避免出现工作的"死角"、"真空"和"盲区"，更要以是否有助于提升学生的获得感和满足感，是否有利于形成优良的校风学风，是否有利于促进高校的和谐稳定等更高的质量标准来衡量。日常思想政治教育工作中经常出现新问题、新状况，要加强工作的积极主动性和协同配合，警惕"各人自扫门前雪"的错误定位和"莫管他人瓦上霜"的消极态度，避免诱发"以邻为壑"的恶性结果和"互相推诿"的不良生态，要因事而化、因时而进、因势而新，在思想政治教育工作中不断改革创新，沿用好办法，改进老办法，探索新办法，共同推动学校治理体系的完善和治理能力的提升。

3. 把握"为谁培养人"的目标问题

为谁培养人，是由高校的根本性质决定的。中华人民共和国是中国共产党领导的社会主义国家，这就决定了"教育必须把培养社会主义建设者和接班人作为根本任务，培养一代又一代拥护中国共产党领导和我国社会主义制度、立志为中国特色社会主义奋斗终身的有用人才"[1]。具体到高校的层面，"每个国家都是按照自己的政治要求来培养人的，世界一流大学都是在服务自己国家发展中成长起来的"，"就是培养社会发展、知识积累、文化传承、国家存续、制度运行所要求的人"。[2] 高校的社会主义性质决定了人才培养的方向与目标，也决定了高校要坚持党的全面领导，不断加强和改进党的建设与思想政治工作。北京市开展《北京普通高等学校党建和思想政治工作基本标准》检查时，就把高校完成落实全国和北京市高校思

---

① 《坚持中国特色社会主义教育发展道路 培养德智体美劳全面发展的社会主义建设者和接班人》，《人民日报》2018 年 9 月 11 日。

② 《抓住培养社会主义建设者和接班人根本任务 努力建设中国特色世界一流大学》，《人民日报》2018 年 5 月 3 日。

想政治工作会议重点工作情况，以及北京市安排的 50 项重点任务进行专门的统计分析，精确掌握每个高校的工作进展情况，突出体现了高校在实际工作中如何坚持党的领导，如何根据形势和任务要求加强和改进党的建设与思想政治工作。

高校是意识形态的重要阵地，也是不同思想文化交流、交融、交锋的前沿阵地。高校发生的事情会影响社会，社会发生的事情也会影响高校。高校是意识形态的前沿阵地，意识形态领域的斗争往往借由各类思想文化阵地进行，在有的高校中，错误的思想观念仍有传播空间，错误思潮可能以各种形式"抢滩登陆"，同高校争夺阵地，争夺师生，争夺人心。落实意识形态工作责任制，是日常思想政治教育工作的重要标准，也是建设具有强大凝聚力和吸引力的社会主义理想信念、价值理念、道德观念一系列共识的前提。日常思想政治教育工作中涉及与意识形态相关的内容，包括各类思想文化活动、渠道、组织、空间、网络的日常管理，具体如"一会一报"与"一事一报"的报送制度、报批流程、审核标准、责任机制，对各类宣传平台、宣传物、社团组织等实物实体的教育指导、年审制度、个案处理，对涉及安全稳定的日常处理流程与应急处理办法，等等。

第二节　高校日常思想政治教育工作质量评价指标确立的依据

指标体系是质量评价理论能够应用于实践工作的"桥"与"船"。日常思想政治教育工作质量评价指标的确立，是评价主体对评价内容标准化的过程。指标的确立虽然是评价主体的主观行为，但这一行为具有客观的依据和原则。指标综合反映了评价主体与评价客体就目标与现实之间的调和，是矛盾的对立统一。其对立面表现为评价主体提出的要求总是高于评价客体的实际，构成了矛盾双方的冲突。矛盾的双方也蕴含着协调一致的可能，评价主体的要求不能脱离评价客体的现实，否则就失去了指导的功能和评价的可能，评价客体的实际也不能完全背离评价主体的要求，否则就偏离了办学方向。指标的确定要遵循可测性与简便性相统一的原则。可测性是指将对高校思想政治教育工作的要求转化为可操作性、可检测、可显现的行为、语言和文本，便于通过一定的方式方法收集信息，开展研究，得出评价结论。简便性是指具备一定的操作合理性，既要避免指标体系过于抽象，无法施测，也要避免面面俱到，过于烦琐。从指标间关系的角度来看，指标的确定还要满足逻辑的完备性，指标体系中的各项指标应当是完整且互斥的，即指标之间既没有交集，也不存在覆盖不到的情况。评价主客体通过对指标的确认，才能统一认识，在一定的条件下完成指标的内化，将评价主体的要求转化为评价客体的自觉追求。

一　以政策为准绳体现指标的规范性

日常思想政治教育工作质量指标的确立要以政策为准绳，坚持政治性与法理性的统一。从政治上，日常思想政治教育工作质量指标要反映贯彻落实党的教育方针和人才培养任务的完成度，凸显指标的政治导向。从法理上，指标的内容应当有章可循、有据可依，便于评价的主客体对指标的内容、范围、标准以及重要性有统一的认识。

1. 指标的确定要符合法律规定

法律文本具有精准、简明的表述，能够有效地转化为指标的具体要素。《中华人民共和国高等教育法》规定，"高等学校自批准设立之日起取得法人资格……在民事活动中依法享有民事权利，承担民事责任"[1]，高等学校学生的合法权益受法律保护。《高等学校章程制定暂行办法》明确规定，"章程是高等学校依法自主办学、实施管理和履行公共职能的基本准则"，"以中国特色社会主义理论体系为指导，以宪法、法律法规为依据"。[2] 高校章程是对高等教育法律的直接落实，体现了高校如何执行法律规定要求。日常思想政治教育是高校思想政治教育体系的重要组成部分，根据高等教育法律法规和高校章程的规定，应当为学生提供学习、评价、奖励、资助、申诉等公共服务供给品（见表 4-1）。法律具有通用性和强制性的特点，因此，日常思想政治教育工作中的法理依据具有明确性、导向性和保障性，能够将日常思想政治教育工作的"软约束"变为"硬指标"，是高校之间横向可比的通用标准。

---

[1] 《中华人民共和国高等教育法》，载全国人民代表大会常务委员会法制工作委员会编《中华人民共和国法律汇编（2018）》（下册），人民出版社，2019，第930页。

[2] 《高等学校章程制定暂行办法》（教育部令第31号），教育部网站，http://www.moe.gov.cn/srcsite/A02/s5911/moe_621/201111/t20111128_170440.html。

表 4-1　高等教育法律法规所列的学生权利与部分高校章程对应内容对照

文件名	有关学生权利的条款
《中华人民共和国高等教育法》 （2018 年）	第六章　高等学校的学生 第五十三条　高等学校的学生应当遵守法律、法规，遵守学生行为规范和学校的各项管理制度，尊敬师长，刻苦学习，增强体质，树立爱国主义、集体主义和社会主义思想，努力学习马克思列宁主义、毛泽东思想、邓小平理论，具有良好的思想品德，掌握较高的科学文化知识和专业技能。高等学校学生的合法权益受法律保护。 第五十四条　高等学校的学生应当按照国家规定缴纳学费。家庭经济困难的学生，可以申请补助或者减免学费。 第五十五条　国家设立奖学金，并鼓励高等学校、企业事业组织、社会团体以及其他社会组织和个人按照国家有关规定设立各种形式的奖学金，对品学兼优的学生、国家规定的专业的学生以及到国家规定的地区工作的学生给予奖励。国家设立高等学校学生勤工助学基金和贷学金，并鼓励高等学校、企业事业组织、社会团体以及其他社会组织和个人设立各种形式的助学金，对家庭经济困难的学生提供帮助。获得贷学金及助学金的学生，应当履行相应的义务。 第五十六条　高等学校的学生在课余时间可以参加社会服务和勤工助学活动，但不得影响学业任务的完成。高等学校应当对学生的社会服务和勤工助学活动给予鼓励和支持，并进行引导和管理。 第五十七条　高等学校的学生，可以在校内组织学生团体。学生团体在法律、法规规定的范围内活动，服从学校的领导和管理。 第五十八条　高等学校的学生思想品德合格，在规定的修业年限内学完规定的课程，成绩合格或者修满相应的学分，准予毕业。 第五十九条　高等学校应当为毕业生、结业生提供就业指导和服务。国家鼓励高等学校毕业生到边远、艰苦地区工作
《北京大学章程》	第二十一条　学生是指取得学校入学资格，具有学籍的受教育者，依法依规享有学习的自由，具有以下权利： （一）参加教育教学活动，使用学校提供的公共资源； （二）在思想品德、综合素质、学业成绩等方面获得公正评价，完成学校规定学业后获得相应的学历证书、学位证书； （三）公平获得在国内外学习深造和参加学术交流活动的机会； （四）在校内组织、参加学生社团，发展自己的兴趣、爱好和特长；

续表

文件名	有关学生权利的条款
《北京大学章程》	（五）组织和参加社会服务、勤工助学及创新、创意、创业和文娱体育等活动； （六）公平获得奖学金、助学金及助学贷款，享有规定的福利待遇； （七）对学校工作的知情权、参与权、监督权； （八）对学校给予的处理或者处分有异议，向学校或者教育行政部门提出申诉，对学校、教职工侵犯其人身权、财产权等合法权益，提出申诉或者依法提起诉讼； （九）法律、法规、规章规定的其他权利。 第二十三条　学校健全学生成长成才的服务支持系统，完善学生权益保障机制，为学生提供良好的学习环境，充分保障学生行使合法权利，促进学生履行自身义务。学校对成绩突出和为国家、学校争得荣誉的学生个人和集体予以表彰奖励；对违纪者给予相应的处理或者处分。 学校支持学生团体自主活动和管理。 学校建立学生资助体系，保障学生不因家庭经济困难影响学业，为在学习和生活中遇到其他特殊困难的学生提供必要的帮助。 第三十二条　学生会、研究生会是学生自己的群众组织，代表和维护学生的正当权益和要求，开展学生自我服务、自我管理、自我教育活动。 学生代表大会、研究生代表大会是学生会、研究生会的最高权力机构，是学生参与学校民主管理和监督的基本组织形式
《清华大学章程》	第十七条　学生系指被学校依法录取、具有学籍的受教育者。学生有权依照培养方案接受教育，依规依约申请获得发展机会、资助、奖励和荣誉，获得公正评价，达到学校学业标准时获得相应的学历证书、学位证书，参与学校民主管理，对所受处分、处理进行申辩及申诉等。 学生应恪守道德和法律法规，遵守学校相关规章和协议约定，尊敬师长，和睦同学，进德修学，自强不息，努力成为社会的栋梁。 第三十三条　学生代表大会、研究生代表大会是学校学生进行自我教育、自我管理、自我服务，参与学校民主管理和监督的重要组织形式，依照有关章程开展活动。 学生可基于共同兴趣爱好、成长成才需要组织学生社团，依照学校有关规章开展活动

资料来源：《关于公布〈北京大学章程〉（2017 年修订稿）的通知》，北京大学网站，https：//zys. pku. edu. cn/docs/2017-10/20171024095844759531. pdf；《清华大学章程》，清华大学网站，https：//www. tsinghua. edu. cn/publish/newthu/openness/jbxx/qhdczc. html。

2. 指标的确定要执行政策要求

改革开放以来，根据社会形势的变化和建设发展的需要，党和国家每隔一段时间都会发布有关高校思想政治教育的重要文件，其中以中共中央名义或中共中央和国务院名义联合发布的高校思想政治教育文件包括：1987年中共中央印发《关于改进和加强高等学校思想政治工作的决定》，1994年中共中央印发《关于进一步加强和改进学校德育工作的若干意见》，2004年中共中央、国务院联合印发《关于进一步加强和改进大学生思想政治教育的意见》，2016年中共中央、国务院联合印发《关于加强和改进新形势下高校思想政治工作的意见》，以中央文件为基础，党和国家有关部门出台了一系列配套文件，形成了具有时代性的政策矩阵，指导高校建立健全思想政治教育工作标准。

2016年，中共中央召开全国高校思想政治工作会议。全国高校思想政治工作会议是新时代以来就高校思想政治工作召开的专题会议，也是改革开放以来中央首次以高校思想政治工作为名召开的高规格会议。同时，中共中央、国务院联合印发了《关于加强和改进新形势下高校思想政治工作的意见》，作为指导新时代高校思想政治工作体系建设的纲领性文件，也是新时代评价日常思想政治教育工作质量的重要指标依据。《关于加强和改进新形势下高校思想政治工作的意见》出台后，为贯彻落实中央文件精神，党和国家有关部门从部门职责的角度出发，修订或颁布了一系列文件，[①] 对高校某一方面工作提出了更加具体而明确的要求，其中与高校日常思想政治教育工作相关的文件包括：

《普通高等学校学生管理规定》（教育部令〔2017〕41号）；

《普通高等学校辅导员队伍建设规定》（教育部令〔2017〕43号）；

《普通高等学校学生党建工作标准》（教党〔2017〕8号）；

《高校思想政治工作质量提升工程实施纲要》（教党〔2017〕62号）；

《全国高校文明校园测评细则》（教思政厅〔2017〕21号）；

《高校党建工作重点任务》（组通字〔2018〕10号）；

---

① 2016年8月，在全国高校思想政治工作会议召开前夕，中共中央办公厅印发了《共青团中央改革方案》，从新时代对群团深化改革的需要出发，提出了一系列的改革举措。这一方案也成为指导高校共青团组织、学生组织和学生社团新时代推进改革和开展评价的重要指标参考。

《关于高校党组织"对标争先"建设计划的实施意见》（教党〔2018〕25 号）；

《高等学校学生心理健康教育指导纲要》（教党〔2018〕41 号）；

《关于开展"三全育人"综合改革试点工作的通知》（教思政厅函〔2018〕15 号）；

《关于开展新时代高校党建示范创建和质量创优工作的通知》（教思政厅函〔2018〕23 号）；

《关于加强和改进高校领导干部深入基层联系学生工作的通知》（教党函〔2019〕34 号）。

《教育系统关于学习宣传贯彻落实〈新时代爱国主义教育实施纲要〉的工作方案》（教党〔2020〕11 号）；

《关于加快构建高校思想政治工作体系的意见》（教思政〔2020〕1 号）；

与法律的简明性不同，政策文本通常包含具体细致的要求，为政策执行者提供实践的可行性，是高校加强和改进思想政治教育工作的"上位法"依据，同时也是对高校开展质量评价的主要内容和指标来源。

3. 指标的确定要跟随形势发展

日常思想政治教育工作相关法律和政策的修订或出台，通常散布在不同时间节点，反映了党和国家对社会形势变化的调整和安排。日常思想政治教育工作质量评价的指标，要注重政策的变迁，关注形势的变化，保持指标的准确性。

如《普通高等学校辅导员队伍建设规定》于 2017 年 9 月修订发布，其中对辅导员开展"思想理论教育和价值引领"的职责要求中提出，辅导员应当"引导学生深入学习习近平总书记系列重要讲话精神和治国理政新理念新思想新战略"。2017 年 10 月，党的十九大通过了关于《中国共产党章程（修正案)》的决议，习近平新时代中国特色社会主义思想作为新时代的指导思想写入党章。2018 年 1 月，党的十九届二中全会提出将习近平新时代中国特色社会主义思想载入宪法，十三届全国人大一次会议表决通过了宪法修正案。因此，辅导员职责的指标描述应当调整为"引导学生深入学习习近平新时代中国特色社会主义思想"，并就具体教育内容做出相应安排。

近年来，国家陆续出台《关于全面加强新时代大中小学劳动教育的意见》《关于全面加强和改进新时代学校体育工作的意见》《关于全面加强和改进新时代学校美育工作的意见》等文件。体育、美育和劳动教育成为学校育人的重要载体，《深化新时代教育评价改革总体方案》中明确提出了体育、美育和劳动教育的评价内容，应当纳入日常思想政治教育工作质量评价指标体系中。

二　以保障为目的注重指标的稳定性

日常思想政治教育工作的指标，是根据形势的发展、变化、调整做出的制度安排，是对教育工作的保障性举措。指标继承了高校思想政治教育的优良传统，保持了政策的延续性和稳定性，同时，不完全以千篇一律的形式安排作为唯一的判断标准，为高校留有自主性设计和创造性实施的空间和弹性。

1. 指标的确定要满足工作需要

教师队伍是高等教育评价的重要指标。在评价高校的指标体系中，无论中外，都将生师比作为重要指标项。生师比的数量规定不仅仅为了满足量化测算简洁方便的需要，更代表了高校在实践中形成的一般经验。生师比的指标考察教师的付出状况、教育管理的规模效益、教育资源的使用效率、教育权力的平衡改进等多维度的质量内涵。[①] 在国内，生师比的提出以21世纪以来高校扩招为背景，过去精英化的高等教育快速进入了大众化和普及化的阶段，生师比的不断攀升意味着教师资源的紧张，带来了教学质量、教育管理、资源利用等多方面的现实问题。因此在高校相关的重要评估指标体系中，都将生师比作为衡量高校教育质量的重要指标，目的在于推进政府和高校对教育资源的不断投入，保障教育教学的基本质量。

21世纪以来高校扩招政策的实施也对日常思想政治教育工作提出了新的要求。辅导员与大学生的配比，是高校生师比的局部表现。从日常思想政治教育工作专业化和职业化的趋势来看，专职化的辅导员是高校不断提升教育质量、管理能力、治理水平的重要人才支撑。2016年，中共中央、

[①] 有研究指出，生师比首先反映了教师的投入和对班级规模的控制，便于小班教学和教育管理，从而提升教育教学质量。生师比反映了教学人员与非教学人员、各学科教师的均衡化，有助于提升教育资源利用效率。此外，合理适度的生师比有助于高校形成良好的群体性权力平衡，加强规范治理、依法治理和协同治理。参见陈泽、胡弼成《生师比：人才培养质量的重要指示器》，《大学教育科学》2013年第3期。

国务院印发《关于加强和改进新形势下高校思想政治工作的意见》，提出高校要"按师生比不低于一比二百的比例设置专职辅导员岗位"①，这一指标要求也被纳入教育部 2017 年修订出台的《普通高等学校辅导员队伍建设规定》中，广泛应用于高校本科教学评估、学科评估、文明校园测评中。专职辅导员配比的规定对高校乃至高等教育产生了巨大的影响，21 世纪以来各地高校开始明确建设专职辅导员队伍，当前，高校专职辅导员已经发展到近 20 万人，基本上满足了高校日常思想政治教育工作的需要。鉴于专职辅导员的数量规模在高校人才队伍中占据了一定的比例，高校开始从人才队伍建设的角度审视和推进辅导员队伍建设与质量提升，推动专职辅导员队伍的科学培养、专业提升和职业发展。

2. 指标的来源要继承优良传统

日常思想政治教育工作的质量指标，是在高校日常思想政治教育工作的历史发展中总结提炼出来的。仍以专职辅导员配比为例，专职辅导员配比的测算依据来源于中国共产党设置和探索政治辅导员的历史经验。

政治辅导员首先在军队中设立。1930 年，中国共产党在"三湾改编"和古田会议的基础上，制定《中国工农红军政治工作暂行条例（草案）》，时任中国工农红军总政治部主任的王稼祥在对政治指导员的整体设计中，在团一级设政治委员，在连一级设政治指导员，连以下的排或队设政治战士，形成了政治委员-政治指导员-政治战士的指导员系统，建立了军队开展政治工作的队伍体系。② 连政治指导员"必须非常了解中国共产党、苏维埃政权及工农红军的组织、任务和目的"。③ 中华人民共和国成立后，中共中央、中央军委于 1954 年颁布《中国人民解放军政治工作条例（草案）》，明确提出"为保证中国共产党在军队中的政治领导和政治工作的具体实施，在团或相当于团以上的部队或相当的单位设政治委员和政治机关；在营或相当于营的单位设政治教导员；在连队或相当的单位设政治指导员"④。军队中的政治指导员配比，以连为基本单位，每个连设置 1 名政治指导员，连

---

① 《十八大以来重要文献选编》（下），中央文献出版社，2018，第 487 页。
② 参见《王稼祥选集》，人民出版社，1989，第 58 页。
③ 参见王树荫《论中国共产党 90 年思想政治教育的基本经验》，《思想理论教育导刊》2011 年第 8 期。
④ 《建国以来重要文献选编》（第 5 册），中央文献出版社，1993，第 215 页。

政治指导员的设置为高等教育领域探索建立与学生规模相适应的辅导员队伍提供了配比的参考。

中华人民共和国成立初期，1952 年教育部就发布《关于在高等学校有重点地试行政治工作制度的指示》，准备在高校设立政治工作机构，配备政治辅导员，在中华人民共和国历史上第一次就政治辅导员的配比提出了明确要求，然而这一文件并没有在高校中推行。直到改革开放后，才就辅导员的配比做出了明确规定，到 2004 年之前，关于高校辅导员的配比标准虽然多次微调，但总体上参考了军队中连政治指导员的配比，保持在 1∶120～1∶150。在此期间，辅导员的专职化虽然在文件中经常提及，然而在思想政治教育成为一门独立的专业之前，辅导员一直隶属于政治工作干部队伍序列，职业发展路径和专业岗位评聘参照政工干部标准执行，现实中专职化的比例不高，高校经常将高年级学生干部、青年教师及其他管理人员纳入统计中。随着 21 世纪初高校扩招，在校大学生人数成倍增长，1998 年全国高校本、专科在校生为 340.87 万人，到 2019 年已经增长到 4002 万人。[1] 专职辅导员队伍成为日常思想政治教育工作顺利开展的重要保障。直到 2006 年，教育部根据中央文件精神出台《普通高等学校辅导员队伍建设规定》，专职辅导员队伍配比才按照 1∶200 的要求在高校中逐渐制度化，测算基数也从覆盖全体本、专科学生推广到覆盖高校全体学生，从以高校全体专职辅导员为测算范围转为以高校院系基层一线专职从事辅导员工作的人员为测算范围（见表 4-2）。这一指标依据基本固定下来。

表 4-2　中华人民共和国成立以来不同时期关于高校辅导员配比的规定

年份	文件名	关于高校辅导员配比的规定
1952	《关于在高等学校有重点地试行政治工作制度的指示》	平均每三百名学生设政治辅导员一人[1]
1961	《中华人民共和国教育部直属高等学校暂行工作条例（草案）》	配备一批专职辅导员[2]

---

① 参见教育部发布的《全国教育事业发展统计公报》各年份数据，教育部网站，http：//www.moe.gov.cn/jyb_sjzl/sjzl_fztjgb/。

续表

年份	文件名	关于高校辅导员配比的规定
1981	《高等学校学生思想政治工作暂行规定（征求意见稿）》	在第一线从事学生思想政治工作的政治辅导员，可按120名左右的学生配备一名③
1995	《中国普通高等学校德育大纲（试行）》	学校专职政工人员与学生人数的比例大体掌握在1∶120~1∶150，规模较小的学校应视情况酌情提高比例④
2000	《关于进一步加强高等学校学生思想政治工作队伍建设的若干意见》	根据各高校的经验和实际工作需要，影响较大、稳定工作任务较重的高校，原则上可按照1∶120~1∶150的比例配备专职学生思想政治工作人员⑤
2006	《普通高等学校辅导员队伍建设规定》（教育部令第24号）	高等学校总体上要按师生比不低于1∶200的比例设置本、专科生一线专职辅导员岗位⑥
2017	《普通高等学校辅导员队伍建设规定》（教育部令第43号）	高等学校应当按总体上师生比不低于1∶200的比例设置专职辅导员岗位⑦

资料来源：①冯刚、沈壮海主编《中华人民共和国学校德育编年史》，中国人民大学出版社，2010，第53页；②陈大白主编《北京高等教育文献资料选编（1949~1976）》，首都师范大学出版社，2002，第584页；③王昌华、杨滨章、李效民主编《政治辅导员工作概论》，黑龙江人民出版社，1983，第11页；④教育部思想政治工作司组编《加强和改进大学生思想政治教育重要文献选编（1978—2008）》，中国人民大学出版社，2008，第223页；⑤教育部思想政治工作司组编《加强和改进大学生思想政治教育重要文献选编（1978—2008）》，中国人民大学出版社，2008，第298页；⑥《普通高等学校辅导员队伍建设规定》（教育部令第24号），教育部网站，http://www.moe.gov.cn/srcsite/A02/s5911/moe_621/200607/t20060723_81843.html；⑦《普通高等学校辅导员队伍建设规定》（教育部令第43号），教育部网站，http://www.moe.gov.cn/srcsite/A02/s5911/moe_621/201709/t20170929_315781.html。

3. 指标的使用要兼顾高校实际

2016年，中共中央、国务院出台《关于加强和改进新形势下高校思想政治工作的意见》，提出"鼓励各地区各有关部门各高校创造性开展工作，把创新成果纳入评价内容"①。日常思想政治教育工作质量的指标，既要避免模糊抽象，坚持准确性和规定性，保持制度的延续性，也要兼顾高校开展思想政治教育工作的实际情况，实事求是，鼓励创新，避免质量标准的

---

① 《十八大以来重要文献选编》（下），中央文献出版社，2018，第490页。

"一刀切"。如专职辅导员合理配备的最终目的是更好地组织实施日常思想政治教育工作，同时促进高校思想政治教育科学化水平的提升。有的高校根据学校特点，在历史发展过程中创造性地设计了适合自己的辅导员工作和队伍建设模式，将辅导员作为高校人才培养的主要方式，注重使用与培养相结合，实现了高校思想政治教育工作和辅导员队伍发展的双赢。

中华人民共和国成立初期，关于在高校中设立政治辅导员的政策设想虽然没有大范围推广，但在部分高校中先行先试，较早地探索了辅导员队伍建设的路径。1953 年，清华大学蒋南翔率先提出并建立了学生政治辅导员制度，学生政治辅导员"一肩挑业务学习，一肩挑思想政治工作"。建设初期，学生政治辅导员选配参考了"平均每三百名左右的学生设政治辅导员一人"的上级要求，总的选配人数不多，有的辅导员"负责 7 个班的学生工作（最多时到过 9 个班），同时兼任团总支的组委"[1]。往后随着选配人数的不断增加，"大体是每 100 名学生配备一名辅导员"[2]。有研究统计，1953~1966 年，清华大学一共毕业了两万多名大学生，同期选拔培养了 682 名辅导员。[3] 2004年《关于进一步加强和改进大学生思想政治教育的意见》和专职辅导员队伍配套文件出台后，清华大学也制定了相应办法，增加了校级学生工作机构中从事学生思想政治教育工作的专职辅导员人数，在院系中继续设置学生政治辅导员岗位，本科生按"每两个班配备一名辅导员，国防定向班每个班配一名辅导员"的标准设置，本科生辅导员与学生人数达到 1：45，研究生"按照每 60 名研究生配备一名德育助理"的标准设置。[4]

清华大学学生政治辅导员制度坚持了 60 余年，保持了政策的连贯性，在一定程度上说明政治辅导员制度的设计贴近高校的发展实际，发挥了辅导员应有的功能与作用。清华大学学生政治辅导员从建立初期就明确了使

---

[1]　杨振斌主编《双肩挑 50 年——清华大学辅导员制度五十周年回顾与展望》，清华大学出版社，2003，第 58~59 页。

[2]　《双肩挑》编写组：《双肩挑——清华大学学生辅导员工作四十年的回顾与探索》，清华大学出版社，1993，第 32 页。

[3]　王孙禺、谢喆平：《学生辅导员制度与"红色工程师治国"——中国高等教育中一项政治精英生成制度的考察》，《清华大学教育研究》2013 年第 6 期。

[4]　牛犇、孙宇、谢美慧：《坚持又红又专全面发展　推进辅导员队伍建设》，《北京教育（德育）》2014 年第 9 期；于涵、王磊、钱婷：《研究生德育工作"双肩挑"助理队伍建设的问题与对策》，《北京教育（德育）》2010 年第 Z1 期。

用与培养相结合的选拔目标,"培养辅导员成为比一般学生具有更高政治质量及业务水平的干部"①,学生政治辅导员不仅是日常思想政治教育工作的主体,也是日常思想政治教育工作的客体,既满足思想政治工作要求,更是作为学校后备干部队伍培养。清华大学为辅导员提供了学习、生活、工作、发展一系列政策和举措。清华大学在学生政治辅导员制度建立50年的总结中提到,清华大学培养的"1600多名辅导员,大约有一半人留在清华",对于这些同志的后期培养,将在"工资福利、业务进修、职称晋升"方面实行适当的政策倾斜,② 在学校营造了广泛参与、全员认可的思想政治工作制度和氛围,培养和造就了一大批优秀的后备人才,为国家现代化建设和治国理政输送了大量干部。

近年来,随着中央加强高校思想政治工作文件的陆续出台,督促政策落实的评价不断实施,高校专职辅导员队伍数量持续增加。专职辅导员队伍已经成为高校乃至社会不可忽视的人才资源,部分高校开始从人才梯队角度规划专职辅导员队伍建设,如设定研究生学历的入职门槛,鼓励专职辅导员在完成工作的同时确定专业方向,设计专业化、专家化的发展路径。提供校内分流、校外转岗的多岗位锻炼机会,满足辅导员多元化发展需要,为校内外输送人才。随着专职辅导员配比指标的普遍满足,在达到一定规模后,未来专职辅导员的专业化、职业化发展成效将逐渐替代专职辅导员配备情况成为评价日常思想政治教育工作质量的新指标。

三 以发展为目标反映指标的指导性

指标的选取体现了工作发展的预期目标,体现了现实与指标的差距,评价客体满足了工作预期目标即形成了正面成果,没有达到工作预期目标可判断为负面表现,有改进的空间。因此,指标对实践工作具有指导性的作用,既要帮助评价主客体提炼工作的成果,形成具有示范意义、可复制和迁移的工作经验,也要帮助评价主客体发现工作的不足,提供指导和建

① 《双肩挑》编写组:《双肩挑——清华大学学生辅导员工作四十年的回顾与探索》,清华大学出版社,1993,第30页。
② 王孙禺、谢喆平:《学生辅导员制度与"红色工程师治国"——中国高等教育中一项政治精英生成制度的考察》,《清华大学教育研究》2013年第6期;林泰、彭庆红:《清华大学政治辅导员制度的特色及其发展》,《清华大学学报》(哲学社会科学版)2003年第6期。

议。如北京市制定的《北京普通高等学校党建和思想政治工作基本标准》中，绝大部分指标采取倒扣分制，没有达到指标规定即扣除相应分数，高校能够在自评和被评的过程中快速定位不符合指标的内容，同时也设定了特色工作指标项，鼓励各高校在工作中发展创新性、特色性、探索性的举措。

1. 指标的确定要推动工作发展

"以评促建"是日常思想政治教育工作质量评价的重要目的，评价指标体现了工作发展的前景目标。日常思想政治教育工作不同阶段面临的主要矛盾不同，此前社会主要矛盾是"人民日益增长的物质文化需要同落后的社会生产之间的矛盾"，矛盾主要表现在物质文化的供给"有没有""够不够"。进入新时代，社会主要矛盾转变为"人民日益增长的美好生活需要和不平衡不充分的发展之间的矛盾"，主要聚焦在发展的供给"好不好"。在日常思想政治教育工作的初创时期，指标更多考虑的是教育供给"有没有"，"有"是成果的典型特征，"没有"则说明未达到预期的目标。从"有没有"到"好不好"的发展过程中，评价指标推动着日常思想政治教育工作不断发展。

如在学生日常管理中，高校处在教育的主导地位，通常强调如何依法办学治校，而对受教育者相应权益如何获得合法合理的保障强调不够。21世纪前后，随着高校扩招和学费上涨，高校与学生之间的关系突破了教育与被教育的单一关系，增加了民事法律关系和行政法律关系，学生对于权益的追求和获得权益保障的希望通过法律的途径来表达。1995年《中华人民共和国教育法》提出，学生"对学校给予的处分不服向有关部门提出申诉，对学校、教师侵犯其人身权、财产权等合法权益，提出申诉或者依法提起诉讼"[①]。正式提出了学生申诉的制度。而学生如何行使申诉的权利，直到2005年教育部出台《普通高等学校学生管理规定》，才有了明确的规定。在教育部文件的推动下，高校纷纷制定了本校的学生申诉制度或文件。在这一阶段开展质量评价，可以把"是否建立申诉制度"作为日常思想政治教育工作质量的指标，推动高校普遍完成相关制度设计。

---

① 全国人民代表大会常务委员会法制工作委员会编《中华人民共和国法律汇编（1995—1999）》（上），人民出版社，2000，第134页。

随着高等教育的发展和申诉案例的积累，原有的制度已经显现出一些不适应的情形。如高校申诉委员会的构成缺乏法律专业人员的参与，导致申诉程序、流程、人员、权限的规定往往缺乏规范性审查，个别时候造成高校的申诉工作经不起法理的推敲；学生处分与学生申诉的机构，存在部门或人员重叠，中立性难以保证；有的高校在处理学生处分或申诉的过程中，出现过因为程序失当而被起诉最终败诉的情形；等等。因此，学生申诉制度"有没有"已经不是制约日常管理的主要矛盾，实践中运用得"管用不管用"、学生认为制度运行得"好不好"应当成为新的指标项。2016年，教育部修订的《普通高等学校学生管理规定》，不仅专章规定了学生申诉的各项工作，要求将"负责法律事务的相关机构负责人"纳入学生申诉处理委员会，同时可以"聘请校外法律、教育等方面专家"。学生申诉的指标，已经不仅仅满足于申诉制度、机构、机制的合规性、可行性，更需要考虑申诉的可及性、程序的合法性、结果的满意度等。

2. 指标的确定要坚持底线思维

2016年，中共中央、国务院出台《关于加强和改进新形势下高校思想政治工作的意见》，强调高校意识形态的极端重要性，要求"建立问题清单、任务清单、责任清单，推动各项工作落实"①。日常思想政治教育工作中经常遇到大学生的思想理论问题，或者面对大学生关切的热点话题。有没有及时研判大学生的思想动态、健全工作机制，能不能做到旗帜鲜明地批判错误思潮和观点，沟通交流和教育工作是不是达到了预期的效果，这些都是工作是否标准的反映。如在关键问题、焦点时刻、重大事件中，高校是否建立了意识形态安全体系、开展了工作演练、做到了文本与实践的一致性等。以往高校建设了众多的校内 BBS 论坛，大学生在论坛上提出的问题，教育工作者能够快速获悉并处理，问题一般局限于校内，发酵的范围有限。而当前大学生作为网络"原住民"，在进入大学前就广泛使用各类社会化网络平台，如 QQ、微信、微博、豆瓣、知乎等，不但自己使用而且形成了各类小组、圈子、团体，突破了学校、年龄、地域、时间的限制，任何一个事件都可能引发热烈讨论，社会对高校的关注对舆情产生了放大和升温的效果，从某种程度上，如何处理思想的交汇、价值的碰撞、舆情

---

① 《十八大以来重要文献选编》（下），中央文献出版社，2018，第490页。

的发酵已然是日常思想政治教育工作中习以为常的内容，应对各类急难险重问题的效果成为近年来考验高校工作的试金石，应当成为衡量高校日常思想政治工作的标准。已经形成制度规范的高校，可以通过工作实际案例来分析研判处理的规范性和实效性。

日常思想政治教育工作不完全是"光鲜亮丽"的，更多的是"平凡无奇"的。传统的质量评价认为日常思想政治教育工作的评价指标应当具有显示性、创造性、展示性，这种观念倾向于选取更具有表现力的指标项，在一定程度上忽略了日常思想政治教育工作中难以展露和外显的成效。要清醒地认识到在日常思想政治教育中，守住高校的法律红线和政治底线也是正面成果，突破了红线与底线便会造成负面影响。在高校思想政治教育相关质量评价中，经常采取制定负面清单的方法，将对校园和社会产生不良影响的相关内容设计为质量评价的负面指标，采取倒扣分或者一票否决的评价办法（见表4-3），促使高校坚持底线思维，强化红线意识。

表4-3　《全国高校文明校园测评细则》中的负面清单

序号	项目内容	惩戒办法
1	主要领导在本校任职期间有严重违纪、违法事件	对于7条负面清单，文明校园创建周期内有其中一条的，取消文明校园评选资格；已获得文明校园的，由命名表彰单位撤销文明校园荣誉称号
2	意识形态领域出现严重错误倾向	
3	有影响社会稳定的重大事故、重大不诚信事件	
4	有重大校园安全责任事故、重大消防责任事故、重大食物中毒事件	
5	有造成重大社会影响的师生员工违法犯罪案件	
6	有严重违规办学（办班）、违规招生和违规收费问题	
7	对照教育部颁发的《关于建立健全高校师德建设长效机制的意见》，教师中有严重违反师德的行为，造成恶劣社会影响	

资料来源：《教育部办公厅　中央文明办秘书局关于印发〈全国高校文明校园测评细则〉的通知》（教思政厅〔2017〕21号），教育部网站，http：//www.moe.gov.cn/srcsite/A12/moe_1407/s3008/201707/t20170703_308440.html。

3. 指标的确定要提升能力水平

指标的确定是面向未来的，具有趋势性和先导性。党的十八届三中全会提出了在中国特色社会主义发展过程中推进国家治理体系和治理能力现代化的命题，党的十九大明确了现代化的阶段、步骤和目标，党的二十大进一步提出中国式现代化的总体目标、基本特征、本质要求及战略安排。《中国教育现代化2035》提出推进教育治理体系和治理能力现代化，到2035年总体实现教育现代化。质量评价的指标选取，要推动学校完善治理体系，提升能力水平。

指标的确定要促进工作协同。以往的日常思想政治教育工作侧重归口管理，将任务分配给具体的部门、岗位、环节，以任务完成为终结，计划性强，机动性不足；依赖性强，自主性不足。质量评价指标的描述中，也以是否完成任务为考量，缺乏对治理模式的指导。当前，高校正在推进全员全过程全方位育人体系建设，要健全和完善日常思想政治教育工作"权责利"相统一的治理体系，选取赋权与负责相统一、负责与激励相统一的指标，推动高校各部门、各岗位从等待任务分配转向主动参与和贡献，在归口管理的同时搭建议事决策的跨部门协调机制，加强多主体的会商机制和研判机制。

指标的确定要提升能力水平。近年来多个文件中均提出高校党委主要领导要面向学生宣讲党的理论和路线方针政策的要求。教育部门专门出台《关于加强和改进高校领导干部深入基层联系学生工作的通知》，对高校领导班子深入基层做好思想政治教育工作提出了形式和任务的要求。有的质量评价便将文件中的形式和任务要求逐一对照形成指标项，统计高校领导班子"进课堂、进班级、进宿舍、进食堂、进社团、进讲座、进网络"的次数，以频次作为质量评价的指标依据，在一定程度上将必要的形式表面化了，容易陷入片面追求数量的"形式主义"。实际工作中，高校党委主要领导既可以讲授形势政策课程，也可以就某项议题开展专门的座谈会，或者结合个人专业进行专题讲座，只要是常态化、制度化地联系基层开展思想政治教育就值得提倡。相比采取什么形式，更应当关注是否解决了思想问题和实际困难。对照历史上的相关文件（见表4-4）可以看出，高校领导联系师生在实践中会逐渐形成一些可以固化的方式方法，高校领导的听课制度、来访制度、对接制度已经成为高校制度化的举措。高校领导联系师生是提升高校治理能力和治理水平的必然要求，要从加强自觉的角度鼓励高校工作创新形式，警惕将工作形式表面化、简单化、任务化，从日常思想政治教育工作的制度化和多主体的收获、反馈等角度设定评价指标，推动日常思想政治教育工作解决实际问题、解决思想问题的能力建设。

表 4-4 不同时期对高校领导承担思想政治教育任务的规定

文件名	主要形式	具体任务
《中共教育部党组关于加强和改进高校领导干部深入基层联系学生工作的通知》（教党函〔2019〕34 号）	高校领导班子成员尤其是党委书记、校长，要主动进课堂、进班级、进宿舍、进食堂、进社团、进讲座、进网络，深入一线联系学生	1. 高校领导班子每名成员每学期至少给学生讲 1 堂思想政治理论课或形势政策课； 2. 每周至少"面对面"接触学生 1 次； 3. 倡导领导班子成员每人联系 1 个学生班级或 1 个学生宿舍或 1 个学生社团等
《国家教委党组关于高等学校党政领导干部深入师生做好工作的几点意见》（教党〔1991〕11 号）	党政领导干部要把深入师生，做深入细致的思想工作列入工作日程，并形成制度，长期坚持。每学期都应有一定的时间深入基层，接触师生，要在师生特别是学生中交朋友，建立联系点，经常召开谈心会、座谈会，参加党支部、团支部、学生班、学生社团的活动	1. 建立党政领导干部深入课堂听课制度； 2. 建立党政领导干部接待师生来访制度； 3. 建立党政领导干部走访师生宿舍和食堂制度； 4. 党委主抓学生工作的领导干部要建立与学生班主任、辅导员等学生工作干部经常联系的制度； 5. 加强与共青团、学生会、研究生会和工会的联系，充分发挥他们的桥梁、纽带作用； 6. 努力开辟党政领导干部深入师生的新形式，可以通过"校长信箱""校长电话""新闻发布会"等各种形式，广泛深入、及时地听取师生的意见、建议

资料来源：《中共教育部党组关于加强和改进高校领导干部深入基层联系学生工作的通知》，教育部网站，http://m.moe.gov.cn/srcsite/A12/s7060/201903/t20190329_376010.html？from＝timeline&isappinstalled＝0；《国家教委党组关于高等学校党政领导干部深入师生做好工作的几点意见》，载教育部思想政治工作司组编《加强和改进大学生思想政治教育重要文献选编（1978—2008）》，中国人民大学出版社，2008，第 146~147 页。

第三节　高校日常思想政治教育工作
质量评价指标体系的构建

指标体系的结构是日常思想政治教育工作质量评价内容和组合形式的系统表达，"是一种具体的、可测量的、行为化的评价准则，是根据可测量或具体化的要求而确定的评价内容"[①]。指标体系总体上呈现框架性的结构特征，在日常思想政治教育工作体系的边界范围内，按照工作性质和隶属关系进行分组分类，将原则性的指标项层层递进，分解为可观测、可评价的指标要素和观测要点。各指标要素根据并列或隶属关系，明确在指标体系中的位置，按照重要程度和依存关系，通常采取加权的方法对指标项赋权或赋值，将描述性的指标转化为可量化的指标，通过数学统计方法增强指标体系的逻辑性和科学性。新时代构建日常思想政治教育工作质量评价指标体系，要以评价内容为指标基础，根据评价的具体目的和评价对象的实际来确定指标体系的权重、分值或标度，根据新时代的任务目标和形势要求确定观测要点。

一　质量评价指标体系的内容结构

结构是构成整体的各部分的组合方式。在《教育大辞典》中，指标体系是"由一系列反映被评价对象目标的、相互联系的指标构成的有机整体。反映被评价对象在实现目标的过程中，各个方面的相互依存关系"[②]。高校日常思想政治教育工作是系统性的工作体系，它的系统性体现在各工作要素构成了一个完整的体系，且互相之间存在关联。结构的形式决定了内容的排列组合方式，也就决定了指标体系的性质。日常思想政治教育工作要素之间相互支撑、互相关联，这种支撑和关联的方式，主要表现为指标体系的框架结构和层级结构，两种结构叠加形成了网格化、矩阵式的指标体系结构。指标体系的结构强调指标具有组织性、关联性和逻辑性，避免了

---

① 陈玉琨：《中国高等教育评价论》，广东高等教育出版社，1993，第89页。
② 教育大词典编纂委员会编《教育大辞典》，上海教育出版社，1990，第259页。

指标的零散、孤立和随意，易于被评价主客体认可和接受。

1. 指标体系的基本框架

框架结构是土木工程中经常使用的概念，是由梁和柱等构件刚性连接而成的结构体系。框架结构是建筑的基础结构，承担主要的支撑功能；框架内部的空间分隔和组合相对灵活，便于归类；框架整体与周围环境有着较好的相容性，方便延展。高校的思想政治教育工作体系总体呈现框架性的结构特征，主要体现在思想政治教育工作已经形成了完整的体系，支撑思想政治教育工作体系的主要内容——思想政治理论课和日常思想政治教育工作体系逐渐成熟。日常思想政治教育工作体系从德育的基本途径，逐渐拓展为与思想政治理论课相对应的课堂外思想政治教育的统称。

指标体系的基本框架，主要由各一级指标项组成。日常思想政治教育工作质量评价的一级指标，可以从生活理论、评价内容和历史经验三个方面提炼。从生活理论的角度来看，日常思想政治教育工作质量的提升要建构日常空间、建立日常规则、指导日常实践。从评价内容的角度来看，日常思想政治教育工作质量评价内容可以分为日常思想政治教育的体制机制、工作载体、实施效果和队伍建设等内容模块。日常规则要求建立体系化的体制机制，日常空间和日常实践形成了工作载体。从历史经验的角度来看，改革开放以来，教育部门曾两次就思想政治教育评价做出指导。从表 4-5 的归纳分类可以看出，思想政治教育工作质量评价的一级指标项，主要设置在体制机制、队伍建设、工作载体、育人环境、条件保障和育人效果等类别中，[①] 是指标体系中的"四梁八柱"，涵盖了日常思想政治教育工作质量评价的主要内容，可以作为日常思想政治教育工作质量评价指标体系的基本框架。

---

① 《中国普通高等学校德育大纲（试行）》，载教育部思想政治工作司组编《加强和改进大学生思想政治教育重要文献选编（1978—2008）》，中国人民大学出版社，2008，第 216~224 页。《全国大学生思想政治教育工作测评体系（试行）》是中宣部、教育部 2012 年出台的，以高校为评价对象，此外还有省（区、市）版，评价对象为地方教育行政部门。教育部网站，http://www.moe.gov.cn/srcsite/A12/s7060/201202/t20120215_179002.html。

表 4-5　教育部门有关文件中对思想政治教育工作质量评价设定的一级指标项

一级 指标归类	《中国普通高等学校德育大纲（试行）》 （1995 年）中德育工作评估的一级指标项	《全国大学生思想政治教育工作 测评体系（试行）》（2012 年） 中思想政治教育评估的一级指标项
体制机制	领导体制、机构和队伍建设情况； 规章制度建设情况	组织领导
队伍建设	未单独设置，纳入规章制度建设指标中	队伍建设
工作载体	"两课"建设情况； "三育人"工作开展情况； 日常思想政治教育工作开展情况； 党团工作和学生会工作情况； 社会实践开展情况； 校园文化建设情况	思想政治理论课； 课堂外思想政治教育
育人环境	（未单独设置，纳入校园文化建设指标中）	育人环境
条件保障	德育投入情况	条件保障
育人效果	学校德育的总体效果	未单独设置

注：2012 年中宣部和教育部联合出台《全国大学生思想政治教育工作测评体系（试行）》后，教育部思想政治工作司于 2013 年发布了《全国大学生思想政治教育工作测评操作手册》，对如何运用测评体系开展高校自评与地区评价高校提供了测评报告模板，要求各高校和地区分别报送测评数据，收集上报的信息主要围绕高校符合多少指标项，以及各项指标达标的高校数量，便于上级部门汇总统计，进而对高校和地区形成单独的效果判断，进行高校之间、地区之间的横向比较和分析。参见教育部网站，http://www.moe.gov.cn/srcsite/A12/moe_1407/s253/201309/t20130926_158477.html。

2. 指标体系的层级逻辑

高校日常思想政治教育逐级分解的工作模式和组织机构的科层体系，决定了指标体系的层级结构。指标体系的层级结构便于清晰地细分指标内容，从不同层次和角度论证指标的完成度和实效性，体现了不同层级应当承担的责任。

如 2012 年《全国大学生思想政治教育工作测评体系（试行）》相比1995 年的《中国普通高等学校德育大纲（试行）》中德育工作的评估指标，

虽然一级指标项的类别大体相当，但随着教育工作的不断发展，指标的内容和内涵不断丰富。以工作载体一级指标为例，工作载体是日常思想政治教育工作的主要阵地，是辅导员、班主任组织开展教育活动，与专任教师、管理服务人员协同育人的主要平台。如表 4-5 所示，1995 年的《中国普通高等学校德育大纲（试行）》中德育工作评估的一级指标项"日常思想政治教育工作开展情况"只是工作载体的组成部分之一，且与其他教育载体相比，具体内容相对模糊，在指标的具体描述中，将不同性质的工作内容陈列其中作为二级指标，[①] 反映了当时日常思想教育工作尚未形成完整的工作体系，导致指标分散、内容笼统。

有关工作载体的一、二级指标设定，在 2012 年《全国大学生思想政治教育工作测评体系（试行）》中"课堂外思想政治教育"一级指标项下设"社会主义核心价值体系宣传教育、实践育人、校园文化建设、网络思想政治教育、心理健康教育、资助育人、就业创业教育、党团组织建设"8 个二级指标，是"课堂外思想政治教育"的主要工作载体。其中"实践育人、校园文化建设、网络思想政治教育、心理健康教育、资助育人、就业创业教育、党团组织建设"7 个二级指标与 2004 年颁布的《关于进一步加强和改进大学生思想政治教育的意见》中第五部分"努力拓展新形势下大学生思想政治教育的有效途径"和第六部分"充分发挥党团组织在大学生思想政治教育中的重要作用"的各条各款完全对应，[②] 2004 年该文件发布后，中

---

① 《中国普通高等学校德育大纲（试行）》中德育工作评估指标关于"日常思想教育工作"的描述为，"辅导员和班主任是日常思想政治教育的直接组织者和协调者。要深入学生，搞好班集体、宿舍和年级工作；组织开展形式多样、生动活泼的教育活动；有针对性地做好深入细致的个别思想工作；加强心理健康和心理素质方面的咨询与指导；要通过各种行之有效的方式，密切学校与学生家长的联系，争取家庭教育与学校教育的良好配合"。参见教育部思想政治工作司组编《加强和改进大学生思想政治教育重要文献选编（1978—2008）》，中国人民大学出版社，2008，第 221 页。

② 《关于进一步加强和改进大学生思想政治教育的意见》第五部分"努力拓展新形势下大学生思想政治教育的有效途径"包括五条内容：深入开展社会实践，大力建设校园文化，主动占领网络思想政治教育新阵地，开展深入细致的思想政治工作和心理健康教育，努力解决大学生的实际问题（包含资助工作和就业创业工作）。第六部分"充分发挥党团组织在大学生思想政治教育中的重要作用"包括三条内容：发挥党的政治优势和组织优势，发挥共青团和学生组织作用，依托班级、社团等组织形式开展大学生思想政治教育。参见《十六大以来重要文献选编》（中），中央文献出版社，2006，第 183~185 页。

共中央在 2006 年首次提出建设社会主义核心价值体系的重大命题和战略任务,① 因此在 2012 年出台的指标体系中,将"社会主义核心价值体系教育"作为"课堂外思想政治教育"中的第一个二级指标,突出了理论教育的时代性和时效性。"课堂外思想政治教育"作为上级指标能够有效地细化分解下级指标,下设的 8 个二级指标系统地阐释了一级指标的内涵,具有明确的政策依据,对上级指标提供了阐释和支撑,8 个二级指标形成了前后协调、内涵一致的一、二级指标层级体系。

3. 指标体系构建示例

指标体系的框架结构决定了质量涉及的范围,体现了评价的广度。在指标体系的基本框架中,指标的项数、位置等要素还要考虑质量评价周期、现实工作需要和高校职责划分等实际情况。第一,指标项数一般与评价周期正相关。一级指标项数过多,意味着评价主体发起评价的成本越高,作为评价客体的高校积累成效和准备评价需要的时间越多,评价的周期间隔一般较长。一级指标项数过少,则不易观察了解日常思想政治教育工作不同部门、不同层级、不同环节的情况,难以对日常思想政治教育工作质量做出整体判断。第二,指标所处的位置有时会根据工作需要有所调整,体现出工作的阶段性侧重点。如"队伍建设"指标在《中国普通高等学校德育大纲(试行)》中仅作为德育工作评估指标"规章制度"下的二级指标出现。2004 年《关于进一步加强和改进大学生思想政治教育的意见》就专职辅导员队伍建设提出了明确而具体的要求,开启了高校专职辅导员队伍建设的新篇章,因此在 2012 年的《全国大学生思想政治教育工作测评体系(试行)》中,单独设为一级指标。近年来,思想政治教育工作者已经配备到一定规模,队伍的专业化、职业化发展成为队伍建设的重点,可以考虑将队伍建设作为一级指标,将队伍发展状况作为下位指标的观测要素。第三,在质量评价的实践中,指标对应着职责,因此一级指标的设定还要考虑高

---

① 2006 年,中国共产党第十六届六中全会通过的《中共中央关于构建社会主义和谐社会若干重大问题的决定》,第一次明确提出了"建设社会主义核心价值体系"这个重大命题和战略任务,包括四个方面的基本内容,即马克思主义指导思想、中国特色社会主义共同理想、以爱国主义为核心的民族精神和以改革创新为核心的时代精神、社会主义荣辱观。这四个方面也进一步阐释了"社会主义核心价值体系教育"指标项的指向和内容。

校职责划分的实际情况。如《全国大学生思想政治教育工作测评体系（试行）》中单独设置了"育人环境"一级指标，不仅体现了环境对思想政治教育各组成要素的重要影响，也体现了这一指标的评价对象是高校整体而非高校的个别部门，强调各部门各司其职、各负其责、共同参与的育人环境构建模式。2016 年全国高校思想政治工作会议强调构建全员全过程全方位育人体系，因此有必要将"协同环境"设定为一级指标作为协同育人平台的重要观测项。此外，《关于加强和改进新形势下高校思想政治工作的意见》提出"坚持定性分析和定量分析相结合、工作评价和效果评估相结合，推动高校思想政治工作制度化"[①]，在指标体系中，将过程指标与效果指标同时构建，设定"育人效果"一级指标，目的在于推动建立高校立德树人工作落实机制，设置日常运行、育人效果、社会反馈和应急处理等维度，涵盖日常思想政治教育工作的过程与结果、不同主体对质量的评价、工作的一般效果与安全底线的建设情况，丰富高校日常思想政治教育工作质量的呈现方式，便于从多个维度了解一项工作的开展情况。

指标体系的层级逻辑决定了指标细分的情况，体现了评价的深度。以工作载体为例，进入新时代，日常思想政治教育的工作载体愈加丰富，为设定分层指标提供了重要参考。2016 年《关于加强和改进新形势下高校思想政治工作的意见》提出建立"教书育人、科研育人、实践育人、管理育人、服务育人、文化育人、组织育人长效机制"[②]。2017 年教育部配套出台的《高校思想政治工作质量提升工程实施纲要》，详细规划了"课程、科研、实践、文化、网络、心理、管理、服务、资助、组织"十大育人载体。[③] 从载体的内涵和日常工作的职责划分中可以看出，日常思想政治教育的工作载体可以延续历史传统中的部分指标，如日常思想理论教育、党团组织与班集体建设、心理健康教育、就业创业指导、实践育人等。日常思想政治教育工作体系中的部分内容，如学风建设与学业辅导，可以考虑为新增二级指标项，还有一部分工作，如文化育人、网络育人等指标虽然以往作为日常思想政治教育的工作载体，但在新时代更加强调高校整体构建、

① 《十八大以来重要文献选编》（下），中央文献出版社，2018，第 490 页。
② 《十八大以来重要文献选编》（下），中央文献出版社，2018，第 480 页。
③ 参见教育部网站，http：//www.moe.gov.cn/srcsite/A12/s7060/201712/t20171206_320698.html。

部门协同、共同发力，可以作为全员全过程全方位协同育人的重点任务，调整到协同育人环境的一级指标项下。

根据指标体系的基本框架和层级逻辑，参考前面分析的指标归类的实践经验，新时代日常思想政治教育工作质量评价指标体系可以如表 4-6 设置。指标体系的构建兼顾了评价的广度与深度，兼顾了评价的必要性与可行性，兼顾了指标的时代性与时效性，可以进一步组织各方面专家进行论证，并通过评价试验或征求意见等方式，讨论和完善指标设计，不断修订形成适度、适用的指标体系。

表 4-6　高校日常思想政治教育工作质量评价指标体系

一级指标归类	一级指标	二级指标
体制机制	组织领导与治理体系	党委领导体制
		工作理念思路
		治理结构与工作机制
队伍建设	队伍建设与发展	党政干部及共青团干部队伍
		辅导员、班主任队伍
		协同育人队伍
工作载体	日常教育与管理服务	日常思想理论教育
		党团组织和班集体建设
		学业辅导与学风建设
		学生日常事务管理
		心理健康教育与咨询工作
		职业规划与就业创业指导
		社会实践与志愿服务
育人环境	协同育人环境	校园安全稳定
		家庭与社会参与
		网络育人
		文化育人

续表

一级指标归类	一级指标	二级指标
条件保障	资源条件保障	活动设施建设
		经费投入
		科学研究
育人效果	高校育人效果	运行质量保障
		人才培养效果
		社会认可度
		应急管理水平

注：详细的指标内容见本书附录。

二　质量评价指标体系的权重设计

权重是系统内某一要素的相对重要程度，权重不仅反映数值占比，更体现了其重要性和贡献度。高校日常思想政治教育工作是一项整体的、系统的工作体系，如果缺少了其中的某一部分或者某一层级，日常思想政治教育工作就没有真正完成，当所有的指标都一一列出时，各项指标之间的关系如何，孰轻孰重，成为构建完整指标体系面临的问题，需要为各指标项确定权重。

1. 权重的功能与价值

在指标体系中，不同要素的重要性有所差别，由此产生了指标的权重。同一层级指标的权重影响着下一层级指标的相对重要性，这些相对的差异在文字中可以用更加重要、特别重要来强调，但是评价主客体对文字的内涵可能有不同的认识，不利于建立共识和统计分析，因此需要借助权重的数量化表达来替代。在高校日常思想政治教育工作中，不同阶段质量评价的指标体系也有所不同，即便是同一项工作也会因为地位发生变化引发相对权重的调整。建立数量化的指标权重，有助于追踪分析不同时期同一项工作的指标贡献度。如日常思想政治教育工作的开展，需要配套的资源保障，涉及人员队伍建设、经费支持、活动空间等各方面。在经费方面对应的指标可以指向是否纳入院系或学校统一预算规划、是否单列项目账号统一拨付、是否能够满足工作的一般需要等，这些指标对其他工作的重要程度可以进一步赋值，建立基于数值基础上的双向关系。随着高等教育的发展，学校和院系的办学自主权都进一步扩大，尤其是对于一些优势学科、"一流学科"，经费的有无或多少已经不是制约日常思想政治教育工作的主要因素，经费是否体现了绩效优先的原则、经费使用额度的排序是否反映了工作导向等问题的重要性不断凸显，形成了新的质量评价指标，这些新的指标及其权重的变化，就反映了经费对于日常思想政治教育具体工作的重要性和贡献度的变化。

将权重的概念和方法引入指标体系的构建过程，凸显质量评价指标体系的侧重点。权重体现了指标的相对重要程度和对指标体系的贡献程度，因此权重越高的指标，代表其地位、价值和功能受到越多的肯定。如日常思想政治教育工作中经常对某些特定指标采取"一票否决"的评价方式，就是赋予了该指标极端的重要性。高校日常思想政治教育工作质量评价，是通过评价的方式，推进整体工作，强化重点工作，因此有意识地加大部分指标的权重，形成明确的工作导向，能够带动和调动日常思想政治教育工作的各要素，更加聚焦和关注重点工作。在指标体系构建的实践中，经常对领导体制、顶层设计、组织保障等部分赋予相对较高的权重，旨在推动高校贯彻落实党和国家的有关要求，重视和加强日常思想政治教育工作。

2. 定性加权与定量加权的方法

权重的确定过程，是将每一个指标定义为完整的分值，比如定义为1，按照需要对指标进行分解，对该指标所属的下一级每一个子指标进行赋权，使得每一个子指标的权重小于等于1，且同一层的总分值为1，以此类推得出所有指标的权重分值。权重广泛应用于教育评价中，如教师对学生课程成绩的评价，一般是通过平时成绩、期中成绩和期末成绩进行赋权加总。如何定义每一个指标项的权重，反映了评价主体对于各要素重要性和贡献度的判断。按照权重形成的不同方式，可以简单分为定性加权与定量加权两种，确定指标权重一般会结合两者进行。

定性加权是采取协商或讨论的方式，对指标赋予权重，通常由思想政治教育领域的学者、教育行政部门人员和高校领导等各方面专家，根据评价的目标、要求和评价客体的情况，商量讨论得出指标权重。由于思想政治教育学科中定性研究相对较多，日常思想政治教育工作中量化的数值和要素又相对较少，因此定性加权的方法可操作性强，能够吸收采纳学科专家和实务人员的意见与建议。然而，定性加权完全由相关人员主观确定，存在一定的随意性和随机性，需要通过专业的方法、多轮次协商等方式来增强赋权过程的信度和效度。

定量加权的方法是对高校日常思想政治教育工作要素，利用数学统计方法进行数据转化，来分析要素之间的关系，从而判断其权重。如在计算分析满意度调查问卷数据时，经常使用的主成分分析法就是定量加权的方法，通过对影响满意度结果的各因素进行统计分析，得出主要的影响因素及其权重。由于定量加权完全依赖客观数据进行分析，因此得出的权重结论可能与评价主体的主观认识和经验判断有所差距。在实践中，权重确立一般采取定性加权与定量加权相结合的方式。

3. 运用德尔菲法与层次分析法确立指标权重

德尔菲法也称为专家咨询法，有别于定性加权通过专家商量讨论和沟通协调的方式，德尔菲法采取统计的方式进行，通过选择合适的专家，发放权重征询意见表，提供指标相关背景资料，由专家对各指标独立赋予权重，然后汇总专家的意见，计算得出每个指标权重的均值，并将均值以及各专家初始权重与均值的差值反馈给专家，向专家征求第二轮意见，专家根据对自己初始权重、均值和差值的综合判断，对初始权重进行修订，得出第二轮权重，经过再次计算得出第二轮均值，根据需要对上述过程多次循环，最终使各专家对于同一指标的权重逐渐趋于一致，通过权重平均化、归一化处理或加权计算的方式得出最终的指标权重。这一方法强调采取匿名的方式，通过统计分析实现指标权重的均值收敛，较好地遵循了评价实践的科学伦理，在多个专家中建立对指标权重的共识。

层次分析法则是通过对同一层次的指标进行两两对比的方式得出指标权重。运用层次分析法确立指标权重一般包括四个步骤，以前面提出的日常思想政治教育工作质量评价的一级指标为例，这四个步骤的具体内容如下。

一是明确指标体系的层级。根据指标体系框架，确定高校日常思想政治教育工作质量作为最高的决策层，各一级指标为一级指标层，即组织领导与治理体系、队伍建设与发展、日常教育与管理服务、协同育人环境、资源条件保障、高校育人效果，在一级指标下还可以分别列出所属的二级指标，形成二级指标层。

二是构造判断矩阵，对属于同一层级的每两个指标之于上一层级的相对重要性进行对比，比较的相对重要性数值采用 1~9 标度法，其详细含义如表 4-7 所示。

表 4-7　评价指标的 1~9 标度及含义

标度 a_{ij}	含义（比较指标 i 与指标 j）
1	一样重要
3	略重要
5	重要
7	很重要
9	极重要
2，4，6，8	两相邻判断中间值
倒数	若 i 与 j 的重要性之比为 a_{ij}，相应 j 与 i 的重要性之比为 $\dfrac{1}{a_{ij}}$

例如比较第 i 个指标与第 j 个指标相对上一层级某个指标的重要性时，邀请专家对指标层的各元素重要性进行两两对比，使用相对重要性数值 a_{ij} 来描述，从而构造出两两比较的表现相对重要性的数值矩阵。

三是通过数学定量计算的方法对各指标项赋予权重。采用特征根法，即用判断矩阵的最大特征值对应的归一化特征向量作为权向量。计算公式为：

$$Aw = \lambda w$$

其中 A 为判断矩阵，λ 为判断矩阵 A 的最大特征值，权向量 w 中的元素反映了不同指标对于决策目标的相对重要程度。

根据不同的评价目的、指标重点、评价对象的实际等背景情况，专家可以对指标赋予不同的相对重要程度。表 4-8 给出了日常思想政治教育工作质量评价的一级指标层中各一级指标项相对于高校日常思想政治教育工作质量这一决策层的两两对比判断矩阵的示例（在具体的评价中，指标的相对重要性要根据评价目的和现实情况来确定，表中数据仅作为参考和数学推理），并计算出相应的权向量。对一级指标下所属的二级指标赋予权重的过程也可以参照此流程进行。

表 4-8 日常思想政治教育工作质量评价一级指标判断矩阵及权向量

指标	组织领导与治理体系 A1	队伍建设与发展 A2	日常教育与管理服务 A3	协同育人环境 A4	资源条件保障 A5	高校育人效果 A6	权向量 w
组织领导与治理体系 A1	1	3	1	3	5	1	0.254
队伍建设与发展 A2	1/3	1	1/3	1	3	1/2	0.102
日常教育与管理服务 A3	1	3	1	3	5	1	0.254
协同育人环境 A4	1/3	1	1/3	1	2	1/5	0.092
资源条件保障 A5	1/5	1/3	1/5	1/2	1	1/4	0.047
高校育人效果 A6	1	2	1	5	4	1	0.251

四是在同一层次中进行一致性检验，对照平均随机一致性指标标准值判断矩阵是否满足一致性，满足则通过，不满足则继续调整判断矩阵直至满足为止。在判断矩阵满足一致性时，就可以得出最终的指标权重。如对表 4-8 进行一致性检验，对比判断矩阵的最大特征值，计算其一致性指标（ CI ）：

$$CI = \frac{\lambda - n}{n - 1} = \frac{6.1049 - 6}{6 - 1} = 0.021$$

当矩阵阶数（指标个数 n ）为 6 时，平均随机一致性指标（ RI ）为 1.24，则一致性比率（ CR ）为：

$$CR = \frac{CI}{RI} = 0.0169 < 0.1$$

由上述计算可知，判断矩阵的不一致程度处于允许范围内，所选取的指标权重是可靠的。

高校日常思想政治教育工作质量评价的指标体系中，处于最底层的指标项往往较多，如果只使用德尔菲法，让所有专家反复多次对全部指标一一进行赋权或排序，工作量大且可行性较低，一般情况下，会综合使用德尔菲法和层次分析法以及其他方法来确立指标权重。层次分析法强调专家只需要对同一指标层级的指标项两两对比赋值，将面对所有不同层级的全部指标的赋权聚焦为对同一层级的指标赋权，提升单次赋权的科学性，减少随意性和随机性。在层次分析法的使用过程中，可以继续使用德尔菲法在多个专家中多轮次征求意见，确定更为合理的相对重要性数值以构造判断矩阵。

三 质量评价指标体系的观测要点

观测要点是对指标项的具体阐释，是对日常思想政治教育工作质量评价内容的细致描述。质量评价的指标项是概括性、宏观性、原则性的，需要描述指标概念的内涵，帮助评价主客体达成一致的认识。在评价实践中，观测要点反映了指标项的具体性、微观性、时代性的指向，是评价主体判断指标完成度的重要依据，也是评价客体加强质量建设的重要参考。

1. 观测要点选取的政策依据

现阶段，高校已经基本划归各级教育行政部门管理，从教育部到各地教育行政部门，再到各高校，形成了日常工作指导的完整链条，在实际工作中，最上层的管理部门往往出台宏观指导性的文件，提出纲领性的目标和原则性的要求，经由各地各校的部署、通知、安排来细化，构成高校开展日常思想政治教育工作的依据和标准。把日常思想政治教育工作的各项政策文本，抽取可观测和可评价的内容要素，转化为评价的指标，是确定评价指标的关键过程，在确定指标的过程中，要根据政策文本，对一、二级指标和指标的具体观测要点逐一确定。

如《普通高等学校辅导员队伍建设规定》的修订和出台，对高校思想政治教育工作队伍，尤其是对作为日常思想政治教育工作的组织者、实施者和指导者的辅导员、班主任，明确了工作职责内容，提供了队伍建设的专业化和职业化路径，文件提出的政策要求，可以纳入日常思想政治教育工作质量评价一级指标项"队伍建设与发展"中，作为"辅导员、班主任队伍"二级指标项以及"协同育人队伍"二级指标项的观测要点。文件经过简明化处理，提炼关键要素，可以转化为五条观测要点内容（见表4-9）。

表 4-9　《普通高等学校辅导员队伍建设规定》中各条款与观测要点一览

观测要点内容	对应文件条目	对应文件条款
按师生比不低于1∶200的比例设一线专职辅导员岗位，专兼结合，以专为主，足额配备；有辅导员选聘办法，选聘工作符合要求	第六条	高等学校应当按总体上师生比不低于1∶200的比例设置专职辅导员岗位，按照专兼结合、以专为主的原则，足额配备到位
	第七条	辅导员应当符合若干基本条件
	第八条	辅导员选聘工作要在高等学校党委统一领导下进行，由学生工作部门、组织、人事、纪检等相关部门共同组织开展。根据辅导员基本条件要求和实际岗位需要，确定具体选拔条件，通过组织推荐和公开招聘相结合的方式，经过笔试、面试、公示等相关程序进行选拔
青年教师晋升高一级专业技术职务（职称），须有至少一年担任辅导员或班主任工作经历并考核合格	第九条	青年教师晋升高一级专业技术职务（职称），须有至少一年担任辅导员或班主任工作经历并考核合格。高等学校要鼓励新入职教师以多种形式参与辅导员或班主任工作
制定辅导员相关条例，落实"双线"晋升要求。对专职辅导员专业技术职务单列指标，单设标准，单独评审，注重考察工作业绩和育人实效	第十条	高等学校应当制定专门办法和激励保障机制，落实专职辅导员职务职级"双线"晋升要求，推动辅导员队伍专业化职业化建设
	第十一条	专职辅导员专业技术职务（职称）评聘应更加注重考察工作业绩和育人实效，单列计划、单设标准、单独评审
辅导员的培养纳入学校师资和干部培训规划、人才培养计划，开展队伍轮训，每名专职辅导员每年参加不少于16个学时的校级培训，享受专任教师培养同等待遇，鼓励支持辅导员在做好工作的基础上攻读相关专业学位	第十四条	辅导员培训应当纳入高等学校师资队伍和干部队伍培训整体规划
	第十五条	省级教育部门、高等学校要积极选拔优秀辅导员参加国内国际交流学习和研修深造，创造条件支持辅导员到地方党政机关、企业、基层等挂职锻炼，支持辅导员结合大学生思想政治教育的工作实践和思想政治教育学科的发展开展研究。高等学校要鼓励辅导员在做好工作的基础上攻读相关专业学位，承担思想政治理论课等相关课程的教学工作，为辅导员提升专业水平和科研能力提供条件保障

观测要点内容	对应文件条目	对应文件条款
落实辅导员相应职级、职数和待遇，有辅导员、班主任工作考核办法和年度考核结果，定期评选表彰优秀辅导员、班主任，并纳入教师表彰体系	第十三条	高等学校应当制定辅导员管理岗位聘任办法，根据辅导员的任职年限及实际工作表现，确定相应级别的管理岗位等级
	第十六条	高等学校要积极为辅导员的工作和生活创造便利条件，应根据辅导员的工作特点，在岗位津贴、办公条件、通讯经费等方面制定相关政策，为辅导员的工作和生活提供必要保障
	第十八条	高等学校要根据辅导员职业能力标准，制定辅导员工作考核的具体办法，健全辅导员队伍的考核评价体系。对辅导员的考核评价应由学生工作部门牵头，组织人事部门、院（系）党委（党总支）和学生共同参与。考核结果与辅导员的职务聘任、奖惩、晋级等挂钩
	第十九条	教育部在全国教育系统先进集体和先进个人表彰中对高校优秀辅导员进行表彰。各地教育部门和高等学校要结合实际情况建立辅导员单独表彰体系并将优秀辅导员表彰奖励纳入各级教师、教育工作者表彰奖励体系中

资料来源：《普通高等学校辅导员队伍建设规定》（教育部令第43号），教育部网站，http: // www. moe. gov. cn/srcsite/A02/s5911/moe_621/201709/t20170929_315781.html。

2. 观测要点选取的实践经验

观测要点的选取除了依据政策要求，在日常思想政治教育工作实践中也积累了丰富的经验。如按照日常思想政治教育工作的科层管理体系，在不同层级选取合适的观测要点，全链条把握质量状况。现阶段，高校普遍采取的是"学校-职能部门-基层院系-学生"四级工作体系。在学校层面，党委统一领导的思想政治教育工作议事决策机构承担规划设计职能，学工部等职能部门作为思想政治教育的常设机构负责日常工作的部署和实施。在基层院系层面，院系党委组织专任教师、辅导员、班主任负责执行日常思想政治教育工作任务，通过各类渠道、载体具体实施。针对同一项指标，抽取不同层级的观测要点，有助于收集和分析工作规划设计、实施过程、工作成效的具体信息，形成较为全面的认识，从而做出质量判断。

　　由于思想政治教育工作体系中的要素较多，为了有针对性地推进工作，评价主体往往在评价实践中有侧重地选择部分观测要点。如北京市 2021 年修订的《北京普通高等学校党建和思想政治工作基本标准》中，对"大学生思想政治教育工作"二级指标项设定的观测要点就集中在顶层设计、工作载体、心理健康教育、队伍建设和国防教育 5 个方面（见表 4-10），其中国防教育观测要点的设计反映了北京市对属地高校开展日常国防教育、大学生军事训练和征兵工作的突出要求。

表 4-10　北京市有关文件中对大学生思想政治教育工作指标设定的观测要点

一级指标	二级指标	观测要点
5. 宣传思想工作	5-4　大学生思想政治教育工作	5-4-1　深入贯彻全国和北京市高校思想政治工作会议精神，认真落实加强和改进大学生思想政治工作的各项任务，充分发挥思想政治工作"生命线"作用，深化"三全育人"综合改革，工作体系健全，保障到位 5-4-2　以"三同四起来"工作模式统筹学生思想政治工作，每年围绕党和国家中心工作，开展贯穿全年的主题教育活动。持续加强理想信念教育、爱国主义教育、新生教育、学业辅导、实践育人、网络育人、劳动育人、资助育人、就业育人、创新创业教育、禁毒防艾教育等。加强班集体等学生基层组织建设和日常管理工作，夯实工作基础，引领学生成长成才 5-4-3　大学生心理健康教育工作制度健全，深入构建教育教学、实践活动、咨询服务、预防干预等相结合的工作格局，不断提升工作实效；加强专职心理教师队伍配备和培训 5-4-4　配齐建强辅导员队伍，加强培训培养，不断提升辅导员工作的专业化、职业化水平。切实落实导师研究生培养第一责任，推动专业教育与思政教育有机融合。拓展思政工作覆盖面和针对性，提升精细化工作水平，深入推进学生深度辅导工作 5-4-5　高度重视国防教育，军训工作规范开展，效果好；重视征兵工作、兵役登记，机制健全，程序规范。征兵宣传形式多样，措施有效。严格落实优待政策，保障大学生士兵权益

　　注：参见《北京普通高等学校党建和思想政治工作基本标准检查参考手册》，中共北京市委教育工作委员会，2021 年 7 月。

3. 观测要点的标度设计

标度是对间隔的量化表达，是将指标内容和观测要点的文字描述进行度量转化的关键方法。作为指标体系中最底层的要素，观测要点的标度向上决定了指标的度量方式，进而决定了在质量评价实施过程中，评价主体如何将对观测要点收集到的信息转化为简明的结论判断，或形成数理分析的数值。根据不同的表达形式，标度主要分为定量标度与定性标度两种。

定量标度是用数学的方式描述距离或数值，具有数学表达的绝对性和统计分析的可行性。自然科学中广泛使用定量标度，数学中的坐标、化学中的仪器刻度、地理所用的方位信息等都是定量标度的形式。在教育评价领域，学业考试、学生测评也一直采取定量标度的形式。日常思想政治教育工作质量评价中，对指标体系的权重用数值来表达不同指标之间的相对重要程度，就使用了定量标度。由于日常思想政治教育工作质量评价指标体系的层次性和观测要点的丰富性，部分研究采取对指标项和观测要点进行赋分的方式，将指标体系中的全部要素定量化处理。如北京市 2021 年修订的《北京普通高等学校党建和思想政治工作基本标准》总计 1000 分，一级指标分值从 40 分至 210 分不等，各观测要点的分值从 2 分至 20 分不等，在评价实践中对各级指标和要素采取倒扣分制，设置了扣分的依据。在评价实践中，评价主体做出的定量判断能够快速理解和计算。

定性标度是用文字的方式表达程度的差异，从而对指标项或观测要点实现分等、排序、标距的评价目的。定性标度按照表达方式还可以具体分为量词式、等级式、描述式等不同类型。量词式的标度是指用带有程度差异的形容词、副词或者名词来显示指标项或观测要点的差异。如"非常重要""重要""一般""不重要""非常不重要"就构成了一组量词标度，在以问卷为主要形式的指标体系或评价方法中，经常使用量词标度，其优势是能够对难以量化的问题快速归类，便于分析指标的分布状态，形成判断依据。等级式的标度是指用一些明显带有等级序列的文字（如优、良、中、差）、字母（A、B、C、D）或数字（1、2、3、4）来显示指标或观测要点的差异。相比量词标度，等级标度对间距有良好的呈现，符合一定的等距要求。在日常思想政治教育工作质量评价实践中，中宣部、教育部 2012 年联合发布的《全国大学生思想政治教育工作测评体系（试行）》就对观测要点使用了等级标度，分别用 A、B、C、D 来判断评价客体满足观测要点的程度，在评价判断上将各观测要点的等级情况加总作为总体判断的依据。量词标度和等级标度的层级要合理设置，层级太多时相邻等级难以清晰界定和区分，层级太少则指标间的差异过大，在实际操作中一般设置 5 个等级。描述式的标度是指用文字描述的方式来表达指标项和观测要点满足和实现的情况，如设置"是否符合""是否达到"的标度形式。英国高等教育质量保证署在使用《英国高等教育质量规范》对高校进行质量评价时，就对各指标项的符合情况进行了文字说明，并使用描述的方式进行定性判断。在评价实践中，也经常对指标项和观测要点综合采取多种标度形式，如定量与定性相结合的标度设置方式，对定性标度继续赋分或赋值，如对指标项或观测要点的优、良、中、差结果分别设置为 90 分、80 分、60 分、40 分，便于观测要点之间的对比和计算，方便指标结论的交流交互。

从上述研究可以看出，指标体系不是随意的、主观的、零散的，而是高校日常思想政治教育工作发展到一定阶段对质量的共识。指标体系总结了日常思想政治教育发展的科学规律，凝练了日常思想政治教育实践的历史经验，是质量评价能够顺利实施并得出科学结论的关键。

第五章　高校日常思想政治教育工作质量评价的实施反馈

　　质量评价的实施反馈是思想政治教育过程的一部分，具有基本的实施原则和一般流程，遵循思想政治教育过程的一般规律。质量评价的实施是一项目的明确、计划详细、组织完备的工作，在实践中形成了丰富的评价案例。对质量评价结果的反馈与使用，是质量评价目标得以最终实现的重要途径。高校日常思想政治教育工作质量评价结果要应用于加强和改进日常思想政治教育工作，重点是确立导向机制，完善激励机制，增强溢出效应。

第一节　高校日常思想政治教育工作质量评价的准备过程

　　质量评价作为高校日常思想政治教育工作重要环节，有着相对完整且独立的实施过程。其完整性表现为各阶段前后衔接，层层推进，与评价结果的反馈共同形成闭环。其独立性表现为评价的实施具有一定的原则、流程和规律。

一　质量评价的实施原则

　　高校日常思想政治教育工作质量评价的实施原则，是质量评价实施的一般要求。质量评价实施的主体、客体、时空方位、评价内容可能千差万别，但都遵循基本的要求和准则。具体而言，高校日常思想政治教育工作质量评价的实施，必须坚持实事求是的原则，坚持定性分析和定量分析相结合的原则，坚持过程评价和效果评价相结合的原则。

1. 坚持实事求是的原则

"实事"是客观存在的事物,"求"就是用科学的研究方法去获取信息并进行分析,无论是对客观物质世界还是人的精神世界,都已经具备了了解和分析的基本方法。"是"就是客观事物的规律,通过"求"的方式,揭示"实事"的规律。实事求是就是从对象的实际出发,研究事物内部的联系规律,认识事物的本质规律。"实事求是,是马克思主义的根本观点,是中国共产党人认识世界、改造世界的根本要求,是我们党的基本思想方法、工作方法、领导方法。"① 实事求是既是开展质量评价的价值观,也是指导质量评价的方法论。

开展质量评价,要对评价主客体坚持实事求是的态度。质量评价是评价主体基于一定科学方法对评价客体的客观状态或者主观认识的客观分析。尽管经过经验积累和研究方法的改进,研究者能够运用科学方法开展评价,然而开展质量评价,评价主客体都需要大量的时间进行准备,还需要投入人力、物力、财力等,应当认识到质量评价是工作的一个环节,是其中的一部分,不是"多多益善""越多越好",开展质量评价的频率和深度应当考虑满足工作的需要和评价双方可承受的限度,评价的设计实施既要满足评价主体的基本需要,又要以评价客体能接受为宜。

开展质量评价,要坚持评价过程的实事求是。高校日常思想政治教育工作,是否推动了育人工作的完善和提升,是否达成了立德树人的目标,不能只看文本,只听汇报,要用科学的方法来分析。要全面研究日常思想政治教育过程的各要素,包括教育主体、教育客体、教育介体和教育环境,系统化地分析各要素在日常思想政治教育工作过程中发挥了什么作用,起到了什么效果,是否达成了预期。要全面研究日常思想政治教育过程的各环节,包括目标的分解、方案的设计、计划的实施、工作的总结,全链条地审视各环节如何体现日常思想政治教育工作的质量,有哪些与预期不相符或超出预期的情形。日常思想政治教育是由教育者主导,针对大学生开展的教育工作,面对着具体的人、事和问题,教育学存在于"极其具体的、

---

① 《十八大以来重要文献选编》(上),中央文献出版社,2014,第695页。

真实的生活情境中"①，教育过程和情境呈现循证、创设、试探的独有特征，质量评价要坚持科学、负责和开放的态度，实事求是地反映情况，找出问题。

2. 坚持定性分析和定量分析相结合的原则

定性分析是用逻辑推理、归纳演绎、抽象归纳、综合分析等方式来研究日常思想政治教育工作的影响或效果。高校日常思想政治教育工作质量评价，必须坚持正确的政治方向，坚持正确的价值导向，其本身的性质和地位决定了质量评价是对"价值"实现程度的评判。在实践中，面对大量文本资料、观测内容、现实情境、学生反馈，评价主体往往需要按照材料的性质、功能、地位快速做出选择、摘用、分类，通过定性分析方法得出判断的依据。在质量评价的结论中，也往往使用定性的表述。

而定量分析则是运用量化研究的方法，对在日常思想政治教育工作中沉淀下来的信息或数据、结果或成果的标准转化进行数量关系的分析研究，通过其中的数量关系推断工作与效果之间的因果关系。一提到质量评价，大众都希望能得到简明的量化结论，比如分数、排名等。对于质量评价的研究而言，定量分析过程中的抽象、假设、转化，虽然保证了科学性，却简化了复杂的现实情况。同时，定量分析的研究主体仍然是人，其认识水平和研究方法都有一定的局限性。

因此质量评价的实施，要兼顾定性分析和定量分析。定性分析为定量分析把握方向，定量分析为定性分析提供科学依据，只有将定性分析与定量分析相结合，平衡两者的使用，使其相互补充，才能得出科学合理的结论。

3. 坚持过程评价和效果评价相结合的原则

日常思想政治教育工作是高校坚持党的领导，坚持社会主义办学方向的重要实践渠道，质量评价考察实施过程的系统性和科学性。日常思想政治教育工作的最终目标是服务于高校立德树人的根本任务，注重学生的成长性和工作的实效性。质量评价的实施要兼顾过程评价与效果评价。

日常思想政治教育工作反映了党的建设在高校中的延伸，高校党委对

---

① 马克斯·范梅南：《教学机智——教育智慧的意蕴》，李树英译，教育科学出版社，2001，第43页。

日常思想政治教育工作把方向、管大局、做决策、保落实，全面贯彻党和国家的教育方针政策，以及对高等教育各阶段的战略部署和举措。确保高校始终成为坚持党的领导的坚强阵地。对高校日常思想政治教育工作开展质量评价，首先是对工作过程的评价，判断高校日常思想政治教育工作过程的主客体、内容载体、方式方法、管理制度等各要素是否坚持了正确的价值导向，是否落实了党和国家的工作部署，等等。

日常思想政治教育工作又是高校立德树人根本任务的重要环节。立德树人要贯穿高校教育、管理、服务各个环节，所有工作体系建设都要围绕立德树人的目标来设计，构建日常思想政治教育的协同工作体系，不断提升育人的能力水平。立德树人最终要落在人才培养的结果上，培养学生执着的信念、优良的品德、丰富的知识、过硬的本领，培养出代表学校育人理念、目标和方向的典型人才。

二　质量评价的实施流程

"凡事预则立，不预则废"，做好准备工作，是所有实践的前提。高校日常思想政治教育工作的质量评价要系统设计质量评价的目的、内容、指标、方法，主要说清楚"为什么评价""评价什么""怎样评价"的基本问题。同时质量评价的实施，本身也是日常思想政治教育工作科学性和实效性的体现，要做好实施过程的流程管理和目标管理。

1. 明确"为什么评价"的研究目的

只有说清楚"为什么评价"，才能确定质量评价的意义、功能、地位。高校日常思想政治教育工作的质量评价，是贯彻落实党和国家教育方针政策的手段，是加强和改进日常思想政治教育工作的举措，是推进思想政治教育理论研究和学科发展的实践。

质量评价通过评价的方式，分析和判断当前工作与预期目标之间的差异，找出导致差异的问题，通过评价的协调反馈机制，指导评价客体改进具体工作，加强和改进高校日常思想政治教育工作的针对性、有效性和实效性，推动评价客体实现评价主体的价值、目标和要求。日常思想政治教育是以高校辅导员、党务工作者等专职思想政治工作者为主，团结凝聚各类教育主体共同开展的日常性思想教育，旨在教育引导大学生坚定政治方向和立场，树立正确的世界观、人生观和价值观，引导大学生在实践中满足社会和个人的需要。因此，高校日常思想政治教育工作质量评价的功能就是对教育工作是否坚持了正确的政治方向、建立了合力的工作体系、提供了应有的教育内容、运用了合理的教育方法、达到了预期的教育效果等情况的综合判断。

高校日常思想政治教育工作质量评价的地位，就是处理好质量评价与原有工作的关系，摆正评价主体与评价客体的关系，捋顺质量评价与反馈改进的关系。如有的评价是为了判断工作是否合规达标，从而形成工作基准；有的评价是为了选树优秀典型，便于学习借鉴；有的评价是为了检查工作的结果，提出改进建议。高校日常思想政治教育工作质量评价实践一般将合格、选优、改进三者合一。

2. 梳理"评价什么"的内容体系

"评价什么"反映了评价主体的问题意识，聚焦什么议题，关注哪些方面。如同学术研究中对问题意识的强调，评价实践中的问题意识同样重要。日常思想政治教育工作的体系一直处于不断发展变化的过程中，经常会面临新形势、新要求，出现新问题、新矛盾，只有找准问题，以问题为线索，以解决问题为方向，才能科学地确定评价内容。评价内容一般包括评价对象与评价标准。

评价对象的选取决定了对谁的工作责任进行评价。高校日常思想政治教育工作，一般以各地或高校党委、党委有关部门、党委部门相关工作情况为评价对象，直接指向高校各级党组织和党员领导干部的主体责任，包括领导责任和监督责任。在具体操作中，评价对象可以选择全国范围、地区内、行业所属的高校，以日常思想政治教育工作整体或部分工作为对象。如中宣部、教育部曾面向全国各地教育行政管理部门和高校开展全国大学生思想政治教育工作测评；北京市多次在属地高校中开展"北京市党的建设和思想政治工作先进普通高等学校"检查与评选；教育行政部门和高校围绕宿舍管理工作在不同时期的侧重点开展评价，这些案例将在后面逐一分析。有的高校探索在内部建立日常思想政治教育工作质量保障体系，阶段性开展全校自查、院系考评，体现了质量评价从"要我评"到"我要评"的主体转向，反映了高校作为质量建设的主体，追求更高质量发展的能动性和积极性。此外，高校日常思想政治教育工作的质量评价也经常面向具体工作人员、工作成果开展，如评选先进工作者和优秀成果，在一定程度上可以代表高校日常思想政治教育工作的质量。

评价对象确定后，以评价对象履职履责为重点的责任体系就成为评价的主要内容。高校日常思想政治教育工作紧扣党和国家的教育方针，以培养社会主义合格建设者和可靠接班人为育人目标。新时代高校日常思想政治教育工作质量评价内容选择一般涉及以下五个方面：一是坚持党的领导，在党的领导下办学治校；二是坚持高校社会主义办学方向，坚持马克思主义在高校的理论指导；三是坚持全员全过程全方位育人，推动立德树人贯穿教育教学全过程，形成各类长效机制；四是坚持遵循工作规律，坚持理论教育与实践活动相结合、普遍要求与分类指导相结合，提高日常思想政治教育工作的科学化、精细化水平；五是继承和发扬思想政治工作优势，适应时代和实践发展新变化，增强日常工作的时代感和实效性。内容的组合可以按照日常思想政治教育工作体系来划分，也可以按照高校日常工作部门的职责来划分，一般包含评价条件、评价范围、负面清单等。评价内容确定后，需要对内容条目进行简明化和标准化处理，便于评价主体和评价客体对评价内容的地位作用、重要程度、评价导向建立一致的认识，也便于评价后期分析和凝练评价结果，形成共同认可的结论。

3. 制订"怎样评价"的工作方案

评价主体根据评价的目的和内容，要有针对性地制订"怎样评价"的工作方案。工作方案包含组织形式、业务培训、实地调研、报告撰写等部分。

第一要明确质量评价的组织形式。日常思想政治教育工作由高校党委及相关部门负责组织实施，接受属地党委领导，在垂直管理体系下多部门协同工作，因此开展质量评价，要根据评价对象，确定评价主体的参与范围、评价工作的起止时间、评价机构的组建、评价经费的来源等。高校日常思想政治教育工作的质量评价，有的邀请高校代表或教育专家参与，采纳"同行评价"的意见与建议；有的还邀请学生代表参加，反映了对学生参与的重视，把学生的感受作为重要的质量参考。

第二要对评价主体进行业务培训。高校日常思想政治教育工作的质量评价，一般采取自评与他评相结合的方式，有时候对作为评价客体的高校相关负责人也要进行业务培训。确保将评价的目的、内容、标准传递给全体成员，明确要求，建立共识，统一尺度。

第三要制订实地调研或面对面的评价计划。高校日常思想政治教育工作质量评价涉及的内容指标多，可调研观测的对象多，要设计好一般工作调研与重点工作观测计划，确保在有限的人员、时间、条件、经费等因素控制下获取尽可能多的信息。制订调研计划，要根据实际情况提供合适的评价方法，需要准备的资料应提前告知评价对象。

第四是根据评价情况撰写报告。质量评价的报告是在调研工作的基础上，经由评价主体的研究分析、分类汇总、总结提炼、达成一致等环节形成的结论性文本，重点说明高校是否完成了工作、完成的效果如何、有哪些典型的经验、存在什么样的问题、是否限期改正等。撰写的报告要回应评价目的、评价内容，是高校日常思想政治教育工作质量的"体检表""诊断书"。

三 质量评价的实施规律

高校日常思想政治教育工作质量评价的基本规律，是高校日常思想政治教育工作质量评价各要素本质之间的关联，以及要素之间矛盾的必然趋势。作为思想政治教育过程的重要环节，质量评价过程也遵循思想政治教育过程的普遍规律，同时又具有独特的表现。

1. 质量评价的实施遵循适度张力的规律

质量评价的实施所遵循的适度张力，既包括评价主体与评价客体——统治阶级（或作为具体代表的教育行政部门）对高校日常思想政治教育工作的一般要求与高校现实之间应当保持适度"紧张"，不能过分拔高对高校日常思想政治教育工作的要求，又要确保教育要求适度高于高校的实际情况，指引高校日常思想政治教育工作前进的方向，同时也包括在评价客体中，教育者传递和灌输的教育要求与受教育者思想道德发展水平之间的适度张力，高校教育者的要求与受教育者之间存在一定差距，要针对大学生思想道德的实际情况，制订教育工作方案，努力弥合这些差距，使受教育者最终能够满足日常思想政治教育的一般要求。

高校日常思想政治教育工作要遵循教书育人的一般规律、思想政治教育的一般规律以及青年成长发展的规律，把教育方针和育人目标转化为高校能够实践运用的内容。对不同的高校，不同的学生，甚至对同一个学生的不同阶段，日常思想政治教育工作的方式方法不尽相同，因此，开展高校日常思想政治教育工作的质量评价，既要有适合大多数高校的普遍标准，也要注意到不同高校在实践中的特色，要考虑到地区差异、高校情况、教育资源、学生特征的不同。质量评价要注意"适度张力规律"是如何在教育工作中体现的，关注教育对象在教育过程前后发生的变化和增值的表现。

2. 质量评价的实施遵循评价与自我评价相统一的规律

质量评价中，评价主体和评价客体是两个基本要素，主客体在质量评价的实施中实现评价与自我评价的统一。

评价主体是日常思想政治教育工作标准的执行者，代表着一定社会阶级的思想政治教育工作要求，是质量评价的主导者，负责设计、组织和实施质量评价。评价客体是质量评价的对象，在接受质量评价时是评价的客体。作为评价客体，高校也并非完全消极被动地接受工作标准的指挥，而是对工作标准吸收消化、内化为高校自觉自为的标准，实现评价与自我评价的统一。缺乏评价主体的引导，高校会失去外部的积极强化，忽略质量公开和接受监督的义务。质量评价的有效开展和实施反馈，将推动高校积极主动地将工作标准内化于心、外化于行。

质量评价的实施，要调动评价客体努力达到评价主体的要求。既要注意调动评价主体的主观能动性，科学合理地设计评价内容、评价指标、评价流程，切实发挥质量评价实施的主导性，又要注意调动评价客体即高校的积极性和主动性，充分发挥高校作为质量建设主体的自觉性，推动高校建立健全评价与自我评价相结合的评价体系，使质量评价的目的和效果更好地实现。

3. 质量评价的实施遵循协调统一的规律

全员育人背景下，参与日常思想政治教育工作的主体越来越多，学校和院系领导、辅导员、班主任、行政人员和后勤职工作为日常思想政治教育工作的不同载体，都承担了一定的育人工作，由于不同教育主体的思想水平和教育能力不同，因此教育的效果可能出现差异，甚至对立。质量评价的实施，协调开展工作的内容、队伍、机制、载体，使其发挥同向同行的合力，避免相互冲突。

日常思想政治教育工作还受到各种教育环境的影响，努力对各种因素加以调控，避免教育环境中的不良因素，分析其中的风险要素，使各类教育资源都能发挥正面效果。开展质量评价，要考察高校是否充分调动各方积极因素，如构建学校、家庭、社会教育网络，发挥三者的积极作用，使其相互配合，协同育人。

第二节　高校日常思想政治教育工作
质量评价的实施案例

日常思想政治教育是高校思想政治教育体系的主阵地，也是高校思想政治教育工作的重要组成。在质量评价实践中，往往将日常思想政治教育工作纳入高校思想政治教育体系中，实施整体评价。改革开放以来，高校日常思想政治教育工作质量评价从方案设计到具体实施，从地区探索推广到全国开展，形成了点面结合的多样化实践，积累了质量评价的丰富经验。对高校日常思想政治教育工作质量评价案例的分析，能够完整地了解质量评价的实施方案与评价过程。

一　质量评价的设计方案示例

20 世纪 90 年代初，中共中央、国务院出台《中国教育改革和发展纲要》，提出"建立各级各类教育的质量标准和评估指标体系。各地教育部门要把检查评估学校教育质量作为一项经常性的任务"，中小学加强督导制度建设，在高等教育中"采取领导、专家和用人部门相结合的办法，通过多种形式进行质量评估和检查"，推动高等教育"适应加快改革开放和现代化建设的需要"，从而实现"教育质量在九十年代上一个新台阶"的人才培养目标。① 由此提出了建立质量标准，开展评价实践，运用多种方法，明确评价目标的具体任务，是高校思想政治教育工作质量评价实施的依据。1994年，中共中央出台《关于进一步加强和改进学校德育工作的若干意见》，不仅详细规定了学校德育体系的各方面工作，提出了学校德育工作的基本范畴，形成了质量评价的内容框架。而且，提出"要建立德育工作的评估制度"，把德育工作作为"评价一个地区、一所学校教育教学工作的重要内容"，这一文件进一步深化了高校思想政治教育工作质量评价的内涵，明确了将德育工作评价纳入地方政府教育评价。更进一步提出，高校德育工作

---

① 《十四大以来重要文献选编》（上），人民出版社，1996，第77、79页。

"应列入'211 工程'评估标准"，形成了思想政治教育工作与高校其他工作质量评价的互通机制。①

为落实文件精神，1995 年国家教委颁布《中国普通高等学校德育大纲（试行）》。《中国普通高等学校德育大纲（试行）》是"国家对高等学校德育工作与大学生思想、政治、品德素质要求的具体体现，是指导和规范全体教职员工教育思想与行为的重要依据，也是各级教育行政部门对高等学校德育实行科学管理与检查评估的根据"②。高校思想政治教育工作的纲领性文件普遍具有诠释政策、改进工作、指导评价三方面的功能。《中国普通高等学校德育大纲（试行）》由总则、德育目标、德育内容、德育原则、德育途径、德育考评、德育实施等七个部分组成。在德育途径中第一次明确提出"日常思想教育工作"概念。《中国普通高等学校德育大纲（试行）》也是第一次整体提出德育考评体系，明确了考评的定位、功能、目标、实施、原则、方法、策略及保障，说明了高校开展质量评价的意义和价值（见表5-1）。《中国普通高等学校德育大纲（试行）》与 1990 年出台的《普通高等学校学生管理规定》（国家教育委员会令第 7 号）配套实施，推动各高校对学生思想、政治、品德评价的实践。

表 5-1　《中国普通高等学校德育大纲（试行）》中德育考评体系解析

考评体系各要素	考评体系各要素的详细表述
高校德育考评的定位	高校德育工作的重要环节
高校德育考评的功能	实现高校德育目标的必要保证
高校德育考评的目标	全面了解和衡量学生的思想政治品德表现及其发展水平
高校德育考评的实施	以德育目标和普通高等学校学生行为准则为依据，建立和完善德育考评的指标体系和考评办法，按照思想、政治、品德的分项内容及其标准进行考评
高校德育考评的原则	坚持实事求是，采用科学方法和技术手段进行整体考核和综合评定，力求客观公正

① 教育部思想政治工作司组编《加强和改进大学生思想政治教育重要文献选编（1978—2008）》，中国人民大学出版社，2008，第 204 页。
② 教育部思想政治工作司组编《加强和改进大学生思想政治教育重要文献选编（1978—2008）》，中国人民大学出版社，2008，第 216~224 页。

续表

考评体系各要素	考评体系各要素的详细表述
高校德育考评的方法	以事实为依据，做到动态考评与静态考评相结合，定性考评与定量考评相结合，全面考评与重点考评相结合，阶段性考评与总结性考评相结合，教师考评与学生考评相结合
高校德育考评的策略	在考评过程中，要贯穿教育，注重实效。要激发学生参与的积极性，引导学生自我评价、自我教育
高校德育考评的保障	德育考评是一项十分严肃与细致的工作，学校党组织与行政领导要高度重视、精心组织，并把考评结果与执行有关奖惩制度挂钩

资料来源：考评体系各要素内容参见教育部思想政治工作司组编《加强和改进大学生思想政治教育重要文献选编（1978—2008）》，中国人民大学出版社，2008，第222页。

质量评价不仅是高校的工作任务，更作为法律义务固定下来。1998年制定的《中华人民共和国高等教育法》提出"高等学校的办学水平、教育质量，接受教育行政部门的监督和由其组织的评估"[①]。2015年修订后的《中华人民共和国高等教育法》进一步提出"高等学校应当建立本学校办学水平、教育质量的评价制度，及时公开相关信息，接受社会监督"[②]，更加强调高校自觉主动建立质量评价和保障体系，并且作为教育机构应当通过公开信息，接受社会评价，实现社会监督。

高校日常思想政治教育工作质量评价实践的顶层设计，基本形成了制度设计、逐步实施、工作检查、总结经验、完善政策的一般实施流程。《中国普通高等学校德育大纲（试行）》颁布后，教育主管部门围绕高校相关工作的质量评价继续推进，并组织实施。如1996年，国家教委年度工作要点提出"制定高校党建工作和德育工作评估标准，并组织试点"；2000年，教育部印发研究生德育工作文件提出"建立研究生德育工作评估制度"；2003年，教育部相关文件中提出，"建立科学的学校德育工作评价体系，加强过

---

① 全国人民代表大会常务委员会法制工作委员会编《中华人民共和国法律汇编（1995—1999）》（下），人民出版社，2000，第1093页。

② 全国人民代表大会常务委员会法制工作委员会编《中华人民共和国法律汇编（2015）》（下册），人民出版社，2016，第475页。

程性评价，形成良性的学校德育工作评估机制"。① 这些质量评价制度和要求，逐渐落实在高校思想政治教育工作中。这一螺旋式上升的实践形态，反映了质量评价的政策与高校日常思想政治教育实际工作之间的张力，两者的矛盾运动促使高校日常思想政治教育工作不断健全和完善。

在 20 世纪 90 年代，关于日常思想政治教育工作质量的规定不断细化，已经具备了质量评价的可行性。然而，受限于各种客观因素，如高等教育机构的归属也正因教育体制改革处于调整阶段，当时的日常思想政治教育工作质量评价实践更多在高校内部、部分模块、个别地区实施。到 21 世纪初，各高校从中央和地方各部门逐渐划归各级教育行政部门管理，全国"一盘棋"的高校思想政治教育管理体系基本建立，高校学生扩招和教育管理职能的拓展要求高校日常思想政治教育工作更加科学化，凸显实效性，推动了高校日常思想政治教育工作质量评价从理论走向实践。

二　地区性的评价实践示例

从 20 世纪 90 年代开始，中央每年召开全国高校党的建设工作会议，加强高校领导和党的建设。为贯彻落实中央精神，各地在借鉴中央有关部门评选表彰先进高校和先进工作的基础上，开始尝试探索制定地区性质量评价标准。得益于属地管理的优势，质量评价能够涵盖属地内不同部门管辖的高校，融入地方特点和属地要求，突出高校横向比较，通过对标自评、试点实践、奖惩激励等方式，实现"以评促建"的效果。

北京市较早探索开展全市高校相关工作评价，自 1994 年开始对在党的建设和思想政治工作方面取得突出成绩的普通高等学校予以表彰，命名为"北京市党的建设和思想政治工作先进普通高等学校"②。针对这一评选表彰发布了评选条件、评选表彰的范围、原则、方法及奖励办法。评选对象为各高校党委，明确了高校院系两级党委对党建与思想政治工作的首要责任。评价内容以高校党建和思想政治工作为重点，涵盖学校领导班子建设、贯彻执行党的基本路线和教育方针、党的基层组织建设、党建和思想政治工

---

① 参见冯刚主编《改革开放 40 年高校思想政治教育编年史（1978—2018）》，北京师范大学出版社，2019，第 210、256、293 页。
② 陈大白主编《北京高等教育文献资料选编（1993～1999）》，首都师范大学出版社，2008，第 114 页。

作队伍建设、思想政治工作、群团工作、校园文化和基础文明建设七个方面。评价实施由北京市委教育工委牵头，北京市高教局和学校代表参加组成评审小组，质量评价实施的流程包括：学校党委提交自荐报告；评审小组协商确定初选名单；对初步入选学校进行入校考察，在考察中听取学校党委工作汇报，召开各类座谈会，查阅有关资料；由评审小组根据考察结果审查提出表彰名单；报北京市委、市政府审查批准；对评为先进的高校给予奖励并介绍推广相关工作经验。北京市计划进行阶段性评选，每次评选若干所先进高校，对于已经当选的高校在下一次评选中做合格评估，合格的保留先进称号，不合格的不予保留，在高校中形成"比学赶超"的工作模式。在第一次开展的评价实践中，评审小组对评选内容已经形成了一系列标准，开始使用量化打分等评价方法，并在确定最终名单的过程中采取了无记名投票等方式。[①] 质量评价采取标准化、客观性的评价方法、指标、流程，同时组织富有理论和实践经验的政府部门工作人员、高校管理者、教育专家代表，开展实地走访。1994年、1997年、2001年，北京市评选表彰了三批"北京市党的建设和思想政治工作先进普通高等学校"[②]。在评选表彰先进高校的同时，北京市也对先进个人、优秀成果进行了表彰，推动了思想政治教育的工作质量提升、队伍建设和学科发展。

21世纪初，人才培养成为衡量高校办学质量的重要内容，成为评价高校的共识。2003年，北京市制定下发《北京普通高等学校党建和思想政治工作基本标准》（简称《基本标准》），起初以试行版实施；2006年进行修订，把人才培养、学科建设、教学科研等工作纳入高校党建和思想政治工作检验标准。《基本标准》将评价内容进行标准化，设计了10项一级指标、34项二级指标、67项测评要素，每项工作赋予分值，总计1000分，评价采

① 刘乃英：《中共北京市委教育工委颁布〈关于评选党的建设和思想政治工作先进普通高等学校的意见〉》，《北京高等教育》1994年第3期。

② 获得"北京市党的建设和思想政治工作先进普通高等学校"称号的分别为清华大学、北京大学、中国人民大学、首都师范大学、北京科技大学（1994年），北京师范大学、北京航空航天大学、北京理工大学、北京医科大学（1997年），清华大学、北京大学、中国人民大学、北京交通大学、北京工业大学（2001年）。参见陈大白主编《北京高等教育文献资料选编（1993~1999）》，首都师范大学出版社，2008，第145、199页；《四所党建和思想政治工作　先进高校受表彰》，《北京高等教育》1997年第4期；《北京教育系统纪念建党80周年大会召开》，《北京高等教育》2001年第7~8期。

取倒扣分制，申报先进的高校自评须在 850 分以上。《基本标准》构建了高校党建和思想政治工作的实践体系范本，明确了机构、制度、内容、效果的标准，提供了高校合格性评价的基准。[①]《基本标准》与"北京市党的建设和思想政治工作先进普通高等学校"评选表彰相结合，推动北京地区高校党建与思想政治工作的科学化、制度化和规范化，形成了北京高校党建与思想政治工作质量评价的完整体系（见表 5-2）。自 2003 年以来，《基本标准》中的各级指标和测评要素基本稳定。根据社会形势和工作需要，具体指标经过了多次调整、更新和迭代，总分值保持 1000 分不变，反映了高校党建和思想政治工作的连贯性与发展性。全国高校思想政治工作会议后，北京市将坚持每 5 年开展一次《基本标准》落实情况集中检查作为一项制度固定下来。截至 2021 年，北京市开展了 8 次合格评价与先进评选，形成了质量评价理论与实践的良好互动。

表 5-2　2017 年北京市高校党建与思想政治工作检查实施过程案例解析

质量评价各要素	北京市相关举措
评价指标	按照中央最新部署和全国高校思想政治工作会议精神，修订完善《基本标准》，包含 10 个一级指标 44 个二级指标 106 个测评要素
评价侧重	在全面检查工作的基础上，重点关注学习宣传贯彻党的十九大精神情况，贯彻落实全国高校思想政治工作会议精神、中央推进全面从严治党工作部署情况，巡视整改情况
评价专家	市委教工委会同市委组织部、市委宣传部等 6 部门，组建了 7 个检查组共 138 人的入校检查专家队伍，包括相关部门领导和职能部门负责人、经验丰富的高校党建专家、熟悉基层工作的部分高校具体负责同志。7 个检查组共检查 60 所高校
评价准备	市委教工委对各高校进行工作部署，对各专家组进行业务培训
评价时间	每校 1 天

---

① 《春风化雨润心田——首都高校党建和思想政治工作改革纪实》，《人民日报》2007 年 12 月 24 日。

续表

质量评价各要素	北京市相关举措
评价方法	1. 听取汇报、审查材料、问卷调研、座谈走访等多种形式，使用随机抽查、现场发放满意度问卷、理论知识测评等方法增强评价的有效性； 2. 共调查 3600 余人次，平均每校约 60 人次； 3. 对高校完成全国和北京市重点任务情况进行专门统计分析
评价反馈	1. 入校期间，检查组现场与学校初步沟通意见时反馈问题； 2. 检查结束后，市委教工委会同各检查组反复研究，在征求高校意见的基础上，审定形成《基本标准》检查反馈意见和检查中发现的重点问题清单； 3. 检查结束后，形成重点任务完成情况统计表、调查问卷结果统计表、先进经验案例目录并反馈给学校
评价结果运用	1. 要求各高校对照"问题清单"，深入调查研究，制订工作方案，逐条进行整改，并适时进行回查； 2. 评选"北京市党的建设和思想政治工作先进普通高等学校"

资料来源：《北京市以标准化建设为抓手　不断提升高校党建和思想政治工作质量》，教育部网站，http://www.moe.gov.cn/s78/A12/gongzuo/moe_2154/201803/t20180320_330605.html。

三　全国性的评价实践示例

进入 21 世纪，国家全面实施科教兴国和人才强国战略，致力于培养"数以亿计的高素质劳动者、数以千万计的专门人才、一大批拔尖创新人才"[①]。2004 年，中共中央、国务院出台《关于进一步加强和改进大学生思想政治教育的意见》，强调指出"大学生是十分宝贵的人才资源"[②]，对中国特色社会主义建设和战略目标实现有着重要意义。作为 21 世纪高校思想政治教育工作的纲领性文件，它强调了高校思想政治教育工作的重要意义、指导思想、基本原则和主要任务，从课堂教学、日常教育、组织育人、队伍建设、

[①]　《胡锦涛文选》（第 2 卷），人民出版社，2016，第 123 页。
[②]　《十六大以来重要文献选编》（中），中央文献出版社，2006，第 177 页。

环境营造等 5 个部分 16 个方面诠释并构建了高校思想政治教育工作体系。该文件同时提出要建立高校内部和外部双重评估机制，在高校内部要"把思想政治教育与教学、科研、社会服务工作结合起来，同时部署，同时检查，同时评估"，推动建立和完善高校思想政治教育工作的领导体制和工作机制；教育主管部门要"把大学生思想政治教育工作作为对高等学校办学质量和水平评估考核的重要指标，纳入高等学校党的建设和教育教学评估体系"。① 按照中央文件提出的把思想政治教育工作评价纳入高校各类重要评价的要求，2004 年教育部修订印发的《普通高等学校本科教学工作水平评估方案（试行）》中将学生的思想道德素养与文化、心理素质作为重要的观测点和评估指标之一。②

2005 年 1 月，中央召开全国加强和改进大学生思想政治教育工作会议，进一步推动了高等教育领域学习、宣传、落实文件精神。教育部等部门出台了一系列配套文件。其中 2006 年《普通高等学校辅导员队伍建设规定》提出辅导员"是高校学生日常思想政治教育和管理工作的组织者、实施者和指导者"③，明确了辅导员开展日常思想政治教育工作中的八项工作职责④。这一时期出台的评价标准文件还包括《普通高等学校学生管理规定》（教育部令第 21 号）、《高等学校思想政治理论课建设标准（暂行）》（教社科〔2011〕1号）、《教育部高校辅导员培训和研修基地建设与管理基本标准（试行）》（教思政厅〔2011〕3 号）等，这些具体的政策标准，逐渐成为各高校思想政治教育实践的基本共识。2006 年，教育部门就各高校落实《关于进一步加强和改进大学生思想政治教育的意见》的情况进行了专项督查。

---

① 教育部思想政治工作司组编《加强和改进大学生思想政治教育重要文献选编（1978—2008）》，中国人民大学出版社，2008 年，第 376~377 页。

② 冯刚主编《改革开放 40 年高校思想政治教育编年史（1978—2018）》，北京师范大学出版社，2019，第 313 页。

③ 教育部思想政治工作司组编《加强和改进大学生思想政治教育重要文献选编（1978—2014）》，知识产权出版社，2015，第 344 页。

④ 2008 年，教育部在高校中开展辅导员队伍建设情况自查工作，检查各校辅导员实施细则制定情况、队伍建设相关制度、培训培养情况等，总结辅导员队伍建设工作好的经验和做法以及存在的问题和困难，分析其产生的原因，提出进一步加强高校辅导员队伍建设的意见和建议，形成了辅导员队伍建设质量评价实践的闭环。参见冯刚主编《改革开放 40 年高校思想政治教育编年史（1978—2018）》，北京师范大学出版社，2019，第 370 页。

2010 年，全国加强和改进大学生思想政治教育工作座谈会召开，8 个单位做了交流发言，汇报了落实文件和本单位加强和改进大学生思想政治教育工作的做法。经过一系列的检查、督查、座谈、交流，各高校对思想政治教育工作在思想、认识、行动上形成了基本共识。

全国性的质量评价实践首先在军队院校中开展。2005 年 5 月，为贯彻全国加强和改进大学生思想政治教育工作会议精神，经中国人民解放军总政治部批准，全军院校组织开展学员思想政治教育检查评估活动，分院校自查、大单位普查、总部抽查 3 个阶段进行。[①] 检查评估内容包括军队院校学员思想政治教育实施的 6 个方面：院校党委和机关对学员思想政治教育的组织领导；加强和改进政治理论课教学；开展集中政治教育和经常性思想工作；加强校风和校园文化建设；学员思想政治教育队伍建设；学员思想政治教育效果。在入校阶段的实施过程中，对这 6 个方面的情况做了实地检查，通过公开新闻报道，全军学员思想政治教育检查评估的入校检查一般持续 2~3 天，由中国人民解放军总政治部相关部门人员组成 5 人左右的专家组入校检查，采取听取汇报、实地走访、随机听课、代表座谈、问卷调查、汇报展示、查阅问卷等方式方法，并现场反馈评估的基本结果，提出工作改进的意见与建议。到 2005 年底，全军学员思想政治教育检查评估基本结束，并"对评选出的 15 所全军学员思想政治教育先进院校给予通报表彰，对 14 所各大单位推荐的全军重点抽查院校给予通报表扬"[②]。其中，通过对海军工程大学和武警工程学院接受检查评估工作的实施过程进行解析，可以清晰地了解检查评估的整体方案与环节设计（见表 5-3）。

表 5-3　2005 年全军学员思想政治教育检查评估实施过程个案解析

评估各环节要素	海军工程大学	武警工程学院
评估时间	2005 年 11 月 17~18 日	2005 年 11 月 20~23 日
评估组成员	5 人	总政宣传部理论教育局副局长等 5 人

① 冯刚：《改革开放 40 年高校思想政治教育编年史（1978—2018）》，北京师范大学出版社，2019，第 330 页。
② 《总政通报表彰全军学员思想政治教育先进院校》，《解放军报》2005 年 12 月 30 日。

续表

评估各环节要素		海军工程大学	武警工程学院
评估内容	院校党委和机关对学员思想政治教育的组织领导	1. 检查人文社科系，教学主楼、政治专修室、心理教育工作室、学员 22 队、图书馆、新闻宣传中心等场所基础设施和校园环境； 2. 召开机关干部、教员和学员队干部、学员座谈会； 3. 随机听取政治理论教员授课； 4. 进行学员问卷调查； 5. 查阅有关文件材料； 6. 观看"兵之歌"战斗精神队列歌曲演唱会	1. 听取学院政委代表学院党委的汇报； 2. 观看《铸造忠诚》电视专题片； 3. 查看学院学报编辑部、科技馆、院史馆、图书馆、多媒体教室、学员宿舍、餐饮服务中心以及政治理论专修室、素材采集室、网管中心、心理咨询室、体育场馆、电视台、广播室等思想政治教育基础设施和校园文化环境； 4. 召开机关干部、教员和学员队干部、学员座谈会； 5. 抽取 50 名学员代表做问卷调查和教育教学内容测试； 6. 听取 2 名政治教员的课堂教学； 7. 查阅有关文件资料； 8. 观看学员自编自演的文艺晚会
	加强和改进政治理论课教学		
	开展集中政治教育和经常性思想工作		
	加强校风和校园文化建设		
	学员思想政治教育队伍建设		
	学员思想政治教育效果		
评估现场反馈		充分肯定了我校学员思想政治教育工作，认为形式多样、内容丰富、扎实深入、成果喜人，提出了一些改进建议	工作组与学院党委常委交换了意见。从 5 个方面对学院学员思想政治教育给予了肯定，对政治理论教育教学质量和效果、教育队伍能力素质以及文化建设和人文素质的培养方面提出了希望

资料来源：评估内容参见冯刚主编《改革开放 40 年高校思想政治教育编年史（1978—2018）》，北京师范大学出版社，2019，第 330 页；海军工程大学质量评价流程参见《全军院校学员思想政治教育专家组来我校检查》，《海军工程大学学报》（综合版）2005 年第 4 期；武警工程学院质量评价流程参见雷智勇《全军院校学员思想政治教育检查评估组莅临院校检查指导》，《武警工程学院学报》2006 年第 1 期。

全军学员思想政治教育检查评估活动为全国开展高校思想政治教育工作质量评价提供了实践参考。2012 年中宣部、教育部联合印发《全国大学生思想政治教育工作测评体系（试行）》,① 针对省区市党委、政府和高校设计了两个版本，高校版包括 6 个一级指标 20 个二级指标，每个二级指标下设若干观测点，针对观测点采用材料审核和实地考察两种方法，对观测点的落实和效果采用"状态描述法"，以 A、B、C、D 描述测评结果，分别对应为优秀、良好、合格、不合格。在测评体系中，将日常思想政治教育工作内容具体化为社会主义核心价值体系宣传教育、实践育人、校园文化建设、网络思想政治教育、心理健康教育、资助育人、就业创业教育、党团组织建设等 8 个方面，基本对应辅导员的 8 项工作职责。2013 年，中宣部、教育部发布通知，要求高校和省区市各自对照测评体系开展自测，把握整体情况，总结成功经验，查找问题和不足，制定整改措施，形成自测自评报告，建立材料档案，并提供了指导操作的《全国大学生思想政治教育工作测评操作手册》。随后各省区市、新疆生产建设兵团和全国 2000 余所高校根据相关要求进行了自测自评并提交了自评报告。2014 年，中宣部和教育部对北京等 10 个省市和辖区内部分高校，按照测评体系要求的方法、指标、流程进行了测评抽查，最终形成了《全国大学生思想政治教育工作测评报告》。这是第一次以思想政治教育工作为主题，覆盖全国高校的质量评价实践，测评体系和测评操作手册的先后推出，推进了高校思想政治教育工作质量评价的理论研究，为各高校探索开展内部质量评价和建立质量保障体系提供了重要参考。

四 项目评价示例：以宿舍管理为评价内容

质量评价是在具体的现实情境中实施的，在不同时期，因为评价目的的差异，评价的内容、方法和标准有着不同的侧重点。以大学生的宿舍管理为例，根据不同时期宿舍管理的工作要求，分四个阶段来研究质量评价的具体内容和实施模式。

1. 围绕文明宿舍创建开展评价

改革开放初期，全社会开展社会主义精神文明建设，高校倡导建立和

---

① 《中共中央宣传部　教育部关于印发〈全国大学生思想政治教育工作测评体系（试行）〉的通知》，教育部网站，http://www.moe.gov.cn/srcsite/A12/s7060/201202/t20120215_179002.html。

培育文明健康、积极向上的学习、生活方式，1981 年共青团中央等单位启动以讲文明、讲礼貌、讲卫生、讲秩序、讲道德和心灵美、语言美、行为美、环境美为内容的"五讲四美"文明礼貌活动。各地各校根据具体情况推动落实，如北京市以开展创建"文明宿舍""文明教室"活动为突破口，推动"五讲四美"活动在高校开展。北京市学联提出了"文明宿舍"创建的五个条件——清洁卫生好、团结互助好、遵纪守法好、勤俭节约好、体育锻炼好，要求各院校学生会在校党委领导和各部门支持下，制定必要的检查评比制度。① 各高校探索建立了"文明宿舍""五好宿舍""星级宿舍"评选制度。还有的高校在全校开展学生宿舍精神文明建设，制定学生轮流值日管理制度，开展宿舍卫生清扫、墙壁粉刷、修配门窗玻璃桌椅活动，开辟棋类娱乐室、期刊阅览室、乒乓球室、电视室等各类活动室和图书角。在创建文明宿舍过程中，学校还组织学生自我管理、自我服务。② 文明宿舍创建丰富了学生课余生活，是校园文化建设的延伸，增加了宿舍管理的指标维度，拓展了思想政治教育功能，成为高校开展日常思想政治教育的重要阵地。

2. 围绕宿舍规范管理开展评价

1985 年，邓小平提出教育全国人民尤其是青年做到"有理想、有道德、有文化、有纪律"，特别强调"有了理想，还要有纪律才能实现"。③ 根据社会形势要求，高校不断强化学生行为管理，完善学生行为规范，开设了"法律基础课"。1989 年，国家教委出台《高等学校学生行为准则（试行）》，提出学生在日常生活中应当"遵守宿舍管理规定。按时熄灯就寝，不喧哗、打闹，不影响他人的正常学习和休息；不损毁和私自拆装宿舍设备；不留宿异性；未经有关部门同意，不留宿校外人员"④。1990 年，国家教委发布实施《普通高等学校学生管理规定》，要求建立学生宿舍管理制度，将学生日常行为管理纳入学校管理体系中，由学校职能部门负责。各

---

① 《以搞卫生为突破口使五讲四美活动具体化　北京大专院校开展文明宿舍文明教室活动》，《人民日报》1981 年 11 月 3 日。
② 刘秉正：《学生宿舍的图书角》，《人民日报》1983 年 1 月 13 日；兆正：《精神文明的春风吹进了宿舍》，《人民日报》1983 年 1 月 20 日。
③ 《邓小平文选》（第 3 卷），人民出版社，1993，第 110~111 页。
④ 冯刚主编《改革开放 40 年高校思想政治教育编年史（1978—2018）》，北京师范大学出版社，2019，第 121 页。

高校探索将学生宿舍管理制度与学生日常管理相连，将学生日常言行纳入学生综合评价，将宿舍管理的软约束转化为规范行为、奖励处分、依法治校的硬约束。1991 年，国家教委发出《关于进一步加强高等学校学生宿舍管理的通知》，指出高校学生宿舍管理普遍有所加强，初步扭转了管理上的混乱局面，同时指出高校学生宿舍管理仍然存在一些漏洞，要求高校进一步加强宿舍管理。此外，教育行政部门还发出《关于高等学校党政领导干部深入师生做好工作的几点意见》，提出建立党政领导干部走访师生宿舍制度。有的高校组建了由"系领导、专职干部、教师和宿舍管理人员组成的完整的管理网络"；有的高校开展教师轮流到学生宿舍值班制度，日常与学生开展谈心谈话；有的高校聘请离退休老干部担任学生宿舍楼长；有的高校成立学生"自我管理、自我服务、自我教育"委员会，参与宿舍管理。[①]宿舍管理成为大学生行为规范管理的重要阵地。

3. 围绕学生考评和辅导员考核开展评价

1995 年，国家教委颁布《中国普通高等学校德育大纲（试行）》，提出开展德育考评，高校在具体落实的工作中，探索将学生在宿舍的表现纳入考核评定，针对考评结果建立激励机制。学生宿舍是学生日常生活与学习的重要场所，是课堂外对学生进行思想政治工作和素质教育的重要阵地。2000 年后高校逐步扩招，高校后勤社会化改革不断推进，学生宿舍建设和管理的格局日趋多样化，高校多地分散办学、租用校外公寓等情况导致教学与生活管理逐渐分离，直接开展教育的难度加大。2002 年，教育部连续印发《关于进一步加强高等学校学生公寓管理的若干意见》《关于加强高等学校学生公寓安全管理的若干意见》等文件[②]，提出学生公寓的物业管理与学生管理分开的原则，建立政工干部和辅导员进驻学生公寓制度，培育学生自我教育、自我管理、自我服务的组织，参与学生公寓管理服务，安排学生勤工助学等岗位，把学生在公寓的表现与学生品德鉴定、优秀学生评选及奖学金的评定等结合起来，将进驻学生公寓的干部和政治辅导员的表

① 朱玉泉：《天津高校师生共建文明宿舍》，《人民日报》1991 年 1 月 20 日。
② 《教育部关于进一步加强高等学校学生公寓管理的若干意见》，教育部网站，http://www.moe.gov.cn/s78/A03/ghs_left/moe_638/s3013/201207/t20120706_138925.html；《教育部关于加强高等学校学生公寓安全管理的若干意见》，教育部网站，http://www.moe.gov.cn/s78/A12/szs_lef/moe_1422/s256/201209/t20120918_172194.html。

现作为一项重要的业绩进行考核。在实践工作中，有的高校设立了学生公寓辅导员工作室，在公寓区逐步设立各类咨询和服务机构，将学生在公寓的表现纳入德育考评，建立学生公寓的自我管理组织，与学生党团组织设置结合。有的高校在宿舍中设置勤工助学岗位，发挥学生的主体性和积极性，在宿舍中为经济困难学生提供工作岗位，在解决学生实际问题的同时开展思想政治工作。① 2004 年，中共中央、国务院出台《关于进一步加强和改进大学生思想政治教育的意见》后，教育部配套发出《关于切实加强高校学生住宿管理的通知》《关于进一步加强高校学生住宿管理的通知》等文件，明确辅导员承担"学生宿舍的教育管理工作"，班主任"必须每周定期到学生宿舍走访学生"，建立完善"辅导员、宿舍管理人员、学生党员和骨干密切配合的教育管理服务工作体系"。②

4. 围绕宿舍建设"三全育人"工作平台开展评价

随着高校思想政治教育工作的精细化和科学化，宿舍拓展为集教育、管理、服务于一体的社区，学生宿舍成为全员全过程全方位育人的重要载体。如有的高校设计党员寝室挂牌，建立党员联系宿舍制度，并对宿舍内学生党员定期考核，构建学生宿舍社区的党建工作体系；完善宿舍管理办法、文明公约、内务检查、文明评选等制度，建立学生参与宿舍管理的常态化做法，调动了学生参与寝室、楼栋、社区、校园建设的积极性。有的高校主动设计后勤职工参与育人工作的多种形式：张贴服务人员岗位职责、制作宿舍温馨提示、开设意见与建议信箱和网络反馈渠道、试行学生为宿舍管理服务人员打分制度等。与此同时，为学生提供的个性化的教育管理服务也延伸到宿舍管理中。有的高校探索按学习兴趣、生活习惯、生源籍贯来分配宿舍的方法，凸显思想政治教育工作量身定制、数据管理、朋辈教育的理念；有的仍坚持沿用按班级分配或随机分配住宿，强调规则意识、集体观念、适应训练、挫折教育；有的高校设计了书院办学模式，"在书院社区建立师生成长共同体，形成思政教育与课堂教育、实践教育、养成教

---

① 参见冯刚主编《改革开放 40 年高校思想政治教育编年史（1978—2018）》，北京师范大学出版社，2019，第 275 页；《净化环境与净化心灵》，《人民日报》1998 年 4 月 16 日。

② 冯刚主编《改革开放 40 年高校思想政治教育编年史（1978—2018）》，北京师范大学出版社，2019，第 311、332 页。

育相融合的书院育人体系"。① 宿舍是大学生日常学习和生活的重要场所，也是开展学生思想教育、劳动实践、监督管理的优势平台。新时代围绕宿舍管理建设"三全育人"工作平台，拓展了日常思想政治教育的内容、载体、渠道、方法、队伍，提供了日常思想政治教育工作质量生成的微观视角，便于深入地观察和评价，形成有针对性的评价结论和改进方案。

第三节　高校日常思想政治教育工作质量评价的反馈改进

根据评价的功能、目标和类型，质量评价的结果可以运用于不同的场景，用于加强和改进日常思想政治教育工作。反馈改进的主要形式包括：建立导向机制，确保日常思想政治教育工作遵循正确方向；完善激励机制，激发各类主体在日常思想政治教育工作中的积极性、能动性和创造性；增强溢出效应，增加日常思想政治教育工作对高等教育的整体贡献。

一　建立高校日常思想政治教育工作的导向机制

导向功能旨在引导日常思想政治教育工作各要素，通过质量评价的结果，经过判断、鉴定、选择、调整，来满足日常思想政治教育工作的价值需要。质量评价的对象是高校整体，建立导向机制，可以将日常思想政治教育的过程要素进行分解，从教育主体、教育客体、教育介体和教育环境等方面来把握。

1. 从教育主体层面建立导向机制

日常思想政治教育工作的导向机制，是通过质量评价引导教育工作适

---

① 参见《华东师范大学积极构建书院制模式下思想政治工作体系》，教育部网站，http://www.moe.gov.on/jyb_xwfb/s6192/s133/s169/201902/t20190211_369035.html；《东南大学开展文明宿舍文明食堂"双创"工作取得明显成效》，教育部网站，http://www.moe.gov.cn/jyb_xwfb/s6192/s133/s173/201004/t20100419_84204.html；《华中师范大学学生宿舍搭建社区思想教育工作平台》，教育部网站，http://www.moe.gov.cn/jyb_xwfb/s6192/s133/s201/201004/t20100420_86889.html；《南京信息工程大学毕业典礼邀请宿舍管理员致辞不断丰富"三全育人"内涵》，教育部网站，http://www.moe.gov.cn/s78/A12/gongzuo/moe_2154/201109/t20110905_124297.html；《大学宿舍按志趣分，有必要吗（微议录）》，《人民日报》2015年9月29日；刘大潮：《宿舍融治，不能光靠大数据（行与思）》，《人民日报》2017年10月26日。

应社会发展需要，确保教育活动高效、有序进行，实现教育主客体的个体和社会价值。

高校日常思想政治教育工作导向机制的确立，是教育主体紧密围绕党的中心任务，主动适应时代要求的过程。进入新时代，在习近平新时代中国特色社会主义思想的指导下，中国特色社会主义教育事业进一步发展，"教育同党和国家事业发展要求相适应、同人民群众期待相契合、同我国综合国力和国际地位相匹配"①，高校要"培养一代又一代拥护中国共产党领导和我国社会主义制度、立志为中国特色社会主义奋斗终身的有用人才"②，对高校日常思想政治教育工作提出了明确的政治方向和育人目标。

开展日常思想政治教育工作质量评价，要充分运用质量评价的结果，坚定和强化新时代高校日常思想政治教育工作的价值导向。从个人价值层面，高校日常思想政治教育工作以大学生为教育对象，促进个人全面发展，质量评价的结果要指导高校培育与社会要求相适应的德智体美劳全面发展的时代新人，满足大学生接受更好教育的需要。从社会价值层面，个人处在复杂的社会关系中，日常思想政治教育工作在促进个人发展的同时，要通过思想的、政治的、道德的要求协调和建立个人与集体的良好关系，在日常生活中引导个人更加积极主动地融入社会发展中，推动社会整体的全面发展。

2. 从教育客体层面建立导向机制

高校日常思想政治教育工作质量评价不是抽象的、理论的，而是具体的、现实的，是对评价客体相关工作的有效性和实效性做出的判断。因此，通过高校日常思想政治教育工作质量评价，能够更好地把握评价客体的质量状况。

从教育客体层面建立导向机制，要明确受教育者应达到的目标。现代高等教育经历了多个世纪的发展，高校面临的社会形势、资源条件、软硬设施都在发生变化，但是人才培养的标准是相对稳定而持久的，如果要在动态变化中找到相对一致的标尺，作为质量评价的关键导向，就体现在人

---

① 《坚持中国特色社会主义教育发展道路　培养德智体美劳全面发展的社会主义建设者和接班人》，《人民日报》2018 年 9 月 11 日。
② 《十九大以来重要文献选编》（上），中央文献出版社，2019，第 647 页。

才培养的品德要求上。"要把立德树人的成效作为检验学校一切工作的根本标准，真正做到以文化人、以德育人，不断提高学生思想水平、政治觉悟、道德品质、文化素养，做到明大德、守公德、严私德。要把立德树人内化到大学建设和管理各领域、各方面、各环节，做到以树人为核心，以立德为根本。"① 日常思想政治教育工作围绕立德树人来开展，质量评价也围绕立德树人的落实和效果来回答。

开展日常思想政治教育工作质量评价，可以在评价结果中了解和把握教育客体的思想、道德、价值状况，强化正确的价值导向和明确的方向指引。"青年一代的理想信念、精神状态、综合素质，是一个国家发展活力的重要体现，也是一个国家核心竞争力的重要因素。"② 青年的价值取向决定了未来整个社会的价值取向③，而青年又处在价值观形成和确立的"拔节孕穗"关键时期，在质量评价中，青年大学生能更好地理解时代要求与个人实际的距离，通过质量评价的对标、反馈、改进、激励等机制，帮助大学生形成正确的理想信念、奋斗目标和行为规范，在中华民族伟大复兴的历史进程中找到努力和奋斗的方位。

3. 从教育介体层面建立导向机制

教育介体是教育的中介系统，是教育者用来影响受教育者的一定社会要求的思想品德规范以及教育活动的各种方式与手段④，包括教育内容、教育方法、教育载体等要素。教育介体是联结教育主客体、贯通教育过程、体现教育价值、传输教育内容的重要条件和保证。毛泽东提到"不但要提出任务，而且要解决完成任务的方法问题。我们的任务是过河，但是没有桥或没有船就不能过。不解决桥或船的问题，过河就是一句空话"⑤。从教育实践的角度来看，日常思想政治教育工作是高校思想政治体系的重要介体，承载和传递了思想政治的价值、目标、标准。

---

① 习近平：《在北京大学师生座谈会上的讲话（2018 年 5 月 2 日）》，人民出版社，2018，第 7 页。

② 《立德树人德法兼修抓好法治人才培养 励志勤学刻苦磨炼促进青年成长进步》，《人民日报》2017 年 5 月 4 日。

③ 中共中央文献研究室编《习近平关于青少年和共青团工作论述摘编》，中央文献出版社，2017，第 25 页。

④ 陈万柏、张耀灿主编《思想政治教育学原理》（第三版），高等教育出版社，2015，第 137 页。

⑤ 《毛泽东选集》（第 1 卷），人民出版社，1991，第 139 页。

从教育介体层面建立导向机制，就是要通过质量评价的结果，分析日常思想政治教育过程的各要素和各环节，包括教育内容是如何生产的、教育价值的传递是如何实现的、大学生的受教育需求是如何被满足的、教育方法或载体的选取设计和使用是否合理，从而判断日常思想政治教育工作的有效性和实效性，保障日常思想政治教育运行方向、活动过程、传递内容始终遵循一定的要求。生活世界提供了日常思想政治教育工作丰富的教育介体，要选取贴合大学生日常生活的教育内容，用大学生喜闻乐见的话语体系，易于接受的教育方式，加强情境设计和议程设置，注重表达方式和传播艺术，形成有针对性的教育工作方案。

4. 从教育环境层面建立导向机制

教育环境是日常思想政治教育工作的客观基础、外部条件和构成要素，影响着人们的思想和行为，也影响着日常思想政治教育的工作过程。运用质量评价的结果，选择、开发和优化日常思想政治教育工作环境，为大学生的认识和行动提供有利的外部空间。

从教育环境层面建立导向机制，就是要运用质量评价的结果，通过鉴定、诊断、调控和改进等方法，不断优化日常思想政治教育工作的外部环境。环境会对人造成影响，中国古代就提出"蓬生麻中，不扶而直；白沙在涅，与之俱黑"[①]。反之，人也能够主动作为，"孟母三迁"就是对环境的取舍、利用和改造。日常思想政治教育工作所依托的环境分为自然环境和社会环境。一定的日常思想政治教育工作总是与一定的环境因素相联系并形成互动，同时受到多种环境因素的影响。大学生的成长过程总是和一定的物质环境相关联，这些物质环境以自然、资源、空间等方式，对大学生认识和了解世界产生影响，而成长过程中所接触的家庭、学校等社会环境又从多种维度不同程度地影响着其世界观、人生观、价值观的形成和变化。

教育环境会产生正向效应和负向效应。良好的环境能够助力日常思想政治教育工作，帮助大学生获得积极的滋养，在日常思想政治教育工作中，注重文明校园创建，营造积极向上、健康乐观的校园文化，通过环境建设，优化日常思想政治教育工作的外部条件。消极的环境则会阻碍日常思想政治教育工作，妨碍大学生的成长与发展。当前，国际、国内形势正在发生

---

① 楼宇烈主撰《荀子新注》，中华书局，2018，第5页。

深刻而复杂的变化，国内外各种思想文化交流、交融、交锋，日常思想政治教育工作面临着更加复杂、更加开放、更加多维的外部环境。在日常思想政治教育工作中要系统性营造有利的外部环境，在质量评价设计中考虑教育环境的指标，在评价过程中观测教育环境的影响，在评价结果中分析教育环境的效果，最终让教育环境发挥正确的导向作用，提供积极的助益。

二　完善高校日常思想政治教育工作的激励机制

发挥高校日常思想政治教育工作质量评价的激励保障作用，是质量评价"以评促建"的重要表现。建立合适的激励保障制度，通过典型选树、宣传教育、奖优罚劣等形式，实现正向激励或负向激励，巩固和提升日常思想政治教育工作的积极性、能动性和创造性，不断提升教育工作的实效性。

1. 激发教育主客体的积极性、能动性和创造性

思想政治教育中的激励保障，就是要激发人们的积极性、能动性和创造性。[1] 其中，积极性是能动性和创造性的内在动力，能动性是积极性和创造性的能力保障，创造性是积极性和能动性的良好结果。

积极性主要表现为想与不想，干与不干，主动还是被动。外在的奖励或惩罚只是质量评价结果转化的初步形式，"质量评价的结果应当成为促进学习和自我批评的重要工具，而避免成为说服和公关，甚至欺骗手段。激励保障的施行，不但要注重其能达到的效果，也应当避免其可能产生的不利行动，这是评价伦理不断规范的必然"[2]。质量评价的结果转化，更需要成为教育主体和客体追求更高质量教育目标的内在动力。如改革开放后，为了在广大青年中树立榜样，营造"比学赶超"的氛围，1979年开始，共青团中央在全国青年中开展"争当新长征突击手"活动，到1981年全国已经评选了100多万名新长征突击手，同时教育系统也开始在学生中评选"三好学生"、"优秀学生干部"和"先进集体"，这些评价活动激发了全民争当"生产能手、工作模范、改革闯将"[3] 的活动，形成了典型选树的制度

---

① 陆庆壬主编《思想政治教育学原理》，复旦大学出版社，1986，第156页。
② 参见约翰·布伦南、特拉·沙赫《高等教育质量管理——一个关于高等院校评估和改革的国际性观点》，陆爱华等译，华东师范大学出版社，2005，第99~100页。
③ 《习仲勋在全国新长征突击手先进团支部代表会上讲话　新长征突击手要作青年的带头人》，《人民日报》1981年11月24日。

化评价模式，调动了广大青年学生奋发有为的积极性。

能动性是人们认识客观世界、改造客观世界的能力，体现为能干与不能干。高校日常思想政治教育工作在探索、发展、完善的不同阶段，开展质量评价的目的也不完全相同。进入新时代，教育成为人民追求美好生活的重要组成部分，高校日常思想政治教育工作质量评价不仅对内部质量保障体系有着重要意义，更作为高等教育、高校治理的重要组成部分，是大学生获得感、幸福感、安全感的重要来源。日常思想政治教育工作质量评价的结果，是基于学校发展和育人成就所做出的结论，要纳入高校办学治校综合能力的整体中考量，鼓励高校运用评价结果，健全育人体系，提升育人能力。

创造性是人们在实践中开创新的局面的本领，是否具有创造性，表现为干的效果好不好，是否出色。高校日常思想政治教育工作是在教育主管部门指导和高校党委直接领导下，由学校部门、基层院系的各类教育主体开展的教育探索。在中央纲领性文件规定下，政府要为基层提供创造、试错、试验的弹性空间和转圜余地，可以借鉴改革开放以来政策试验的思路，首先通过文件向地方和高校整体部署日常思想政治教育工作，地方和高校在落实过程中积极探索，逐渐转化为高校的常态化、制度化举措，并通过质量评价，帮助上级研判决策，修订或调整政策文件，完善质量标准，形成新的工作要求，同时总结试验中的典型，"以点带面""推而广之"。这一过程能确保质量评价的各项要求传递到地方和高校，保护和鼓励基层探索的积极性和能动性，释放日常思想政治教育工作的创造性。

2. 充分发挥制度的激励保障功能

质量评价的目的是加强和改进日常思想政治教育工作，要通过常态化、制度化举措来实现这一目的，让制度本身发挥激励保障的功能。

高校日常思想政治教育工作需要与之相配套的稳定制度保障实施。质量评价本身具有制度的明确性、强制性和权威性，有什么样的评价体系，就会形成什么样的办学导向。质量评价的实施与反馈能通过明确的指导性意见，保障与强化符合主流价值的行为，巩固日常思想政治教育工作的正向成果。在制度贯彻和实施的过程中，通过管理、规范、约束等形式，对契合制度的工作举措予以保障，对违反制度的不当做法予以惩罚。质量评价得出的结果，通常需要常态化的持续改进，沉淀为高校的稳定制度，才能避免问题的反弹和反复。

制度本身也是高校校园文化的重要组成部分，具有潜移默化的教育意义。制度本身是一系列规约的集合，是在长期实践中形成的组织共识，蕴含了特定的价值，反映了一定的思想观点、价值观念和道德规范，[1] 制度建设是"大学文化"的一部分。评价结果中提出的意见与建议要纳入高校日常制度体系建设中，用制度文化实现化人育人的功效。

3. 健全和完善日常激励保障体系

中国古代就有与激励相关的条文，如强调"修身齐家治国"的人才质量观，把"修身"放在首位，凸显榜样激励的表率作用；采取察举、科举的方式选才取仕，传递统治阶级的选人用人标准，达到宣传教化社会大众的效果；制定刑律法规，赏善罚恶，实现"申之以宪令，劝之以庆赏，振之以刑罚。故百姓皆说为善，则暴乱之行无由至矣"[2]。这些激励举措，渗透到人们的日常生活和社会秩序中，成为保障社会稳定，指导生活运行的日常规则。

健全和完善日常激励保障体系，要契合日常思想政治教育工作的日常性与生活化，满足教育工作中主客体的日常需求。马克思提到"人们为之奋斗的一切，都同他们的利益有关"[3]。恩格斯强调"就单个人来说，他的行动的一切动力，都一定要通过他的头脑，一定要转变为他的意志的动机，才能使他行动起来"[4]。现代激励理论发现，人的需要与其动机和行为有着密切的关系，马斯洛提出的需求层次理论指出，低层次的需要被满足后，对高层次需要的激励才能够发挥重要作用。在思想政治工作实践中，中国共产党人历来重视从人的实际需要出发来开展工作，周恩来曾指出"如果政治机关的政治工作不能和改善士兵生活与待遇密切联系起来，政治工作就成为'卖狗皮膏药'"[5]，邓小平也曾提到"如果只讲牺牲精神，不讲物质利益，那就是唯心论"[6]。因此，健全和完善日常激励保障体系，要从教育主客体在日常教育工作中的基本需要出发，为教育主体健全基本保障，

---

① 白显良：《隐性思想政治教育基本理论研究》，人民出版社，2013，第211页。

② 黎翔凤撰，梁运华整理《管子校注》，中华书局，2004，第50页。

③ 《马克思恩格斯全集》（第1卷），人民出版社，1995，第187页。

④ 《马克思恩格斯选集》（第4卷），人民出版社，2012，第258页。

⑤ 《周恩来选集》（上卷），人民出版社，1980，第96页。

⑥ 《邓小平文选》（第2卷），人民出版社，1994，第146页。

为教育客体完善基本供给，设计合理的激励保障体系，因应不同阶段的日常发展需要，才能充分激发人们的积极性、能动性和创造性。

三　增强高校日常思想政治教育工作的溢出效应

溢出效应是开展某项工作时，在预期效果以外对其他人、事物或社会产生的影响。高校日常思想政治教育工作质量评价的结果，能够帮助完善高校人才培养质量保证体系，推进思想政治教育学科发展，为大中小学德育一体化，构建家庭、学校和社会的协同教育网络以及不同国家、地区高校人才培养的比较借鉴做出更多贡献。

1. 完善人才培养质量保证体系

高校内部同时存在着多种评价体系和评价实践，日常思想政治教育工作质量评价要和这些评价协同构建，共同形成高校人才培养质量保证体系。

高校是人才培养质量保证的主体，是主要建设者，也是主要责任方。质量保证不仅是来自外部的质量评价的要求，更是高校自觉的质量追求。外部的评价内容、要素、指标，只有内化为高校自身的制度、程序、机构，才能积极主动地发挥保证功能。长期以来，高校通过不断建立健全的完整机制来确保人才培养质量，如学生必须具备一定资格才能进入高校、获得成绩、升级毕业、评选荣誉。这些资格所构建成的体系，就是高校人才培养质量保证体系的雏形。20 世纪末，来自高校外部尤其是政府的要求推动着高校质量评价的实践，外部质量评价推动内部质量保证体系的建立，高校逐渐意识到质量保证体系不仅是被动接受的需要，更是办学治校规范成熟的表现，是高校人才培养过程管理的体现。高校中众多的质量体系和评价实践涉及教学运行、项目研究、学科建设、队伍选育、学校治理等方面，贯彻其中的是立德树人的根本任务。新时代开展高校日常思想政治教育工作质量评价，意味着高校更加强调立德树人的教育目标，更加强调铸魂育人的社会责任，"只有培养出一流人才的高校，才能够成为世界一流大学。办好我国高校，办出世界一流大学，必须牢牢抓住全面提高人才培养能力这个核心点，并以此来带动高校其他工作"①。要仔细研究高校日常思想政

---

① 张烁：《把思想政治工作贯穿教育教学全过程　开创我国高等教育事业发展新局面》，《人民日报》2016 年 12 月 9 日。

治教育工作质量评价与其他评价的关系，推动各类质量评价的规划融合、队伍融合、工作融合、指标融合，整体建立高校人才培养质量保证体系。

2. 推动思想政治教育学科发展

高校日常思想政治教育工作质量评价的实施，是在思想政治教育理论指导下的实践，得益于思想政治教育学科理论的深化，也得益于日常思想政治教育工作实践的成熟。质量评价的实施与反馈，也将反哺思想政治教育学科建设，主要体现在推动理论研究、推动学科交叉、培养专门人才等方面。

高校日常思想政治教育工作的质量评价将进一步完善评价理论。高校日常思想政治教育工作质量评价继承和发展了中国共产党关于高等教育和思想政治工作的学理，评价跟踪高校"培养什么人、怎样培养人、为谁培养人"的实践过程，深化了思想政治教育的内涵、意义、功能、管理等内容，丰富了思想政治教育的评价方法、评价标准、评价模型，将进一步推动思想政治教育评价理论的纵深发展。

高校日常思想政治教育工作质量评价推动了学科交叉。在学理方面，当前新的技术方法不断优化，评价类型不断丰富，分析模型更加多样，质量评价借鉴和运用了相关学科领域的理论框架、通用指标和评价经验，推动着思想政治教育与相关学科加深理论互鉴和技术互通。如质量评价中对认知科学与脑科学方法的使用，关注日常思想政治教育发生和内化的大脑和心理机制，揭示教育过程发生的机理，能够形成更加科学的评价依据。在指标方面，质量评价的实施推动建立日常思想政治教育工作各要素环节的基本共识，形成标准公约，也参考使用其他学科开展质量评价的通用指标，以通用指标为中介推动学科间的深度融合。在实践方面，学科交叉细化了质量评价的适用场景，如针对高校就业质量报告，可以进一步开展横向比较、行业研究、时序分析等，可以针对高校日常思想政治教育工作整体或部分，进一步借鉴多学科的研究方法，开发更多的评价模型或产品。

高校日常思想政治教育工作的质量评价将培养更多专门人才。高校日常思想政治教育工作相关的质量评价已经开展了数十年，评价的深入和细化，客观上推动了教育行政部门、高校管理机构的专业化发展，培养了一批熟悉评价体系和评价工作的专门人才。进入新时代，质量评价需要更多专门人才来共同建立范式准则、学科规范、通用标准，理论深化和学科交又也对专门人才提出了更多要求。① 当前，质量评价已经成为高校质量建设的常态化、制度化举措，成为高校高质量发展的重要保障，质量评价的研发设计和评价实践将推动思想政治教育及其相关学科共同培育评价测量的相关学科，加强专门人才培养，推动质量评价的专业化发展。

3. 增加高校对教育的整体贡献

高校日常思想政治教育工作，是大中小学德育一体化的重要组成，是学校、家庭、社会教育网络的重要部分，也是中国高校立德树人的重要实践，质量评价的研究和实施，必将助力高校对教育整体发展发挥更多引领和带动的作用，为教育领域的国际交往贡献中国智慧。

价值观的塑造和养成是长时段的接续工作。当前，大中小学德育一体化成为教育的重要课题。高校日常思想政治教育工作质量评价，有助于理解大学生道德养成的逻辑规律，为设计和开展中小学德育工作提供参考借鉴。同时，大中小学德育的一体化呈现循序渐进、有机衔接、由浅入深、螺旋式上升的特点，原因是在教育内容、教育方法、质量标准等方面有着共同的基础，又因为各个学段和不同年龄呈现的需要不同。学界对处在各个学段的学生，在认知规律、情感发生、行为养成方面，已经积累了丰富的研究成果，可以借用高校日常思想政治教育工作质量评价的经验，帮助中小学德育工作构建合适的质量评价体系，适时开展评价实践，实现大中小学德育工作的有序衔接。

高校日常思想政治教育工作作为学校教育的重要组成，要主动和家庭教育、社会教育相互配合，形成教育网络。高校日常思想政治教育工作的质量评价，通过学校信息公开、评价报告公开等方式，阐释了高校人才培养的过程与成效，体现了高校为完善供给产品、提升供给质量所做的尝试，回应了家庭和社会对高质量教育的关切，奠定了家校合作和社会评价的基础。高校日常思想政治教育工作质量评价通过推动高校和教育行政部门积累人才培养的信息和数据，进一步推动建立全国、地区和高校数据监测平台，客观上推动了高校自我评价、教育行政部门外部评价和社会第三方评价的共同发展，丰富了教育决策咨询的依据。

---

① 周海涛：《加强教育治理理论建设的目标和责任》，《国家教育行政学院学报》2020 年第1 期。

高校日常思想政治教育工作质量评价的目标是教育引导大学生的个人发展与社会要求相适应，这也是国内外高等教育普遍关注的问题。20 世纪末，发达国家的高等教育经历了由精英教育到普及教育的转型，美国、英国、法国、日本等国家先后建立了适合本国的高等教育人才培养质量保证体系，在评价授权、评价指标、评价方法、评价反馈等方面为中国高等教育质量评价提供了参考。近年来，随着中国高等教育的不断发展，教育评价中的国际合作越来越多，中国更加积极主动地参与国际上教育领域的目标实施和检测评估，更加积极主动地参与教育评价的组织机构和学术研究。新时代教育评价改革强调加强国际合作，彰显中国理念，贡献中国方案。①思想政治教育聚焦政治素质，注重价值引导，在不同国家开展的形式或有不同。高校日常思想政治教育工作质量评价，在理论构建和实施中不断总结中国高校立德树人的宝贵经验，提供了高校人才培养的丰富案例，为国家和地区间比较互鉴提供了中国智慧和中国经验。

总之，质量评价已经广泛运用于高校工作中，积累了丰富的评价经验，形成了一般性的操作原则与实施流程，反映了思想政治教育的过程规律。质量评价起着承前启后的作用，它是日常思想政治教育具体过程的最后环节，同时也是另一个完整教育过程的起始环节，孕育着新的目标与希望。

---

① 《中共中央国务院印发深化新时代教育评价改革总体方案》，《人民日报》2020 年 10 月 14 日。

结　语

　　改革开放以来，高等教育经历了数量与规模提升、数量与质量并重的不同发展阶段。进入新时代，高等教育的质量需要愈加凸显，要求各个环节和体系做出明确的回答。日常思想政治教育是高校思想政治教育的主阵地，是教育主体最丰富、日常活动最频繁、类型方法最多样的思想政治教育形式，是高校20万名专职辅导员的主责主业，也是百余万名高校教师、党务行政人员、后勤服务人员广泛参与的日常教育与管理服务工作。科学合理地开展高校日常思想政治教育工作质量评价，可以帮助大学生实现个人价值、明确社会定位和融入国家发展。

　　第一，培养什么人是高校日常思想政治教育工作质量评价的逻辑起点。当前对美好生活的高质量追求是全民的普遍需要，美好生活的创造和实现是每个人的"中国梦"。只有"人"本身获得高质量的发展，才能创造出美好的生活。因此，高校日常思想政治教育工作质量评价最终要推动大学生的全面发展，必须面向大学生的生活世界，基于大学生的日常需要，进入大学生的日常生活，推动新时代"人"的生产。必须避免教育工作悬浮导致的盲目、忙乱和迷茫，教育大学生深刻认识和践行生命的意义、生活的意义、生产的意义，在具体情境中认识自己、处理关系、养成习惯、激发活力、鼓励创造，真正找到自己存在的价值，并获得实现自我价值的力量。

　　第二，建设什么社会是高校日常思想政治教育工作质量评价的时代命题。大学生进入社会以后，需要对自我进行重新定位、目标设计、远景规划，不断调整自我与他人、社会、自然之间的关系。当前，社会的物质基础更加充裕，建立更优质的社会关系和精神文化的需要凸显，这就对日常思想政治教育工作提出了新的要求。高校日常思想政治教育工作质量评价要协调与控制各要素的组合、衔接、贯通，推动日常教育的全员参与、全过程协同和全方位联动，建立质量研究、指标构建、评价实践的共识与公约。在这样一个开放的工作体系中，各教育主体基于立德树人的共同目标参与其中，帮助高校学生在校期间就能比较全面、深刻地认识社会，并为走入社会、建设社会、推动新时代"社会的再生产"奠定基础。

第三，怎样建设国家是高校日常思想政治教育工作质量评价的战略问题。中国正处于近代以来最好的发展时期，比历史上任何时期都接近、更有信心和能力实现中华民族伟大复兴的目标。[①] 中华民族伟大复兴的中国梦，需要一代又一代青年接续奋斗，投身其中，"青年的价值取向决定了未来整个社会的价值取向"[②]。站在"两个一百年"奋斗目标的历史交汇点，高校日常思想政治教育工作质量评价要将时代新人的培养与伟大梦想的实现紧密相连，推动高等教育标准化下的内涵式发展，将每一所高校建设好，培养全面发展的社会主义建设者和接班人，推动高校更好地服务于国家、社会的战略需要，为中华民族伟大复兴做出应有的贡献。

高校日常思想政治教育工作质量评价巩固和筑牢了高校思想政治工作的"生命线"地位，推动高校建立了日常思想政治教育工作体系和工作队伍，积累了丰富的日常工作经验。不过，应当注意到，不同时期的质量评价都经历了发起、发展、兴盛和衰亡的历史过程，旧有的质量评价在面对新的社会发展需要和形势任务要求时，必须在具体目标、内容、方式和指标上既有延续又有创新，防止质量评价自身走向僵化。质量评价应顺应社会矛盾的变化而变化，随着社会关系的调整而调整，迭代更新形成新的质量评价体系，更好地发挥导向、鉴定、诊断、调控和改进作用。

当前，高等教育已进入新发展阶段，高校学生的数量越来越多，素质也越来越高，他们在追寻更卓越的自己、更和谐的关系和更高远的梦想。高校日常思想政治教育工作不只是一个活动、一份计划、一项政策，作为行动方案，它将指导上百万名高校教职员工实施教育工作；作为供给体系，它将直接影响高校上千万名在校大学生的获得感、幸福感和安全感。教育工作者和研究者有责任也有义务持续研究高校日常思想政治教育工作质量评价，因为它不仅仅代表着每个教育过程的落幕与总结，更意味着即将开启一段新的征途，孕育新的希望。

---

① 《十九大以来重要文献选编》（上），中央文献出版社，2019，第11页。
② 《十八大以来重要文献选编》（中），中央文献出版社，2016，第6页。

参考文献

《邓小平文选》（第 1~2 卷），人民出版社，1994。

《邓小平文选》（第 3 卷），人民出版社，1993。

《高举中国特色社会主义伟大旗帜 为全面建设社会主义现代化国家而团结奋斗——在中国共产党第二十次全国代表大会上的报告（2022 年 10 月 16 日）》，人民出版社，2022。

《胡锦涛文选》（第 1~3 卷），人民出版社，2016。

《江泽民文选》（第 1~3 卷），人民出版社，2006。

《列宁选集》（第 1~4 卷），人民出版社，1995。

《马克思恩格斯全集》（第 19 卷），人民出版社，1963。

《马克思恩格斯全集》（第 23 卷），人民出版社，1972。

《马克思恩格斯全集》（第 42 卷），人民出版社，1979。

《马克思恩格斯文集》（第 1~10 卷），人民出版社，2009。

《马克思恩格斯选集》（第 1~4 卷），人民出版社，2012。

《毛泽东文集》（第 6~8 卷），人民出版社，1999。

《毛泽东选集》（第 1~4 卷），人民出版社，1991。

《十八大以来重要文献选编》（上），中央文献出版社，2014。

《十八大以来重要文献选编》（下），中央文献出版社，2018。

《十八大以来重要文献选编》（中），中央文献出版社，2016。

《十二大以来重要文献选编》（上、中），人民出版社，1986。

《十二大以来重要文献选编》（下），人民出版社，1988。

《十九大以来重要文献选编》（上），中央文献出版社，2019。

《十六大以来重要文献选编》（中），中央文献出版社，2006。

《十四大以来重要文献选编》（上），人民出版社，1996。

《十五大以来重要文献选编》（中），人民出版社，2001。

《双肩挑》编写组：《双肩挑——清华大学学生辅导员工作四十年的回顾与探索》，清华大学出版社，1993。

《思想政治教育学原理》编写组编《思想政治教育学原理》（第二版），高等教育出版社，2018。

《王稼祥选集》，人民出版社，1989。

《习近平谈治国理政》（第 1 卷），外文出版社，2018。

《习近平谈治国理政》（第 2 卷），外文出版社，2017。

《习近平谈治国理政》（第 3 卷），外文出版社，2020。

《习近平谈治国理政》（第 4 卷），外文出版社，2022。

《习近平谈治国理政》，外文出版社，2014。

A. 班杜拉：《自我效能：控制的实施》，缪小春等译，华东师范大学出版社，2003。

埃贡·G. 古贝、伊冯娜·S. 林肯：《第四代评估》，秦霖、蒋燕玲等译，中国人民大学出版社，2008。

艾尔·巴比：《社会研究方法》（第十一版），邱泽奇译，华夏出版社，2009。

艾四林、吴潜涛主编《党的理论创新与思想政治教育》，人民出版社，2017。

B. A. 苏霍姆林斯基：《给教师的建议》，周蕖、王义高、刘启娴、董友、张德广译，长江文艺出版社，2014。

白显良：《隐性思想政治教育基本理论研究》，人民出版社，2013。

白显良、章瀚丹：《推进思想政治教育质量评价改革需把握十对关系》，《思想理论教育》2021 年第 3 期。

保罗·F. 拉扎斯菲尔德、伯纳德·贝雷尔森、黑兹尔·高德特：《人民的选择：选民如何在总统选战中做决定》（第三版），唐茜译，中国人民大学出版社，2012。

蔡晓良：《马克思主义理论教育评价》，社会科学文献出版社，2009。

蔡晓良、庄穆：《国外教育评价模式演进及启示》，《高教发展与评估》2013 年第 2 期。

曹威威：《高校思想政治教育工作质量评价模式建构研究》，《思想教育研究》2018 年第 9 期。

陈秉公：《思想政治教育本质研究现状及建议》，《思想教育研究》2014年第6期。

陈秉公主编《思想政治教育学基础理论研究》，吉林大学出版社，2007。

陈步云：《高校实践育人质量评价机制的构建》，《思想教育研究》2018年第5期。

陈大白主编《北京高等教育文献资料选编（1949~1976）》，首都师范大学出版社，2002。

陈大白主编《北京高等教育文献资料选编（1977~1992）》，首都师范大学出版社，2008。

陈大白主编《北京高等教育文献资料选编（1993~1999）》，首都师范大学出版社，2008。

陈丹：《高校思想政治教育工作质量评价的知识借鉴》，《思想教育研究》2018年第4期。

陈洪涛：《高校思想政治理论课评价论》，中国社会科学出版社，2011。

陈华洲、负婷婷：《思想政治教育增值评价的理论内涵与实现路径》，《思想理论教育》2022第6期。

陈华洲、赵耀：《社会主要矛盾转化视域下思想政治教育的现代转型》，《思想理论教育》2019年第2期。

陈立思主编《比较思想政治教育》（第二版），中国人民大学出版社，2011。

陈立言、杨结秀：《论思想政治教育言语行为评价》，《学术论坛》2011年第1期。

陈万柏、张耀灿主编《思想政治教育学原理》（第三版），高等教育出版社，2015。

陈文远、潘玉驹：《美国第三代教育评价研究》，《教育评论》2012年第1期。

陈锡喜：《论意识形态的本质、功能、总体性及领域》，《上海交通大学学报》（哲学社会科学版）2014年第1期。

陈玉琨：《教育评价学》，人民教育出版社，1999。

陈玉琨：《我国高等学校本科教学评估：问题与改革》，《复旦教育论坛》2008年第2期。

陈玉琨：《中国高等教育评价论》，广东高等教育出版社，1993。

陈泽、胡弼成：《生师比：人才培养质量的重要指示器》，《大学教育科学》2013 年第 3 期。

成春、李向成：《定性与定量测评相结合原则在大学生思想政治教育测评中的应用研究》，《思想教育研究》2013 年第 12 期。

程晋宽、方蒸蒸：《教育改革的制度创新为什么这么难——基于"八年研究"与"特许学校"制度同构的分析》，《南京师大学报》（社会科学版）2019 年第 3 期。

程仕波：《获得感在大学生思想政治教育评价中的优势及限度》，《思想教育研究》2021 年第 5 期。

程伟、余仰涛：《思想政治工作评价研究方法论》，《理论月刊》2006 年第 9 期。

大塚丰：《现代中国高等教育的形成》，黄福涛译，北京师范大学出版社，1998。

戴钢书：《思想政治教育的调查与统计分析》，东方出版社，1992。

戴钢书：《思想政治教育统计研究方法论》，人民出版社，2005。

戴焰军主编《思想政治工作实效性导论》，中共中央党校出版社，2012。

邓卓明、李德全：《大学生思想政治教育测评体系构建新探》，《思想理论教育导刊》2009 年第 4 期。

迪尔凯姆：《社会学研究方法论》，胡伟译，华夏出版社，1988。

丁浩、王婷婷：《新时期高校学生社会实践实效性评价探析——基于过程评价的分析视角》，《思想教育研究》2014 年第 4 期。

董平、丛晓波：《思想政治教育价值生成评价模式的建构理路》，《思想教育研究》2016 第 7 期。

杜华：《高校党建工作考核评价体系设计探讨》，《思想教育研究》2017 第 7 期。

F. W. 泰罗：《科学管理原理》，胡龙昶译，中国社会科学出版社，1984。

樊文有：《基于平衡计分卡的高校就业指导部门绩效考评体系构建及实证研究》，《中国软科学》2010 年第 S1 期。

方宝：《教育研究中的科学主义范式与自然主义范式辨析》，《江苏高教》2016 年第 4 期。

费洛德·J. 福勒:《调查问卷的设计与评估》,蒋逸民等译,重庆大学出版社,2010。

冯刚:《改革开放以来高校思想政治教育质量评价的回顾与思考》,《教学与研究》2018 年第 3 期。

冯刚:《高校辅导员队伍专业化、职业化建设的发展路径——〈普通高等学校辅导员队伍建设规定〉颁布十年的回顾与展望》,《思想理论教育》2016 年第 11 期。

冯刚:《思想政治教育工作质量评价的时代特征》,《思想教育研究》,2018 年第 5 期。

冯刚、沈壮海主编《中华人民共和国学校德育编年史》,中国人民大学出版社,2010。

冯刚、严帅:《新时代大学生思想政治教育工作质量评价的方法和路径》,《国家教育行政学院学报》2019 年第 5 期。

冯刚主编《改革开放 40 年高校思想政治教育编年史 (1978—2018)》,北京师范大学出版社,2019。

冯刚主编《改革开放以来高校思想政治教育发展史》,人民出版社,2018。

冯培:《高校学生事务管理:从管束到激励的模式再造》,《思想教育研究》2009 年第 10 期。

冯永刚:《复杂科学视域下的德育评价》,《外国教育研究》2007 年第 11 期。

弗兰克·费希尔:《公共政策评估》,吴爱明、李平等译,中国人民大学出版社,2003。

付安玲:《思想政治教育个体价值论》,人民出版社,2018。

高苛、华菊翠:《基于改进 AHP 法的高校创新创业教育评价》,《现代教育管理》2015 年第 4 期。

高峡、沈晓敏:《上菌联想测评法:一种便于教师应用的道德教育测评工具》,《全球教育展望》2016 年第 5 期。

高耀明:《绩效评价制度与大学教学发展——美国南卡罗来纳州公立高校绩效资助制度及其启示》,《江苏高教》2017 年第 10 期。

共青团中央、中共中央文献研究室编《毛泽东 邓小平 江泽民论青少年和青少年工作》（增订本），中国青年出版社、中央文献出版社，2003。

顾海良：《高校思想政治教育导论》，武汉大学出版社，2006。

韩莉：《俄罗斯高校思想道德教育新探索》，《教育评论》2012年第2期。

何东昌主编《中华人民共和国重要教育文献（1949~1975）》，海南出版社，1998。

亨利·列斐伏尔：《日常生活批判》（1~3卷），叶齐茂、倪晓晖译，社会科学文献出版社，2018。

侯光文：《教育评价概论》，河北教育出版社，1996。

胡弼成：《高等教育质量观的演进》，《教育研究》2006年第11期。

胡锦玉、彪晓红、贺炳彦：《大数据时代研究生思想政治教育评价机制的逻辑探讨》，《黑龙江高教研究》2017年第8期。

胡新峰：《大学生思想政治教育机制研究》，博士学位论文，东北师范大学，2014。

华敏：《高校思想政治教育工作质量评价的重大意义》，《思想教育研究》2018年第2期。

黄华、赵飞：《道德认知的测量》，《道德与文明》2011年第3期。

黄建军：《新中国成立70年党对高校全面领导的历史考察与基本经验》，《中国高等教育》2019年第12期。

黄敏：《毕业生党员党性评估指标体系及运行机制构建》，《学校党建与思想教育》2017年第14期。

黄蓉生：《当代思想政治教育方法论研究》，西南师范大学出版社，2000。

黄蓉生等：《改革开放以来大学生思想政治教育论纲》，人民出版社，2014。

黄伟：《主观幸福感与大学生思想政治教育》，《求索》2011年第6期。

黄雨恒、郭菲、史静寰：《大学生满意度调查能告诉我们什么》，《北京大学教育评论》2016年第4期。

江光荣、任志洪：《基于CIPP模式的学校心理健康教育评价指标构建》，《教育研究与实验》2011年第4期。

江乐园：《高校院系学生思想政治教育评估指标体系研究》，硕士学位论文，华中师范大学，2006。

姜晓丽：《大学生网络思想政治教育实效性评价体系研究》，《思想教育研究》2010 年第 6 期。

姜晓萍、陈朝兵：《我国基本公共服务体系的共同趋势与地区差异——基于国家和地方基本公共服务十二五规划的比较》，《上海行政学院学报》2013 年第 6 期。

姜玉洪、刘艳春：《高校班集体建设与评价体系研究》，《学校党建与思想教育》2018 年第 18 期。

教育部高等教育教学评估中心编《中国高等教育评估词汇》，高等教育出版社，2010。

教育部社会科学研究与思想政治工作司组编《思想政治教育方法论》，高等教育出版社，1999。

教育部社会科学研究与思想政治工作司组编《思想政治教育学原理》，高等教育出版社，1999。

教育部思想政治工作司组编《加强和改进大学生思想政治教育重要文献选编（1978—2008)》，中国人民大学出版社，2008。

教育部思想政治工作司组编《加强和改进大学生思想政治教育重要文献选编（1978—2014)》，知识产权出版社，2015。

揭晓：《论马克思主义意识形态大众化传播的日常生活维度》，《教学与研究》2015 年第 6 期。

金家新、易连云：《政治社会化取向的美国高校公民道德教育行动》，《南京社会科学》2012 年第 7 期。

金蕾莅、樊富珉、王志诚：《北京高校及大学生关于就业指导的评价》，《清华大学教育研究》2002 年第 5 期。

金生鈜：《大数据教育测评的规训隐忧——对教育工具化的哲学审视》，《教育研究》2019 年第 8 期。

靳玉军、周琪主编《思想政治教育学原理》，西南师范大学出版社，2015。

荆惠民、戴木才主编《改革开放以来思想政治工作大事记》，中国人民大学出版社，2007。

瞿葆奎主编《教育学文集：教育评价》，人民教育出版社，1989。

李成龙、任晓杰、高加加：《构建高校共青团服务满意度评价体系的探索》，《思想理论教育》2009 年第 11 期。

李德芳、杨素稳、李辽宁主编《中国共产党思想政治教育史料选辑》，武汉大学出版社，2019。

李洪波、李宏刚：《大学生思想政治教育工作评价的困境与反思——基于学生工作的视角》，《学校党建与思想教育》2018 年第 11 期。

李怀杰：《思想政治教育大数据评价及其实践路径》，《思想理论教育》2017 年第 6 期。

李辉：《论思想政治教育的基础性理论难题》，《思想教育研究》2013 年第 11 期。

李杰：《大学生政治素质评估研究》，博士学位论文，中国地质大学，2013。

李莉：《我国教育学硕士研究生的就读体验研究——以上海高校为例》，硕士学位论文，华东师范大学，2014。

李文阁：《生成性思维：现代哲学的思维方式》，《中国社会科学》2000 年第 6 期。

李永山：《高校辅导员专业化发展问题及其思考》，《思想教育研究》2008 年第 1 期。

李永山：《美国高校学生事务发展专业标准述评》，《比较教育研究》2008 年第 2 期。

梁丽：《团体辅导对提升大学生人际交往水平的实验研究》，《学校党建与思想教育》2012 年第 31 期。

廖述平、张丽红：《基于学生发展的高校资助绩效评价研究》，《高教探索》2016 年第 4 期。

林立涛：《大学生社会主义核心价值观培育评价机制构建研究》，《思想理论教育导刊》2018 年第 6 期。

林立涛：《关于完善高校心理健康教育评估标准的思考》，《思想理论教育》2015 年第 3 期。

林泰、彭庆红：《清华大学政治辅导员制度的特色及其发展》，《清华大学学报》（哲学社会科学版）2003 年第 6 期。

刘纯姣：《思想教育和心理辅导矫正大学生网瘾实验研究》，《学校党建与思想教育》2010 年第 19 期。

刘宏达：《以体系思维推进高校思想政治工作体系的创新发展》,《思想理论教育》2020 年第 8 期。

刘宏达、许亨洪：《高校思想政治工作精品项目建设的质量标准与评价体系》,《思想理论教育》2018 年第 11 期。

刘建军：《高校思想政治教育工作质量评价的必要性、可行性及其限度》,《学校党建与思想教育》2018 年第 11 期。

刘建军：《论思想政治教育的个人价值》,《教学与研究》2001 年第 8 期。

刘建军主编《马克思主义基本原理与当代中国思想政治教育专题研究》,中国人民大学出版社,2015。

刘晶、曲绍卫：《贫困生资助政策在高校执行效果的评价研究》,《思想教育研究》2012 年第 7 期。

刘俊峰：《高校思想政治教育工作质量评价的几个关系》,《思想教育研究》2018 年第 5 期。

刘康宁：《"第四代"评估对我国高等教育外部质量保障的启示》,《国家教育行政学院学报》2010 年第 9 期。

刘书林、陈立思：《青年思想政治教育学原理》,中国青年出版社,1999。

刘稳丰、倪洪涛：《学生纪律处分机制的教育功能及实现》,《教育科学研究》2013 年第 12 期。

刘永平：《基于模糊数学理论的就业质量评价体系研究》,《北京工业大学学报》（社会科学版）2018 年第 6 期。

卢立涛：《回应、协商、共同建构——"第四代评价理论"述评》,《内蒙古师范大学学报》（教育科学版）2008 年第 8 期。

鲁杰、刘培峰：《论思想政治教育评估的二重维度》,《思想教育研究》2017 年第 8 期。

鲁烨：《大学生思想政治教育评估理念论析——基于社会价值与个体价值同构的论域》,《江苏高教》2015 年第 2 期。

鲁宇红、郭建生编著《应用型本科院校大学生思想政治教育评价体系研究》,东南大学出版社,2008。

陆庆壬主编《思想政治教育学原理》，复旦大学出版社，1986。

吕剑红、张贻发：《高校宣传思想工作质量评价指标体系构建探讨》，《中国高等教育》2011年第5期。

罗洪铁：《思想政治教育学专题研究》，西南师范大学出版社，1997。

罗洪铁、董娅主编《思想政治教育原理与方法：基础理论研究》，人民出版社，2005。

罗洪铁、周琪、王斌等：《思想政治教育学学科理论体系演变研究》，中国社会科学出版社，2012。

骆郁廷、丁雪琴：《论高校思想政治理论课程评价的主体》，《思想理论教育》2007年第7期。

骆郁廷主编《高校思想政治理论课程评价新探》，中国社会科学出版社，2011。

马得勇、兰晓航：《精英框架对大学生有影响吗——以实验为基础的实证分析》，《清华大学学报》（哲学社会科学版）2016年第3期。

马丁·特罗、徐丹、连进军：《从精英到大众再到普及高等教育的反思：二战后现代社会高等教育的形态与阶段》，《大学教育科学》2009年第3期。

马国贤、任晓辉编著《公共政策分析与评估》，复旦大学出版社，2012。

马惠霞、林琳、苏世将：《不同教学方法激发与调节大学生学业情绪的教育实验》，《心理发展与教育》2010年第4期。

马健生等：《高等教育质量保证体系的国际比较研究》，北京师范大学出版社，2014。

马克斯·范梅南：《生活体验研究——人文科学视野中的教育学》，宋广文等译，教育科学出版社，2003。

马克斯·韦伯：《经济与社会》（第二卷），阎克文译，上海人民出版社，2010。

马克斯韦尔·麦库姆斯：《议程设置：大众媒介与舆论》，郭镇之、徐培喜译，北京大学出版社，2008。

马艳秀、杨振斌、李焰：《构建中国高校心理健康教育评估指标体系的研究》，《思想教育研究》2013年第3期。

闵绪国：《思想政治教育价值研究》，人民出版社，2017。

N. 维纳：《人有人的用处》，陈步译，商务印书馆，2014。

倪梁康：《胡塞尔的生活世界现象学——基于〈生活世界〉手稿的思考》，《哲学动态》2019 年第 12 期。

宁文英、吴满意：《思想政治教育获得感：概念、生成与结构分析》，《思想教育研究》2018 年第 9 期。

牛犇、孙宇、谢美慧：《坚持又红又专全面发展　推进辅导员队伍建设》，《北京教育（德育）》2014 年第 9 期。

潘懋元：《教育的基本规律及其相互关系》，《高等教育研究》1988 年第 3 期。

庞丽娟、杨小敏：《关于教育供给侧结构性改革的思考和建议》，《国家教育行政学院学报》2016 年第 10 期。

彭庆红：《高校辅导员素质结构模型的构建》，《清华大学教育研究》2006 年第 3 期。

彭榕：《双重身份视角下高校辅导员工作绩效评价与激励机制构建》，《思想理论教育导刊》2017 年第 12 期。

秦尚海：《高校德育评估论》，中国社会科学出版社，2006。

秦在东、王威峰：《以党的建设引领高校思想政治工作的路径思考》，《思想教育研究》2018 年第 9 期。

屈陆、戴钢书：《思想政治教育认知形成的基本规律》，《思想教育研究》2017 年第 1 期。

佘双好：《关于思想政治理论课教学质量评价问题的思考》，《学校党建与思想教育》2018 年第 13 期。

佘双好：《论高校学生工作体系的生成与发展——兼论学校社会工作的介入空间》，《思想理论教育》2008 年第 19 期。

沈壮海：《思想政治教育有效性研究》，武汉大学出版社，2001。

沈壮海：《专题概述：从数据看大学生日常思想政治教育的成效与进路》，《思想教育研究》2017 年第 11 期。

沈壮海、段立国：《思想政治教育测评研究的回顾与展望》，《思想教育研究》2014 年第 9 期。

施晓光：《西方高等教育全面质量管理体系及对我国的启示》，《比较教育研究》2002 年第 2 期。

石书臣：《思想政治教育的本质规定及其把握》，《马克思主义与现实》2009 年第 1 期。

石中英：《回归教育本体——当前我国教育评价体系改革刍议》，《教育研究》2020 年第 9 期。

史安斌、王沛楠：《议程设置理论与研究 50 年：溯源·演进·前景》，《新闻与传播研究》2017 年第 10 期。

史秋衡、王爱萍：《高等教育质量观：从认识论向价值论转变》，《厦门大学学报》（哲学社会科学版）2010 年第 2 期。

斯塔弗尔比姆等：《评估模型》，苏锦丽等译，北京大学出版社，2007。

苏振芳主编《当代国外思想政治教育比较》，社会科学文献出版社，2009。

隋芳莉：《高校社会主义核心价值观教育评价存在问题及推进路径》，《思想政治教育研究》2018 年第 5 期。

孙崇文、伍伟民、赵慧：《中国教育评估史稿》，高等教育出版社，2010。

孙其昂：《思想政治教育现代性的三个维度》，《湖北社会科学》2016 年第 10 期。

孙正聿：《哲学通论》，吉林人民出版社，2007。

覃红、许亨洪：《试论大数据在高校思想政治工作质量评价体系中的运用》，《学校党建与思想教育》2018 年第 13 期。

覃文忠、王瑞杰：《高校院系服务型党组织建设评价机制研究》，《学校党建与思想教育》2017 年第 9 期。

檀传宝：《再论"教师德育专业化"》，《教育研究》2012 年第 10 期。

檀传宝、班建武：《实然与应然：德育回归生活世界的两个向度》，《教育研究与实验》2007 年第 2 期。

唐平秋、彭佳俊：《人工智能助推思想政治教育评价创新发展探析》，《学校党建与思想教育》2022 年第 13 期。

陶行知：《陶行知全集》（第 1 卷），四川教育出版社，1991。

陶行知：《陶行知全集》（第 2 卷），四川教育出版社，2005。

万美容：《论评价对大学生思想政治教育质量提升的作用》，《思想理论教育》2015 年第 7 期。

万美容、吴倩：《新时代思想政治教育内容有效供给论析》，《马克思主义理论学科研究》2020年第1期。

王斌：《思想政治教育评估研究》，硕士学位论文，西南师范大学，2004。

王炳林：《党的历史与党的建设研究》，人民出版社，2016。

王炳林、张润枝：《关于思想政治理论课与日常思想政治教育相结合的思考》，《思想理论教育导刊》2009年第5期。

王昌华、杨滨章、李效民主编《政治辅导员工作概论》，黑龙江人民出版社，1983。

王定华：《新时代我国教育改革发展的新方向新要求——学习习近平总书记在全国教育大会上的重要讲话》，《教育研究》2018年第10期。

王纲：《高校思想政治教育评价视域下第二课堂的学生行为研究》，博士学位论文，电子科技大学，2021。

王贺：《当代青年社会主义核心价值观认同之测度与评价》，《高教发展与评估》2018年第3期。

王火利：《大学生日常思想政治教育调查分析（上）》，《思想教育研究》2017年第11期。

王礼湛主编《思想政治教育学》，浙江大学出版社，1989。

王立仁、吴林龙：《德育实效测评标准研究》，《思想教育研究》2012年第9期。

王茂胜：《思想政治教育评价论》，中国社会科学出版社，2006。

王茂胜、张凡：《"五育并举"视域下高校思想政治工作的评价要求》，《思想理论教育》2021年第11期。

王浦劬：《国家治理、政府治理和社会治理的含义及其相互关系》，《国家行政学院学报》2014年第3期。

王奇、冯晖等编著《高等教育绩效评估研究》，高等教育出版社，2012。

王纾：《研究型大学学生学习性投入对学习收获的影响机制研究——基于2009年"中国大学生学情调查"的数据分析》，《清华大学教育研究》2011年第4期。

王淑芹：《思想政治教育价值基本问题研究》，《思想教育研究》2010年第11期。

王树荫：《论中国共产党90年思想政治教育的基本经验》，《思想理论教育导刊》2011年第8期。

王树荫、石亚玲:《论提升思想政治教育质量的着力点》,《思想理论教育》2015 年第 7 期。

王树荫主编《中国共产党思想政治教育史》(第二版),中国人民大学出版社,2016。

王孙禺、谢喆平:《学生辅导员制度与"红色工程师治国"——中国高等教育中一项政治精英生成制度的考察》,《清华大学教育研究》2013 年第 6 期。

王熙:《西方价值观教育评价的研究范式与研究方法》,《教育学报》2017 年第 4 期。

王习胜:《思想政治教育主要矛盾研究的方法论抉择》,《思想理论教育》2019 年第 11 期。

王小青、王九民:《中国大学生学业成就评估研究:二十年的回顾(1998—2017 年)》,《苏州大学学报》(教育科学版)2018 年第 3 期。

王学俭:《思想政治教育理论与实践问题的研究视角》,中国人民大学出版社,2017。

王学俭、杜敏:《高校思想政治教育供给侧改革探讨》,《思想理论教育导刊》2017 年第 6 期。

王学俭、刘珂:《融入日常生活:思想政治教育的微观建构》,《思想教育研究》2015 年第 2 期。

王学俭、施泽东:《元评价:思想政治教育评价发展的新进路》,《新疆师范大学学报》(哲学社会科学版)2022 年第 3 期。

王琰、尚文雅:《高校大学生易班参与度及其影响因素研究》,《重庆大学学报》(社会科学版)2017 年第 3 期。

王易、宋健林:《试论思想政治教育的基本规律》,《教学与研究》2019 年第 12 期。

王颖、戴祖旭:《大数据时代高校思想政治教育评价方式改革探究》,《学校党建与思想教育》2018 年第 16 期。

王云强:《后科尔伯格时代的道德心理学:审视与反思》,《南京师大学报》(社会科学版)2015 年第 5 期。

王占仁:《"广谱式"创新创业教育导论》,人民出版社,2012。

王占仁、刘志、刘海滨、李亚员:《创新创业教育评价的现状、问题与趋势》,《思想理论教育》2016 年第 8 期。

王志华、苗洪霞、李建伟:《高校优秀辅导员评价标准研究》,《教育研究》2012 年第 9 期。

文学国主编《马克思恩格斯列宁斯大林论教育》,中国社会科学出版社,2016。

吴满意、宁文英、王欣玥等:《网络思想政治教育生态系统研究》,人民出版社,2019。

吴宁:《日常生活批判——列斐伏尔哲学思想研究》,人民出版社,2007。

吴宁、孙瑞杰、武彦斌:《党的十八大以来思想政治教育评估研究回顾》,《学校党建与思想教育》2018 年第 18 期。

吴潜涛、冯秀军:《弘扬和培育中华民族精神的基本途径》,《北京大学学报》(哲学社会科学版)2006 年第 5 期。

吴潜涛、郭灏:《新时代党的教育方针的创新发展及其实现路径》,《中国高校社会科学》2019 年第 2 期。

吴云志:《高校辅导员工作绩效评价体系研究》,博士学位论文,辽宁师范大学,2011。

郗戈:《超越资本主义现代性——马克思现代性思想与当代社会发展》,中国人民大学出版社,2014。

项久雨:《论思想政治教育价值的实现及其规律》,《江汉论坛》2006 年第 11 期。

项久雨:《思想道德教育价值评价的主体与客体》,《南京师大学报》(社会科学版)2002 年第 5 期。

肖远军:《教育评价原理及运用》,浙江大学出版社,2004。

徐菲:《高校思想政治教育效果评价指标及其赋值研究:基于效果阶梯理论和结构层次系数》,《江苏高教》2021 年第 7 期。

徐曼:《思想政治教育价值实现评价探析》,《黑龙江高教研究》2010 年第 3 期。

徐蓉、王潇:《论高校思想政治教育的增值评价》,《教学与研究》2021 年第 12 期。

徐冶琼:《大学生日常思想政治教育调查分析(下)》,《思想教育研究》2017 年第 11 期。

许华琼、胡中锋：《社会科学研究中自然主义范式之反思》，《自然辩证法研究》2010 年第 8 期。

亚里士多德：《政治学》，吴寿彭译，商务印书馆，2017。

闫晓：《当代中美高校德育评价比较研究》，硕士学位论文，厦门大学，2007。

阎国华：《高校思想政治理论课获得感的内在要素与形成机制》，《思想理论教育》2018 年第 1 期。

阎小骏：《中国何以稳定：来自田野的观察与思考》，中国社会科学出版社，2017。

杨东杰、曹培强、李奕璇、胡锐：《认知科学视阈下思想政治教育实效性测评探索》，《新疆师范大学学报》（哲学社会科学版）2022 年第 5 期。

杨帆、李朝阳、许庆豫：《高校学生社团的学生评价与影响因素》，《教育研究》2015 年第 12 期。

杨耕：《胡塞尔：从先验自我转向生活世界——从马克思的观点看》，《吉林大学社会科学学报》2004 年第 5 期。

杨晓慧、任志锋：《论提升大学生思想政治教育质量的"时、度、效"》，《思想理论教育》2015 年第 7 期。

杨振斌主编《双肩挑 50 年——清华大学辅导员制度五十周年回顾与展望》，清华大学出版社，2003。

于涵、王磊、钱婷：《研究生德育工作"双肩挑"助理队伍建设的问题与对策》，《北京教育（德育）》2010 年第 Z1 期。

于祥成、王莎：《大学生思想动态大数据评价研究》，《思想理论教育》2019 年第 12 期。

俞国良、赵凤青、罗晓路：《心理健康教育：高等学校学生的认知与评价》，《黑龙江高教研究》2017 年第 9 期。

俞可平：《论国家治理现代化》（修订版），社会科学文献出版社，2015。

俞可平：《中国的治理改革（1978—2018)》，《武汉大学学报》（哲学社会科学版）2018 年第 3 期。

俞吾金：《意识形态论》（修订版），人民出版社，2009。

元会芳：《高校网络思想政治教育评估指标体系研究》，硕士学位论文，湖南科技大学，2011。

袁安府、张娜、沈海霞：《大学生学业预警评价指标体系的构建与应用研究》，《黑龙江高教研究》2014 年第 3 期。

约翰·布伦南、特拉·沙赫：《高等教育质量管理——一个关于高等院校评估和改革的国际性观点》，陆爱华等译，华东师范大学出版社，2005。

约翰·洛夫兰德等：《分析社会情境：质性观察与分析方法》，林小英译，重庆大学出版社，2009。

张迪：《高校思想政治教育工作质量评价的理论基础初探》，《思想教育研究》2018 年第 4 期。

张凤华、梅萍、万美容等：《高校思想政治理论课"05 方案"实施及测评的实证研究》，中国社会科学出版社，2011。

张澍军：《论思想政治教育的历史定位与运行特征》，《教育研究》2015 年第 4 期。

张伟江、李亚东等编著《大众化高等教育的质量保障与评价》，高等教育出版社，2011。

张蔚萍主编《思想政治工作史》，中国方正出版社，2001。

张耀灿：《改革开放 30 年高校思想政治教育的整合发展》，《思想理论教育导刊》2009 年第 1 期。

张耀灿：《思想政治教育学科建设研究》，中国人民大学出版社，2017。

张耀灿、郑永廷、吴潜涛、骆郁廷等：《现代思想政治教育学》，人民出版社，2006。

张耀灿等《高校思想政治理论课教育教学质量监测体系研究》，经济科学出版社，2014。

张毅翔：《社会主要矛盾转化影响新时代思想政治教育的机理、根源与应对》，《思想理论教育》2019 年第 4 期。

张玉田等编著《学校教育评价》，中央民族学院出版社，1987。

张远增：《发现性教育评估质量控制研究》，高等教育出版社，2011。

张忠华、张典兵：《对德育评价研究的回顾与反思》，《高教发展与评估》2011 年第 1 期。

赵静：《高校思想政治教育工作质量评价的基本原则》，《思想教育研究》2018 年第 2 期。

赵炬明：《超越评估（下）——中国高等教育质量保障体系建设之设想》，《高等工程教育研究》2009 年第 1 期。

赵伶俐：《以目标与课程为支点的美育质量测评——为了有效实施〈国务院办公厅关于全面加强和改进学校美育工作的意见〉》，《华东师范大学学报》（教育科学版）2017 年第 5 期。

赵秋野、王金凤：《基于联想实验的大学生社会主义核心价值观认同与接受研究》，《上海交通大学学报》（哲学社会科学版）2019 年第 6 期。

赵山、李焰：《构建大学生心理健康主渠道教育中国化模式》，《中国高等教育》2017 年第 19 期。

赵祖地：《高校德育评估研究》，博士学位论文，南京师范大学，2014。

赵祖地：《略论高校德育评估》，《黑龙江高教研究》2005 年第 2 期。

郑永廷：《论社会意识形态与思想政治教育的内在联系》，《中国高校社会科学》2015 年第 6 期。

中共中央文献研究室编《习近平关于青少年和共青团工作论述摘编》，中央文献出版社，2017。

中华人民共和国教育部、中共中央文献研究室编《毛泽东　邓小平江泽民论教育》，中央文献出版社、人民教育出版社、北京师范大学出版社，2002。

中南大学高等教育研究所课题组：《教科文组织近十年高等教育质量观阐述》，《现代大学教育》2011 年第 6 期。

钟秉林：《本科教学评估若干热点问题浅析——兼谈新一轮评估的制度设计和实施框架》，《高等教育研究》2009 年第 6 期。

钟启泉：《建构主义"学习观"与"档案袋评价"》，《课程·教材·教法》2004 年第 10 期。

周海涛：《加强教育治理理论建设的目标和责任》，《国家教育行政学院学报》2020 年第 1 期。

周家星、黄语素：《高校毕业生就业质量评价模型研究》《学校党建与思想教育》2018 年第 2 期。

周三多、陈传明、刘子馨、贾良定：《管理学——原理与方法》，复旦大学出版社，2018。

周雪光：《寻找中国国家治理的历史线索》，《中国社会科学》2019 年第 1 期。

周作宇、周廷勇：《大学生就读经验：评价高等教育质量的一个新视角》，《大学》（研究与评价）2007 年第 1 期。

祖嘉合：《思想政治教育方法教程》，北京大学出版社，2004。

Aikin，W. M. *The Story of the Eight-year Study*. New York：Harper & Brothers，1942.

Jones，S. R.，& Torres，V.，and Armino，J. *Negotiating the Complexities of Qualitative Research in Higher Education*. New York：Routledge，2006.

Morris，M. *Evaluation Ethics for Best Practice：Cases and Commentaries*. New York：Guilford，2008.

Schuh，J. H. *Assessment Methods for Student Affairs*. John Wiley & Sons，2008.

UK Quality Code for Higher Education 2013-18. https://www.qaa.ac.uk/quality-code/UK-Quality-Code-for-Higher-Education-2013-18.

U. S. Department of Education. *A Test of Leadership：Charting of the Future of U. S. Higher Education*. Washington，DC：Author，2006.

附　录

高校日常思想政治教育工作质量评价指标内容^①参考

一级指标	二级指标	测评要素
1. 组织领导与治理体系	1.1 党委领导体制	1. 高校党委对日常思想政治教育工作实行全面领导,对重大事项集体决策; 2. 校院两级党委对日常思想政治教育工作的主体责任; 3. 校院两级领导、职能部门负责人经常联系学生并形成制度
	1.2 工作理念思路	1. 学校各项工作以立德树人为核心; 2. 日常思想政治教育工作纳入学校事业发展规划; 3. 学校全员、全过程、全方位育人有制度、有目标、有举措
	1.3 治理结构与工作机制	1. 建立由学校主要负责人担任组长的日常思想政治教育工作领导小组,针对具体工作设置议事决策工作小组; 2. 学校将日常思想政治教育与教学、科研、社会服务工作同时部署,同时检查,同时评估; 3. 制定贯彻落实全国高校思想政治工作会议及《关于加强和改进新形势下高校思想政治工作的意见》(中发〔2016〕31号文件)的实施办法; 4. 制定基层思想政治教育工作考核办法,常态化调研学生思想动态

---

① 这里提出的高校日常思想政治教育工作质量评价指标内容,以对一、二级指标项的归类整理为基础,根据日常思想政治教育工作相关的政策法规要求,按指标项进行内容分类,经过简明化处理,并参考高校日常思想政治教育工作的实际情况整合形成完整的指标内容项,接下来,还可以结合不同的评价目的,按照赋权方式对各指标项进行赋权赋值,建立新的指标体系。

续表

一级指标	二级指标	测评要素
2. 队伍建设与发展	2.1 党政干部及共青团干部队伍	1. 对学校党政干部及共青团干部组织、协调、实施日常思想政治教育工作有明确要求，每年对履职情况进行考核； 2. 党政干部及共青团干部为大学生讲授党课、团课
	2.2 辅导员、班主任队伍	1. 制定辅导员选聘办法，按师生比不低于 1∶200 的比例设置一线专职辅导员岗位； 2. 每个班级配备班主任，职责明确，每年进行考核； 3. 青年教师晋升高一级专业技术职称，须有至少一年担任辅导员或班主任工作经历并考核合格； 4. 制定辅导员相关条例，落实"双线"晋升要求。对专职辅导员专业技术职务单列指标、单设标准、单独评审，考察工作业绩和育人实效； 5. 落实专职辅导员职级和待遇，定期评选表彰优秀辅导员、班主任，并纳入教师表彰体系； 6. 辅导员培养纳入学校师资和干部培训规划及人才培养计划，每名专职辅导员每年参加不少于 16 个学时的校级培训，享受专任教师培养同等待遇，鼓励支持辅导员在做好工作的基础上攻读相关专业学位
	2.3 协同育人队伍	1. 学校相关部门承担日常思想政治教育工作，将其列入工作计划，明确并完成相应任务； 2. 选聘党政机关和企事业单位党员领导干部、专家学者以及老干部、老战士、老专家、老教师、老模范，从事思想政治教育或党务工作
3. 日常教育与管理服务	3.1 日常思想理论教育	1. 常态化开展习近平新时代中国特色社会主义思想宣传教育； 2. 加强国家意识、法治意识、社会责任意识教育，加强民族团结进步教育、国家安全教育、科学精神教育，利用重要节庆、重大事件开展爱国主义教育； 3. 开展社会主义核心价值观教育和"我的中国梦"主题教育； 4. 明确体育、美育和劳动教育常态化工作机制，制定工作方案，形成学校特色工作品牌

续表

一级指标	二级指标	测评要素
3. 日常教育与管理服务	3.2 党团组织和班集体建设	1. 确保所有学生党支部都安排专人联系指导，定期开展学生党性分析； 2. 基层单位配备专职组织员，选拔骨干教师、优秀辅导员或高年级学生党员担任学生党支部书记，将学生党建纳入班主任工作内容中； 3. 探索在课题组、学生公寓、学生社团、实践队伍设立功能型党组织，对不转组织关系、不在校住宿、出国学生党员明确管理办法； 4. 将党支部、团支部和班集体建制统筹设计，建立党校、团校，定期按量完成教育培训工作； 5. "两学一做"学习教育常态化、制度化，引导党员充分发挥先锋模范作用； 6. 按规定发展学生党员，校、院组织员、基层单位党委委员列席学生党支部组织生活会和党员发展会。健全团组织推优和党员推荐的发展制度，重视发展少数民族学生入党； 7. 校级团组织独立设置，院系、班级团学组织健全。充分发挥各级团组织在团员教育、管理、服务、推优工作中的作用； 8. 按规定开展党团组织生活，有党团和班级活动经费，定期缴纳党费和团费； 9. 有学生社团管理办法，实行社团登记和年检制度，配备社团指导老师，明确指导责任
	3.3 学业辅导与学风建设	1. 学风建设和科学道德教育有计划、有措施、有经常性教育活动，覆盖面大，参与度高，协同育人机制健全； 2. 有学业辅导、学业预警相关机制，积极开展朋辈辅导； 3. 指导学生开展课外科技学术实践活动形成常态、形成品牌
	3.4 学生日常事务管理	1. 学校章程中明确学生权利和义务，学校制定学生管理办法，有学生奖助、处分、申诉相关制度和机构； 2. 开展入学教育、毕业生教育及相关管理和服务工作，建设学生日常一站式服务机构或平台；

续表

一级指标	二级指标	测评要素
3. 日常教育与管理服务	3.4 学生日常事务管理	3. 开展日常国防教育，按要求完成征兵任务； 4. 有学生资助工作机构和专职工作人员，家庭经济困难学生资助经费达到学校事业收入的 4%*，经费专款专用； 5. 组织评选各类奖学金、助学金。合理认定家庭经济困难学生，指导学生办理助学贷款。组织学生开展勤工俭学活动，做好困难学生帮扶。为学生提供生活指导，开展资助育人工作取得实效
	3.5 心理健康教育与咨询工作	1. 有校级心理健康教育和心理咨询机构，有专门的心理咨询场所。在院、班级、宿舍各级建立心理健康教育工作网络，制定学生心理危机预防与干预体系； 2. 按师生比不低于 1∶4000 的比例配备专职从事心理健康教育的教师，且不少于 2 名； 3. 有用于大学生心理健康教育和心理咨询的专项经费； 4. 每年开展新生心理健康普查，建立在校学生心理健康档案，定期开展心理健康宣传教育活动
	3.6 职业规划与就业创业指导	1. 有学生就业创业教育的专门机构并按要求配备专职工作人员； 2. 有学生到基层、到西部和到重点行业、重点领域建功立业典型，配套先进典型奖励制度； 3. 实施"大学生创新创业训练计划"，支持开展创新创业实践、竞赛，配套学生创业孵化制度
	3.7 社会实践与志愿服务	1. 实践育人纳入校院两级人才培养体系和培养方案，建立校院两级学生实践、实习、实训基地； 2. 有学生参加社会实践活动的年度计划，定期组织开展社会实践活动； 3. 支持、组织学生开展志愿服务和公益活动，常态化开展学雷锋活动

续表

一级指标	二级指标	测评要素
4. 协同育人环境	4.1 校园安全稳定	1. 制定校园安全稳定综合防控机制和突发事件应急处置预案； 2. 制定校园舆论阵地建设与管理办法，覆盖校园各类空间和全部媒体； 3. 制定校园开展讲座、报告、研讨会、论坛等审批制度； 4. 设置校园安全标识，有残疾人辅助便道，校园安全通道畅通； 5. 坚持教育与宗教相分离的原则，有抵御和防范利用宗教对学校进行渗透的措施和办法； 6. 有与当地党委政府和其他有关部门的信息沟通制度； 7. 经常性开展学生安全教育，定期开展防灾应急演练
	4.2 家庭与社会参与	1. 学校建立家校对接制度，辅导员、班主任开展家校联系有明确举措； 2. 学校经常组织学生参与服务属地经济社会发展活动； 3. 学校与属地有合作育人工作机制，每年开展合作育人活动
	4.3 网络育人	1. 校院两级建有网络思想政治教育体系，常态化开展教育活动； 2. 积极组织大学生参与网络平台和社区建设，形成网络文化典型作品； 3. 有专门的网络信息管理部门，有完善的校园网络舆情监控工作机制； 4. 有校园网站登记、备案制度，校内用户上网实行实名注册
	4.4 文化育人	1. 有校园文化建设总体规划，有明确牵头负责部门，有校园统一标识； 2. 充分发挥校训、校史的育人功能； 3. 结合传统节庆、重大事件和重要仪式典礼开展主题教育活动； 4. 日常开展学生宿舍及生活园区文化活动； 5. 日常开展中华优秀传统文化、革命文化和社会主义先进文化活动； 6. 培育优秀校园文化产品，校园文化活动，形成品牌

一级指标	二级指标	测评要素
5. 资源条件保障	5.1 活动设施建设	1. 建有专门的学生活动空间，学生活动设施齐全并得到充分利用； 2. 学生宿舍楼或生活园区设有日常思想教育与管理服务平台； 3. 校院两级日常思想政治教育工作有空间资源保障
	5.2 经费投入	1. 学校日常思想政治教育工作经费设立专门预算科目，专款专用； 2. 校院两级人才培养经费中有用于"三全"育人的预算； 3. 基层院系学生工作经费充足
	5.3 科学研究	1. 学校设立日常思想政治教育专项研究课题； 2. 学校设立辅导员工作室、辅导员学术团队等； 3. 辅导员科研成果纳入学校整体奖励体系
6. 高校育人效果	6.1 运行质量保障	1. 高校党委常态化研究、研判和部署日常思想政治教育工作； 2. 高校学生新发展党员能够反映高校人才培养整体水平； 3. 坚决整改巡视、巡查、督查中涉及日常思想政治教育工作内容的问题； 4. 对各学段学生开展分层分类的日常思想政治教育，对重点关注群体有针对性开展工作，在重大事件、关键时刻、重要节点中做好思想教育； 5. 专任教师参与日常思想政治教育工作有激励有保障，积极性高。日常思想政治教育工作者敬业乐群，认同度高，满意度强。专职辅导员队伍专业化发展成效显著，职业发展路径明确，成为校内外干部的重要后备力量
	6.2 人才培养效果	1. 学生能够便利地获得学费资助、就业指导、学业辅导、创业咨询等教育资源，日常生活需要的管理服务可及性高； 2. 学生能够通过多种方式参与高校治理，意见建议渠道畅通；

续表

一级指标	二级指标	测评要素
6. 高校育人效果	6.2 人才培养效果	3. 高校育人目标清晰、师生认可，培养了一批典型人物或群体； 4. 高校建立毕业生发展服务体系，毕业生对高校认同度、推荐度以及对自身发展满意度高
	6.3 社会认可度	1. 面向国家战略和地方发展制订专门教育工作方案，毕业生进入国家和地方重点行业领域、中西部地区和基层地区形成规模； 2. 完成上级主管部门重点任务工作，承担专项任务、课题研究、基地建设，获得上级主管部门奖励； 3. 日常联系用人单位对高校毕业生综合素质与工作表现开展评价，高校与用人单位合作育人形成典型特色
	6.4 应急管理水平	1. 建设意识形态安全机制，常态化开展各类安全教育活动； 2. 健全并有效管理校园各类思想文化阵地制度； 3. 建立学生安全工作台账，定期研判分析； 4. 对学生投诉、申诉、举报、信访等情况处置合理，流程规范； 5. 对高校出现的各类危机、负面舆情、责任事故有工作方案、工作队伍、应急预案，并进行定期演练

* 达到学校事业收入的 4%，参见教财〔2008〕11 号文件。

后　记

从 2008 年我进入思想政治教育工作领域开始，至今已十五年。在日常工作中，我一直关心和思考思想政治教育工作有效性与实效性的问题：拟定的目标应当如何实现，如何兼顾完成度、创新性和教育效果，政策文件的背后是否暗含着历史经验、教育规律和治理逻辑，等等。这些问题促使我一方面从党的理论、国家治理、教育方针等宏观的视角去理解和阐释高校思想政治教育工作；另一方面，在高校日常思想政治教育的微观实践中观察和分析宏观目标是如何被分解到具体情境里实施，并且保证行之有效的。攻读博士学位后，我开始进行思想政治教育工作质量评价研究，参与了国家社会科学基金重大项目和北京市学校思政工作战略课题研究。质量评价像是一座桥梁，把我所从事的日常思想政治教育工作与教育整体质量相联系，我意识到思想政治教育的质量既有外在的要求，也应融入育人的整体目标中，促进人的全面发展。因而，日常工作中的通知、文件、政策与要求，对我而言都不再是一纸冰冷的规定，包含着我对思想政治教育工作质量的理解和目标达成的尝试。这几年恰逢改革开放四十周年、新中国成立七十周年和中国共产党成立一百周年，回顾历史，我越发了解思想政治教育工作立足于中国大地、契合教育规律、顺应时代变化的努力探索，也从中不断梳理日常思想政治教育工作的质量观念、指标构建和评价实践的脉络。

本书是在我的导师冯刚教授的指导下逐步开启、深入和完成的。在时隔十余年后再次踏入学术的殿堂，我充满了疑问和困惑。幸赖老师不弃，从头教起。老师启发我不停地"切问近思"，追寻学问的真理，也追问实践的答案，敦促我要"日日新，又日新"。老师和我回顾思想政治教育政策的发展，让我对历史的情境更多了一分"理解之同情"。这些年我接触到非常多的专家与学者，从他们身上汲取了不同学科的滋养，在耳濡目染中感受着"学为人师，行为世范"的校训精神。感谢老师、同事、同门和家人对我学习和工作的体谅与帮助，是他们促成了这一研究。由于时间、能力所限，本书中的诸多观点还相对粗糙，许多问题仍局限于描述，缺少力透纸背的分析，有待未来进一步探究。

最近几年是极不平凡的。身处百年未有之大变局中，我们更加珍惜日常生活，更加感受到生命的可贵，更加希望建构生活的意义。质量评价对人的重视和强调贯穿始终，人的全面发展是质量评价的逻辑起点，也是最终目的。本书期望通过质量评价不断改进日常思想政治教育工作，塑造新型的教育关系，指导和帮助大学生坚守内心的信仰、丰富生命的内涵、追求美好的生活、实现时代的创造。研究或告一段落，而教育的理想已深深植根于内心，这是一份值得不懈奋斗的事业。

严　帅

2023 年 1 月于北京师范大学

图书在版编目（CIP）数据

高校日常思想政治教育工作质量评价研究／严帅著
. -- 北京：社会科学文献出版社，2023.3（2024.5 重印）
ISBN 978-7-5228-1705-7

Ⅰ.①高⋯　Ⅱ.①严⋯　Ⅲ.①高等学校-思想政治教
育-教育质量-教育评估-研究-中国　Ⅳ.①G641

中国国家版本馆 CIP 数据核字（2023）第 071460 号

高校日常思想政治教育工作质量评价研究

著　　者／严　帅

出 版 人／冀祥德
责任编辑／庄士龙　胡庆英
文稿编辑／王红平
责任印制／王京美

出　　版／社会科学文献出版社·群学分社（010）59367002
　　　　　地址：北京市北三环中路甲 29 号院华龙大厦　邮编：100029
　　　　　网址：www.ssap.com.cn
发　　行／社会科学文献出版社（010）59367028
印　　装／唐山玺诚印务有限公司

规　　格／开本：787mm×1092mm　1/16
　　　　　印张：17　字数：276 千字
版　　次／2023 年 3 月第 1 版　2024 年 5 月第 2 次印刷
书　　号／ISBN 978-7-5228-1705-7
定　　价／128.00 元

读者服务电话：4008918866